Romero E. Sotes

Das Praxisbuch

abrasch

Meditation, Trancereise & Energiearbeit

Arun

Alle Techniken und Übungen, die in diesem Buch vorgestellt werden, sind erprobt und nach bestem Wissen und Gewissen niedergeschrieben worden. Die Durchführung obliegt jedoch allein der Verantwortung des Lesers. Es gilt: Im Zweifelsfall die Übung abbrechen und fachlichen Rat einholen.

Janus

Institut für Individuation

Arun-Verlag, Engerda 28, 07407 Uhlstädt-Kirchhasel
Tel.: 036743-233-0, Fax 036743-233-17
email: info@arun-verlag.de, Internet: www.arun-verlag.de
Titelblattmotiv: Stock Image, Mauritius-Images.
Tarotkarten auf den Seiten 94, 104, 112, 118 und 119 stammen aus „Das Crowley-Tarot".
Buchgestaltung: Holger Kliemannel, Arun.
Gesamtherstellung: Hubert & Co., Göttingen.

ISBN 3-935581-57-2

Inhalt

III. Anhang

I.

Grundlagen

Meditation

„Wenn du das tägliche Leben nicht zur Meditation nutzt, dann wird deine Meditation unweigerlich zu einer Art Weltflucht."
(Osho)

Meditation bezeichnet als Sammelbegriff eine Vielzahl von spirituellen Übungen.

In allen Weltreligionen wird meditiert. Auch im Christentum existiert eine Jahrhunderte alte Meditationstradition, hierzu gehören der Rosenkranz und die umfassende Meditationsanleitung des Ignatius von Loyola, die „Geistlichen Übungen". Im Buddhismus und Hinduismus ist die Meditation ein fester Bestandteil des Erlösungsweges, im Judentum, im Christentum und im Islam wurde und wird die Meditation durch einzelne Strömungen gepflegt, besitzt jedoch keine überragende Bedeutung.

Die Ursprünge der Meditation liegen aller Wahrscheinlichkeit nach im frühen indischen Hinduismus. Möglicherweise sind die Meditationstechniken jedoch tantrischen Ursprungs und wären dann auf die Harappakultur im Industal (ca. 3000 vor unserer Zeitrechnung) zurückzudatieren.

Patanjali machte uns im 2. Jahrhundert vor unserer Zeitrechnung mit den einzelnen Schritten zur Meditation vertraut. Dies sind ruhige Körperhaltung, ruhige Atmung, ruhige Geisteshaltung, Konzentration nach außen und Konzentration nach innen. Doch Konzentration ist lediglich ein Schritt zur Meditation, Konzentration ist nicht Meditation! Meditation kennt keinen Unterschied zwischen Innen und Außen. Meditation ist, wenn der Meditierende nicht mehr ist.

Schließlich führt die vollkommene Konzentration auf das Meditationsobjekt zur tiefen Meditationserfahrung. Diese Meditationserfahrung kann zu einem mystisch-religiösen Erlebnis werden, das je nach spirituellem Hintergrund des jeweils Praktizierenden zu erheblichen Einschnitten in der Lebensführung und der Bewertung des persönlichen Umfeldes führen kann. Nach solch einschneidenden Erfahrungen sind bereits Menschen zu Religionsstiftern geworden, haben sich einen Haufen Jünger gesucht oder haben sich als Einsiedler zurückgezogen. Andere haben sich mit Leib und Seele einem spirituellen Weg oder einem Guru verschrieben, stellen ihr gesamtes Wirken und manchmal ihr gesamtes Geld in den Dienst der guten Sache oder des guten Gurus. Doch es ist möglich, Meditationserfahrungen ohne religiös-mystischen Hintergrund und ohne Guru zu machen, denn die Meditationstechniken funktionieren auch ohne Glaubenssystem. Der einzige Glaube, der vom Übenden angenommen werden muss, ist der, dass die Meditationstechniken auch ohne Glaubenssystem funktionieren...

Bodhidarma saß, nachdem er im Jahre 520 erfolglos versucht hatte, Zen in Süd-China zu verbreiten, neun Jahre lang einfach nur da und starrte auf eine Wand des buddhistischen Shaolin-Klosters in Nord-China. Das hat ihm nicht nur abgestorbene Beine, sondern auch die Erleuchtung beschert. Ich habe großen Respekt vor seiner Leistung und vor allen Menschen, die *ihren Weg* aus weltlicher oder religiöser Überzeugung gehen, denn es ist in unserer Zeit schon etwas Besonderes geworden, überhaupt einen Weg zu gehen.

Dennoch habe ich zum Beispiel überhaupt keine Lust, neun Jahre lang dazusitzen und auf eine Wand zu schauen. Deshalb empfehle ich, die erlernten Techniken dem eigenen Weltbild zu *unterstellen*. Dieser weltanschauliche Relativismus ist keine grundsätzliche Verneinung von Religion, Überzeugung und Wahrheit, keine Respektlosigkeit gegenüber denen, die Meditation als festen Bestandteil ihrer religiösen Praxis, ihres Weges zu ihrem Ziel oder zu ihrer Erleuchtung sehen. Es ist richtig, Meditation ist kein Selbstzweck, sondern ein Mittel zum Zweck. Doch der Zweck sollte durch den Meditierenden definiert werden können und nicht durch den Lehrer.

Natürlich findet sich auch hier ein nettes Paradoxon, denn heißt es nicht „Der Weg ist das Ziel“?

Es ist möglich, selbst komplexe Meditationstechniken aus ihrem ursprünglichen Kontext zu lösen und sie sich dennoch urbar zu machen. Auf den Lehrer oder den Guru ist jedoch nicht immer zu verzichten. Es gibt Techniken, bei denen ich unbedingt eine persönliche Anleitung empfehle, wie auch die einfacheren Übungen besser zu erlernen sind, wenn man sich von einer kompetenten Person korrigieren und helfen lässt. Doch man möge sich seinen Lehrer gut wählen, denn oft kauft man nicht nur die Meditationstechnik ein, sondern bekommt als Dreingabe einen Haufen Dogmen, traditionellen Plunder, manchmal ganze Religionen. Für diese Glaubenssysteme kann man sich selbstverständlich entscheiden und auch die Techniken in ein spirituelles System seines Geschmacks einfügen. Es ist jedoch immer ratsam, eine Religion nur anzunehmen und ins Zentrum seines Lebens zu lassen, wenn sie anklopft, sich an der Haustür vorstellt und einen sympathischen Eindruck macht. Vor jenen Glaubenssystemen, die unerkannt durch die Hintertür hereinschlüpfen, während an der Haustür der Meditationskurs angeliefert wird, sollte man sich in acht nehmen... Überlege Dir also vorher, ob Du einen Mittler zwischen Dir und Gott suchst, oder einen Lehrer, der Techniken beherrscht, die er Dir weitergeben soll.

Langfristig wird der eifrig Praktizierende eine tiefere innere Ruhe empfinden als zuvor, sich besser entspannen können, eine bessere Geistes- und Körperwahrnehmung erreichen und eine gesteigerte Konzentrationsfähigkeit bekommen, denn Konzentration ist der erste Schritt zur Meditation.

Die hinduistisch-geprägte Meditation kam 1893 in Gestalt des Swami Vivekananda aus Indien zum Weltkongress der Religionen nach Chicago. Swami Vivekananda schrieb

Bücher über Yoga und Meditation und besuchte auch Europa. Die Techniken verbreiteten sich rasch, unzählige Gurus folgten, zahlreiche Europäer besuchten Indien und Tibet, um „erleuchtet" wieder zurückzukehren und Orden und Meditationszentren zu gründen. Der Grundstein für die heutige „esoterische New Age" Szene wurde gelegt.

Mittlerweile sind viele Wirkungsweisen der Meditation wissenschaftlich in zahlreichen Studien belegt, der Stoffwechsel ist reduziert, der Körper entstresst und entspannt und der Kopf klar und wach. Auch in der Psychotherapie finden Meditationstechniken vielgestaltige Verwendung.

Doch auch jenseits von Religion und Therapie kann Meditation Stressempfinden mindern, zu größerer psychischer und physischer Leistungsfähigkeit führen, innere Quellen der Kraft und des Glücks erschließen, die vielen Menschen in unserer hektischen Alltagswelt unbekannt sind. Unsere Zeit steht unter dem Diktat der Terminkalender, wir müssen Wege finden, Momente der Besinnung zuzulassen, und wieder lernen, Stille und Seelenruhe auszuhalten. Doch Meditation ist nicht „wegdriften" und *abschalten.* Meditation ist *umschalten.*

Um in unserer immer schneller und vielschichtiger werdenden Welt einen eigenen Weg zu finden, ist es heute wichtiger denn je, die Fähigkeit zu entwickeln, sich seinem Inneren zuzuwenden, und alle bei dieser Konversation mit sich selbst störenden Einflüsse zu verbannen. Wir werden versuchen, die Meditationstechniken fast gänzlich von den historischen, religiösen und kulturellen Konnotationen, in denen sie entstanden sind, zu befreien, um aufzuzeigen, dass sie auch außerhalb ihres ursprünglichen Kontextes funktionieren. Daher auch der Titel dieses kleinen Arbeitsbuches: Abrasch kommt aus der arabischen Sprache und bedeutet Schatten. Es sind die im Gegensatz zum „gesellschaftlichem Mainstream" kontrastreichen Konturen der zahlreichen unterschiedlichen Wege zum Heil, die es mir angetan haben. Diese Schattenspiele können dann nach eigenem Willen und eigener Erkenntnis mit Farbe und Inhalt gefüllt werden. Im Schwarz des Schattens werden alle anderen Farben des Lichtes absorbiert und aufgenommen, somit gibt es nirgends mehr Möglichkeiten und Facetten als auf einer schwarzen Fläche, so seltsam sich das auch zunächst anhören mag. Des weiteren wenden wir uns bei vielen Übungen je nach verwendeter Terminologie den dunklen Tiefen des Unbewussten, Unterbewussten oder Vorbewussten zu. Aus diesem Schatten lassen sich farbenfrohe Erkenntnisse gewinnen. Ähnlich dem berühmten Höhlengleichnis haben wir die Option, unseren eigenen Schattenspielen auf der Höhlenwand eine Weile zuzusehen und können uns dann aber auch frei entscheiden, ob wir den Schritt wagen, uns zur Sonne umzudrehen. Es ist mir vollkommen egal, ob Du dann den Quell des Lebens siehst, eine überdimensionierte kosmische Lampe, den einen Gott oder auch „nur" irgendeinen Gott, eine Göttin, ein ganzes Pantheon, das unendliche Nichts, eine neue Stufe des Lebensrades oder Dich selbst.

Im folgenden werde ich die Grundlagen der Meditation, der Energiearbeit und der Visualisierung vorstellen. Meditiere zunächst nicht länger als fünfzehn bis zwanzig Minuten am Stück, dafür aber mehrmals täglich, wenn Du magst. Dehne die Dauer der einzelnen Meditationen erst dann weiter aus, wenn Du sicher bist, dass Du weißt, was Du tust, und bereits sowohl einen Überblick über das Thema als auch eine eigene Einschätzung Deiner Reaktionen auf die Übungen hast. Sei Dir im Klaren darüber, dass Du alle Übungen in eigener Verantwortung machst.

Es gibt für jede Meditation eine richtige Zeit und einen richtigen Ort. Sei bereit, verschiedene „Rahmenbedingungen" auszuprobieren. Und noch ein Hinweis: Nicht jede Meditationstechnik ist für jeden Menschen geeignet. Die meisten Meditationstechniken sind recht einfach, doch der Meditierende benötigt oft drei bis sechs Durchgänge, bis er entscheiden kann, ob er mit der Technik klarkommt. Wenn Du nach sechs Meditationen mit der gleichen Technik nicht zurecht kommst, Dich verspannst, Dich zu sehr anstrengen musst, Du mit schlechter Laune die Meditation verlässt, dann versuche etwas anderes. Es kann durchaus lange dauern, bis ein Mensch *seine* Meditation gefunden hat, doch wenn er sie hat, kann er sicher sein, ins Schwarze getroffen zu haben. Der Hauptgrund, warum ich so viele verschiedene Anätze und Techniken in diesem kleinen Buch vorstelle, ist nicht, dass jeder immer alle Meditationen machen und beherrschen muss. Wähle Dir die Technik, die Dich am leichtesten und angenehmsten in die Meditationserfahrung führt. Um diese Auswahl treffen zu können, ist es nötig, zu experimentieren. Und viele spannende Experimente warten auf Dich. Es kann jedoch eines Tages nötig werden, dass Du Deine Meditationen ändern und wechseln solltest, da Du Dich verändert hast, und die Welt um Dich herum hat sich auch geändert. Vielleicht hast Du Dein Etappenziel mit einer Methode erreicht, dann halte die Methode nicht krampfhaft fest, sondern lass los und wähle Dir eine neue Meditation. Es macht ja auch keinen Sinn, ein Boot länger mit sich herumzutragen, wenn Du den Fluss bereits überquert hast.

Viel Spaß bei der Suche nach Deiner Meditation, die schnell zu einer Reise zu Dir selbst werden kann.

Vorbereitung

Entgegen den meisten Empfehlungen dieser Art, rate ich dazu, nicht immer an demselben Platz zu meditieren. Setze Dich für die erste Meditation in die Küche, dann in den Wald, in die Kirche, ins Wohnzimmer, in den Keller, auf die Parkbank... So gewöhnst Du Dich von Anfang an daran, überall meditieren zu können, ganz gleich, ob Menschen in der Nähe sind oder ob Du allein bist, ob die Augen geöffnet oder geschlossen sind.

In jedem Fall solltest Du aber dafür sorgen, dass Du ungestört bleibst. Telefon ausstöpseln, Türklingel abstellen, im Wald nicht auf den Waldparkplatz setzen, sondern auf eine abseits liegende Lichtung.

Wenn Du keine Lust hast zu meditieren, lass es. Wenn Du es aber in jedem Fall tun willst, weil Du es Dir nun einmal vorgenommen hast, dann versetze Dich mit den Dir bekannten Techniken in den Zustand, dass Du Lust hast zu meditieren.

Tagebuch

Um Fortschritte besser zu erkennen, Entwicklungstendenzen auszumachen und Erfahrungen auch später nachschlagen zu können, empfehle ich, ein Meditationstagebuch zu beginnen. Kurze, stichpunktartige Einträge sind vollkommen ausreichend. Irgendwo habe ich sinngemäß gelesen: „Zuerst führst Du Tagebuch, später führt es Dich."

Asana

Asana bezeichnet eine Meditationshaltung. Dies kann der volle oder halbe Lotussitz sein, der Schneidersitz oder der Drachensitz, bei dem Du mit geradem Rücken kniest und Dich auf Deine Fersen setzt, die Hände ruhen auf den Oberschenkeln. Der Drachensitz ist vor allem für Anfänger gut geeignet, wer will, legt sich ein Meditationskissen oder eine gefaltete Decke unter. Es gibt unzählige weitere Meditationshaltungen, die wir jedoch auslassen. Sich hinzulegen kann ich nicht empfehlen, da die Gefahr besteht, bei der Meditation einzuschlafen. Diese Gefahr beschränkt sich jedoch auf die Anfangszeit, bei einer korrekt ausgeführten Meditation schläft niemand ein. Wer nicht gut auf dem Boden sitzen kann, setze sich gerade auf einen Stuhl, beide Füße fest auf der Erde.

Bewegungslosigkeit

Setze Dich in Dein Asana. Schließe die Augen. Verweile fünfzehn Minuten regungslos in dieser Haltung. Die Zunge bewegt sich nicht, der kleine Finger zuckt nicht, der Nasenflügel vibriert nicht.

Gedankenstille

Wische jeden Gedanken aus Deinem Bewusstsein, lasse Deine Gedanken zur Ruhe kommen, erreiche Gedankenstille, leere Deinen Kopf. Wenn Gedanken kommen, lasse sie kurz zu, hänge ihnen aber nicht nach. Wenn sie sich festsetzen wollen vor Deinem inneren Auge, schiebe sie mit aller Kraft aus Deinem Bewusstsein heraus.

Atmung

Einatmen – Anhalten – Ausatmen – Anhalten ist der Lebenslauf in einem Atemzug. Atem ist der Schlüssel zum Leben. Richtige Atmung ist darüber hinaus auch das Tor zur Meditation.

Atme soweit aus, dass sich das Zwerchfell zusammenzieht, öffne den Mund dabei weit und singe, sprichoder intoniere ein entspanntes „haaaaaaa“. Kurzes Innehalten. Die Zwerchfellkontraktion sollte so stark sein, Deine Lungen so leer sein, dass es ausreicht, lockerzulassen, damit „automatisch“ wieder Luft in Deine Lungen strömt und Du wie von selbst mit dem Einatmen beginnst. Beim Einatmen forme mit den Lippen einen „Kussmund“ und erzeuge einen „fffffffff“-Laut. Kurzes Innehalten, die Lungen sind so prall mit Luft gefüllt, dass sie sofort beginnt zu entweichen, wenn Du locker lässt.

Ziehe beim Atmen nicht den Bauch ein und strecke die Brust raus, sondern achte darauf, dass sich beim Einatmen immer zunächst der Bauch wölbt und erst dann die Brust.

Experimentiere mit der Schattenatmung: Wenn Du einatmest, stelle Dir vor, dass Du ausatmest. Wenn Du ausatmest, stelle Dir vor, dass Du einatmest. Beobachte, was geschieht.

Mantra

Ein Mantra ist ein Wort der Kraft. Im Hinduismus besitzt jede Gottheit ein eigenes Mantra, mit dem sie angerufen wird, auch die Chakren haben eigene Mantren. Es ruft demnach als Kraftwort jene Energie, der es zugeordnet ist. Jedoch muss ein Mantra mitnichten in Sanskrit oder einer anderen alten, heiligen Sprache verfasst sein. Jede Affirmation eignet sich als Mantra („Ich liebe Dich“ ist als Alternative zu „om mani padme hum“ einen Versuch wert), auch jedes gutklingende Phantasiewort kann als Meditationsobjekt dienen. Für den Übenden kann es sogar sinnvoll sein, keine bedeutungsschwangeren Mantren zu verwenden, um sich nicht in spirituellen Stolperfallen zu verheddern. Zur Erläuterung sei hier auf den fundamentalen Unterschied in der Bewertung der Erfahrung verwiesen, wenn der Meditierende ein Mantra zu Ehren Shivas verwendet und plötzlich in die Erfahrung der Einheit mit allem Seienden eintaucht oder ob er dieselbe Erfahrung mit dem Mantra „Kartoffelsack“ macht. Die Chance oder Gefahr, dass nach dem ersten Fall ein weiterer „erleuchteter Weltenlehrer“ über die Erde rennt, ist doch erheblich größer als beim zweiten Fall. Ich behaupte jedoch, die meisten Hindus werden mir allerdings widersprechen, dass die Wahrscheinlichkeit, eine solche Erfahrung beim Kartoffelsack-Mantra zu machen ebenso hoch ist, wie beim religiösen Mantra.

Nach einer gewissen Einübungszeit kann der Meditierende sich ein persönliches Mantra suchen. Bei der Transzendentalen Meditation wird ein solches Mantra vom Guru vergeben, doch es kann durch intensive Innenschau, Meditation, Phantasie und Kreativität auch selbst herausgefunden werden.

Auch von der individuellen Intention zu meditieren, kann man ein Mantra ableiten. Aus der Absichtserklärung: „(ICH WILL MEHR) INNERE RUHE (ERREICHEN)“ lässt sich das Mantra HUN-RIE bilden, indem aus dem Kern der Absichtserklärung jeder doppelte Buchstabe herausgestrichen wird. Es bleibt „INERUH“, was dann zu einem mehr oder minder wohlklingenden Mantra umgestellt werden kann. Ein solch persönliches Wort der Kraft kann fortan als kleines persönliches Geheimnis verborgen werden, das wie ein Schlüssel zur inneren Kraft funktioniert. Und den Schlüssel zu Eurer Wohnung drückt Ihr doch auch nicht irgendwem in die Hand, oder?

Es ist jedoch wichtig, bei der Mantra-Meditation mit dem persönlichen Wort der Kraft das Meditieren nicht zu vergessen. Das heißt, wenn wir HUN-RIE wieder und wieder intonieren, ist es sinnvoll, sich ausschließlich auf den Klang der Intonation zu konzentrieren, denn dies führt zur Meditation. Wenn wir jedoch die ganze Zeit damit beschäftigt sind, über den Inhalt unseres Kraftwortes nachzugrübeln, ist das vielleicht konzentriertes Nachdenken, aber keine Meditation.

Yantra & Mandala

Mandalas sind weitgehend bekannt, auch Yantra bezeichnet einen optischen Meditationsgegenstand. Traditionellerweise sind Yantras Gottheiten zugeordnet, mit denen sich der Meditierende verbinden möchte. Auch die Yantras funktionieren ohne religiösen Hintergrund, die Konzentration kann also auch auf ein Dreieck, ein Quadrat, einen Kreis, eine Pyramide gelenkt werden.

Experimentiere aber auch mit Küchensieben, einem Fahrrad, Flaschen, Deinem Foto, Wolken, einer Fläche in Deiner Lieblingsfarbe usw.

Die optischen Meditationsgegenstände können mit Mantren kombiniert werden.

Natur

Gehe in den Wald und meditiere über das Rauschen der Blätter. Das Fallen des Regens. Das Gefühl, das der Wind auf Deiner Haut erzeugt. Das Knacken des Lagerfeuers. Meditiere über den Blick, der sich Dir bietet, wenn Du die Berge überblickst. Selektiere einen Sinneseindruck, und konzentriere Dich auf ihn, lasse Dich nicht ablenken, denke nicht über das Feuer nach, das Du anschaust, sondern schaue einfach und konzentriere Dich auf das, was Du siehst. Auf diese Konzentration folgt Meditation.

Geräusche

Erinnern wir uns an Patanyalis Schritte zur Meditation: Er beschreibt Konzentration nach außen und Konzentration nach innen. Meditiere über ein Geräusch in Deiner Außenwelt. Das Rattern der Räder auf den Gleisen bei Deiner nächsten Zugfahrt, das Pfeifen des Windes, der Klang einer Trommel – Meditationsobjekte sind überall.

Doch Du kannst Deine Aufmerksamkeit auch nach Innen richten. Verschließe zum Beispiel mit beiden Handflächen die Ohren und konzentriere Dich auf den Punkt in der Mitte zwischen Deinen Ohren. Lausche dem Geräusch in Deinem Kopf, nimm nichts anderes mehr wahr.

Nach der nächsten durchzechten Disconacht konzentriere Dich morgens auf das Pfeifen in den Ohren. Wenn Du einen Kater hast, meditiere über diese intensive psychophysiologische Erfahrung...

Eine andere Übung: Schließe die Augen. Atme tief durch den Mund ein und lasse ein stimmloses „Hhhhhhhhhh“ erklingen, beim Ausatmen lege die Lippen leicht aufeinander und summe ein tiefes „Mmmmmmmm“. Lass den Atem auf diese Weise fließen. Beim „Mmmmmm“ konzentriere Dich auf Deinen Kopf. Bei richtiger Ausführung dieser Übung beginnt der Kopf leicht zu vibrieren. Mache diese Übung einige Male. Unterlasse das Summen und konzentriere Dich auf den Punkt in der Mitte zwischen Deinen Ohren. Wenn Du einen Klang wahrnimmst, mache ihn zum Meditationsobjekt.

Wenn Du Hintergrundmusik verwendest, solltest Du Dich vorher entscheiden, ob Du die Musik als Meditationsobjekt wählst, dann ist es im Prinzip egal, welche Musik Du nimmst. Wenn Du sie jedoch, während Du über ein anderes Objekt meditierst, im Hintergrund „plätschern“ lassen möchtest, dann solltest Du Musik auswählen, die nicht viel Eigendynamik besitzt, also Musik zum Weghören, die erst richtig auffällt, wenn sie nicht mehr läuft.

Übrigens gibt es keine Notwendigkeit, indische Flötenklänge und Sitar als Meditationsmusik zu verwenden. Du kannst, wenn es eher deinem Geschmack entspricht, auch auf Rockmusik meditieren. Auch hier gilt: Das Experiment ist dem Nachäffen von scheinbarer Tradition immer vorzuziehen, wenn man dann zur traditionellen Methode zurückkehrt, weiß man, warum.

Licht

Meditiere über das äußere Licht, nimm hierfür eine Kerze.

Später meditiere über das innere Licht. Schließe die Augen. Atme tief durch den Mund ein und lasse ein stimmloses „Hhhhhhhhhhh“ erklingen, beim Ausatmen lege die Lippen leicht aufeinander und summe ein tiefes „Mmmmmmmm“. Lass den Atem auf diese Weise fließen. Beim „Mmmmmm“ konzentriere Dich auf Deinen Kopf. Bei richtiger Ausführung dieser Übung beginnt der Kopf leicht zu vibrieren. Schließlich hebe die Augenbrauen leicht an. Blicke mit geschlossenen Augen auf den Punkt zwischen Deinen Augenbrauen, schiele nach oben und konzentriere Dich auf diesen Punkt, das sogenannte Dritte Auge, dort sitzt die Zirbeldrüse, die ein lichtempfindliches Organ ist, insofern ist der Begriff Drittes Auge durchaus keine metaphysische Verstopfung, sondern hat Sinn. Bei regelmäßigem Üben werden ein oder mehrere Lichtpunkte erscheinen. Meditiere darüber.

Farben

Erreiche Gedankenstille. Vor Dir liegt ein farbiges Blatt Papier. Konzentriere Dich auf die Farbe, schließe die Augen und versuche, die Farbe vor Deinem inneren Auge zu halten. Wenn Dir die Farbe „entgleitet“, öffne erneut die Augen und beginne von vorn.

Gegenstände

Nimm einen beliebigen Gegenstand und starre ihn an. Erreiche Gedankenstille, schaue nur konzentriert auf den Gegenstand. Dann stelle den Blick auf „unscharf", als wenn Du durch den Gegenstand hindurchblickst, entspanne die Augen, der Gegenstand verschwimmt etwas.

Wenn Du diese Übung beherrschst, schreite voran: Schließe die Augen und stelle Dir den Gegenstand vor Deinem inneren Auge vor. Wenn Du ein klares Bild erreichst, beginne, ihn vor Deinem inneren Auge in die Luft zu heben, er schwebt vor Dir, und Du kannst ihn drehen und von allen Seiten betrachten.

Wenn Du auch diese Übung beherrschst, behalte den Gegenstand vor Deinem geistigen Auge und projektiere ihn wie ein Dia auf die Wand vor Dir.

II.

Übungen

Asanakreisel

Setze Dich in Deine bevorzugte Meditationsstellung, am besten in den vollen oder halben Lotussitz oder den Schneidersitz. Beginne, Dich von links nach rechts hin und her zu wiegen, ganz langsam, wie ein Grashalm im Wind. Nach einer Weile wiege Dich vor und zurück. Schließlich lasse aus der langsamen Bewegung ein Kreisen um die eigene Mitte werden. Gehe ganz in dieser leichten Bewegung auf, verliere Dich in ihr.

Du kannst diese Übung auch mit einem Partner zusammen machen: Sie setzt sich auf seinen Schoss, während er im Lotus- oder im Schneidersitz sitzt, und schließt ihre Beine um seinen Körper. Beide halten die Wirbelsäulen gerade, umarmen sich, legen die Stirnen aneinander und wiegen sich, wie ich es oben beschrieben habe. Ein intensives Erleben und die intensive Abwesenheit von Erlebnis können sich bei dieser Partnerübung sehr gut einstellen. Es ist wie eine Art Tanz, in dem sich beide verlieren können. „We are two, become one, become none, become all."

Übrigens lässt sich mit dem „Asanakreisel" auch ein menschliches Pendel bilden. So, wie beim normalen Pendeln können Entscheidungshilfen ausgependelt werden, weitere Entwicklungswege und Zukunftschancen „ausgekreiselt" werden. Natürlich klappt das nur, wenn man eine Bereitschaft hat, es zu glauben. Ich kann zwar jetzt nicht beweisen, dass es immer funktioniert, wenn man daran glaubt – aber dass es nie funktioniert, wenn man nicht die Bereitschaft mitbringt, daran zu glauben, das kann ich schlüssig beweisen. Wer es ausprobiert und das Experiment wagt, der bringt zumindest eine minimale Bereitschaft mit, sich überraschen zu lassen, und ist sich seiner ablehnenden Haltung nicht so ganz sicher. Wer jedoch wirklich 100% sicher ist, dass es nicht klappt, warum sollte der sich die Mühe machen und es ausprobieren; mit der Zeit kann er Sinnvolleres anfangen, als solch einen Quatsch auszuprobieren. Und wer es nicht wagt, kann auch keinen Erfolg damit haben. Quod erat demonstrandum. Probiere es aus:

Anstatt das Tarot oder die Runen zu bemühen, verwende bei der nächsten Frage doch mal das Pendel, Dich selbst. Wenn Du Dich zum Beispiel nicht entscheiden kannst zwischen zwei möglichen Wegen: „Soll ich den neuen Job annehmen oder lieber weiter in meiner alten Anstellung bleiben?", dann nimm für „den Job annehmen" beispielsweise die vorne/hinten Achse, für „alte Arbeitsstelle" die links/rechts Achse. Kreisende Bewegungen könnten möglicherweise ein Zeichen dafür sein, dass Du eine wichtige weitere Möglichkeit bislang außer acht gelassen hast. Schreibe die Fragestellung auf ein Blatt Papier und lege es vor Dich. Dann entspanne Dich und beginne den Asanakreisel. Nach einer Weile schaue auf die Fragestellung ohne darüber nachzudenken oder sie gar laut vorzulesen. Schaue einfach entspannt darauf, beobachte nur, greife nicht bewusst in Deine Bewegungen ein. Dein Körper wird die Pendelrichtung und damit die Antwort Deines Unterbewussten anzeigen. Wie bei allen Systemen und Techniken dieser Art, ist es natürlich auch beim Pendeln durchaus sinnvoll, das Problem oder die Fragestellung vor oder nach dem Asanakreisel auch mit dem Verstand zu analysieren.

Des weiteren halte ich es für einen ausgemachten Unsinn, zu behaupten, dass das Unterbewusste immer die richtige Antwort parat hat und der Verstand immer falsch liegt. Es kann von Fall zu Fall auch einmal sinnvoll sein, eine bewusste, willentliche Entscheidung gegen den Rat des Pendels, des Tarots, der Runen oder anderer Systeme durchzusetzen. Aber auch hierbei kann man selbstverständlich sehr unterschiedlicher Meinung sein.

Bewegung

Einfache Arbeiten und ebenso einfache Bewegungen eignen sich hervorragend zur Meditation. Wenn Du im Winter Schnee schaufelst oder im Herbst Laub vom Bürgersteig fegst, meditiere darüber. Die Gleichmäßigkeit beim Joggen mache Dir zunutze: meditiere über Deine Schritte. Beim Schrauben Sortieren am Fließband: Meditiere. Beim Spazierengehen im Wald: Meditiere. Es gibt in der einfachsten Bewegung, in der einfachsten Sache eine unendliche Tiefe.

Experimentiere mit dem Schattengang: Wenn Du läufst, stelle Dir vor, dass immer, wenn Dein rechtes Bein vor Dir auftritt, das linke Bein gerade vor Dir den Boden berührt. Wenn der linke Fuß vorne ist, stelle Dir vor, der rechte Fuß sei vorne. Stelle Dir den Bewegungslauf exakt entgegen den tatsächlichen Bewegungen vor. Konzentriere Dich darauf, und Du wirst feststellen, dass sich Dein konzentriertes Bewusstsein nach einer Weile zunächst für kurze Momente von Deinem Körper löst, Du hast den Eindruck, neben Dir herzulaufen, einen Astralaustritt zu erleben. Verbinde diese wirkungsvolle Technik mit der Schattenatmung.

Stroboskop-Meditation

Atme tief durch die Nase ein und halte den Atem sehr lange an, dann atme langsam durch den Mund wieder aus, halte dann wieder den Atem an, bevor Du erneut einatmest. Wenn Du meinst, dass es an der Zeit ist, starte ein Stroboskop, das auf einen sehr schnellen Blinkrhythmus eingestellt ist. Blicke entspannt in das Licht. Nicht starren! Zusammen mit dem Stroboskop beginne ein schnelles, gleichmäßiges, monotones Trommeln oder Rasseln, ähnlich dem schamanischen Trommeln/Rasseln. Wenn Du keine entsprechende Trommel oder Rassel besitzt, dann besorge Dir eine CD mit schamanischem Trommeln.

Wenn sich Dein Körper bewegen will, ähnlich wie beim Asanakreisel, dann lasse dies zu. Gib Deinem Oberkörper jedoch keine „Wiegerichtung“ vor, sondern lasse ihn sich langsam, aber frei bewegen. Sobald Dir die Atemtechnik „lästig wird“ und eher störend auf Dein entspanntes In-Das-Licht-Schauen wirkt, dann höre damit auf und atme ganz normal weiter.

Vipassana

Die Vipassana-Meditation entstammt der buddhistischen Tradition. Bei dieser Praxis geht es um Bewusstmachung des Verhaltens und der inneren Abläufe des Meditierenden. Dem Ganzen liegt der Gedanke zugrunde, dass man erst dann einen Ablauf verändern, eine Konditionierung durchbrechen kann, wenn man den Ablauf durchschaut, die Konditionierung begriffen hat. Etwas moderner als Paradoxon ausgedrückt: Der Roboter, der wir den Großteil unseres Lebens sind, kann sich zum Programmierer entwickeln. Aber erst, wenn ihm bewusst wird, dass er ein Roboter ist. Diese fundamentale Konfrontation mit seiner Natur und seinen Lebenslügen, diese Selbsterfahrung hebt ihn über sich selbst hinaus. Im Buddhismus ist das letzte Ziel natürlich die finale Erleuchtung, deren Möglichkeit wir hier auch gar nicht in Abrede stellen wollen. Uns genügt jedoch vorerst das Zwischenstadium auf dem Weg dorthin: Selbsterkenntnis. In allen Bereichen des Lebens lauert die Frucht der Selbsterkenntnis, sie muss nur gepflückt werden.

Versuche folgende Übung: Versenke Dich mithilfe der Dir mittlerweile bekannten Techniken in Meditation, dann unterlasse alle Hilfen wie Mantren etc. und lasse Gedanken kommen und gehen. Bei dieser Übung geht es nicht um Gedankenstille, sondern die Gedanken sind willkommen, doch beiße Dich nicht an ihnen fest, sondern beobachte sie, und vor allem dränge keine Gedanken wieder weg. Wenn Du diese Übung mit einiger Meditationserfahrung machst, wirst Du Dich wundern, was da vor allem nach längerer Praxis so alles zum Vorschein kommt.

Beobachte Deinen Atem. Lege eine Liste an: „Wie atme ich in welcher Situation?“ Je detaillierter die Liste, desto besser kannst Du später den Spieß umdrehen und durch die der gewünschten Situation angemessene Atmung die Situation selbst herbeiführen. Wenn Du zum Beispiel dazu neigst, in Stress-Situationen fast zu hyperventilieren, nicht mehr ein noch aus weißt, am liebsten alles hinschmeißen willst, schlichtweg überfordert bist mit Deinem Umfeld, das an dir zerrt, dann beginne, mit offenen Augen zu meditieren. Mit etwas Übung kann das jeder. Meditiere über Deine Atmung, eben jene Atmung, die Du hast, wenn Du ruhig, zufrieden und entspannt in Deiner Mitte bist und das Gefühl hast, mit leichter Hand das Leben zu meistern.

Wenn Du unbedingt noch einige stinklangweilige Akten durchsehen musst, es aber schon mitten in der Nacht ist und Du deutlich das Rufen Deines Kopfkissens hörst, so meditiere nicht etwa über das lautstarke Locken des Kissens, sondern beginne so zu atmen, wie Du immer atmest, wenn Du erregt bist, Dich auf etwas freust, gespannt bist, hellwach und ganz bei der Sache bist. Glaube mir nicht, dass es wirkt. Probiere es selbst aus.

Die gleiche Achtsamkeit kannst Du natürlich auch auf Farben, Gerüche, Geschmack, Musik, Gedanken usw. ausdehnen. Erkenne Dich als Roboter und erstelle eine Liste mit Deinen Knöpfen. Experimentiere damit, wie wichtig es ist, den Arbeitsplatz so zu gestalten, dass er nach angenehmer Arbeit aussieht, das Wohnzimmer wohnlich zu machen und das Schlafzimmer zum Relaxen einladend zu gestalten. Dies sind allgemein akzeptierte Erkenntnisse, ebenso, dass Menschen subjektiv terracottafarben gestrichene Wände 2-3 Grad wärmer wahrnehmen, als hellblaue Wände, dass es kein Zufall ist, dass sich viele Spitzensportler mit erhaben-hymnischer oder besonders aggressiver Musik auf ihre Wettkämpfe einstimmen usw.

Versuche, eine gezielte Wahrnehmung für Dich möglich zu machen, indem Du einen Empfindungskatalog erstellst. Dies wird Dich möglicherweise zunächst frustrieren, vielleicht fühlst Du Dich wie ein Sklave der Situation. Doch aus diesem Gefühl kannst Du durch gezielte Wahrnehmung die Situationen aktiv mitgestalten.

Kundalini-Meditation

In die Meditationspraxis eingeführt von Osho. Zunächst wird der ganze Körper geschüttelt, die Füße bleiben dabei fest auf dem Boden stehen. Wichtig ist, dass der Körper beim Schütteln wirklich entspannt ist, also z.B. auch der Kiefer entspannt „hängt", die Arme locker am Körper herabbaumeln, der Kopf sich frei bewegen kann. Danach wird zur Musik getanzt, schließlich setzt man sich in die Meditationshaltung, schließt die Augen und richtet die volle Aufmerksamkeit nach innen. Schließlich legt man sich auf den Rücken, die Arme liegen links und rechts vom Körper entspannt auf der Erde.

Wie die meisten Meditationen von Osho, gibt es auch die Kundalini-Meditation auf CD. Da jedoch nicht jeder Lust hat, zu *der* Musik zu tanzen, kann man sich besser seine eigene Meditationsmusik zusammenstellen.

Nadabrama

„Fließende Energie, hier ist sie
Ohne Namen, zeitlos, lichtgeschwind
Treibe weit jenseits von Furcht
Weit jenseits von Wünschen
Durch die Pforte der Wunder
In das geheimste Geheimnis."
(Dr. Timothy Leary)

Nadabrama beschreibt den Urton, der in allem, was ist, existieren soll: Im Stein, im Baum, im Tier, im Menschen. Diesen Urton zum Erklingen zu bringen, ist der Sinn dieser Meditation. Wer den Ton erklingen lassen kann, hat Zugang zu einem immens großen Kraftreservoir in seinem Inneren. Auch bei dieser Übung geht es nicht so sehr um Glauben, als um beharrliches Ausprobieren und Überprüfen: *„Das Geheimnis der verborgenen Kraft des Lautes oder der Vibration, der schöpferischen Kraft, wie es die Natur der Dinge und der Lebensphänomene enthüllt, war den Sehern alter Zeiten wohlbekannt: den Weisen, die als Rischis an den Abhängen des Himalaya wohnten, den Magiern Persiens, den Adepten Mesopotamiens, den Priestern Ägyptens und den Mystikern Griechenlands. Pythagoras, selbst ein Eingeweihter östlicher Weisheit, sprach von der „Harmonie der Sphären", wonach die Himmelskörper – und das trifft auch auf jedes Atom zu – aufgrund ihrer Bewegung, ihres Rhythmus oder ihrer Schwingungen einen besonderen, ihnen eigentümlichen Ton hervorbrachten. Alle diese Töne und Schwingungen bildeten eine universelle Harmonie, in der jedes Element, obwohl es seine eigene Funktion und eigenen Charakter beibehält, zur Einheit des Ganzen beitrug. Jedes Atom singt ständig sein Lied, und der Ton schafft in jedem Augenblick dichte und feine Formen." (Lama Anagarika Govinda)*

Setze Dich in Dein Asana und erzeuge mit knapp aufeinander liegenden Lippen einen summenden Ton. Du hast den richtigen Ton gefunden, wenn die Lippen leicht mitvibrieren, bzw. anfangen zu kribbeln. Dadurch wird sich mehr und mehr Energie im Körper anstauen. Nach zehn Minuten strecke die Arme nach vorne aus und richte die Handinnenflächen zur Erde. Bewege, während Du weitersummst, die Hände in kreisenden Bewegungen nach außen, die Handinnenflächen bleiben dabei immer zur Erde gerichtet.

Stelle Dir vor, wie Du durch Deine Handinnenflächen Energie aus dem Körper heraus sendest und spüre, wie Deine Hände anfangen zu kribbeln, genau an der Stelle, an der die Energie entweicht. Doch während Du Energie durch Deine Hände abgibst, erhältst Du durch das Summen immer neue Energie.

Nach 5 Minuten wende die Handinnenflächen nach oben und bewege die Hände nun in kreisenden Bewegungen nach innen. Stelle Dir vor, wie Du durch Deine Handinnenflächen Energie aus dem Körper heraus sendest und spüre, wie Deine Hände kribbeln, genau an der Stelle, an der die Energie entweicht. Doch während Du Energie durch Deine Hände abgibst, erhältst Du durch das Summen immer neue Energie.

Nach weiteren fünf Minuten beende das Kreisen der Hände und höre auf zu summen. Sitze still da und beobachte, was in Deinem Inneren geschieht.

Nadabrama kannst Du auch mit Deinem Partner oder mit Deiner Partnerin gemeinsam meditieren, am besten im Drachensitz. Setzt Euch in Eurem Asana gegenüber, ergreift die Hände des Gegenübers, wobei die rechte Hand immer oben ist und greift, die linke Hand immer unten ist und gegriffen wird. Summt nun gemeinsam für mindestens zwanzig Minuten und lasst die Energien in Euch und zwischen Euch fließen.

Als Gruppenarbeit ist Nadabrama ebenfalls geeignet. Bei größeren Gruppen, in denen sich die Teilnehmer noch nicht gut kennen, setze ich Nadabrama gerne an den Anfang der Stunde, um die Energien der Teilnehmer zu harmonisieren. Die Teilnehmer sollten sich jedoch nicht berühren, sondern im Prinzip verfahren, wie bei der Einzelmeditation, doch einen Teil ihrer Aufmerksamkeit darauf lenken, inwieweit sich die Klänge und Energiefelder der einzelnen Menschen überlagern und schließlich vielleicht sogar ein einziges, gemeinsames Energiefeld bilden.

Das Selbstbild

Jeder Mensch besitzt eine Vorstellung vom eigenen „Ich“, die sich im Laufe seines Lebens herausgebildet hat. Maßgeblich wird sie jedoch in den ersten Jahren geprägt und wird fortan von einer Selbsteinschätzung, die das direkte Resultat von konkreter Erfahrung ist, zu einer reinen Gewohnheit.

Gleiches gilt natürlich für die Fremdeinschätzung, für die Bewertung der Umwelt, des Nicht-Ich. In unserer Konfrontation mit dem Umfeld lernen wir, ob unsere Umgebung primär eine Bedrohung darstellt und wir uns abgrenzen und schützen müssen oder ob wir positive Signale empfangen, die ein ausgeglichenes, liebevolles Geben und Nehmen ermöglichen. Auch in der Bewertung des Nicht-Ich ersetzt irgendwann die Gewöhnung die individuelle Erfahrung. Wer immer wieder in wichtigen Jahren seines Lebens mit Neid, Missgunst, Betrügerei, Hass und Gewalt konfrontiert wurde, sich nie angenommen, geborgen und geliebt gefühlt hat, der wird fortan auch nichts Positives mehr von der Umwelt erwarten. Möglicherweise wird eine freundliche Geste oder eine konstruktiv und positiv gemeinte Kritik eines Freundes als Angriff gewertet, obwohl die gleiche Kritik jemand, der andere, glücklichere Erfahrungen in seinem Leben sammeln durfte, als ausgesprochen wertvoll zu schätzen weiß und ob der Offenheit seines Freundes dankbar ist.

Doch es gibt einen fundamentalen Unterschied zwischen dem Bild, das wir von uns selbst haben, und dem Bild, das wir von unserer Außenwelt haben. Letzteres kann durch die immer neuen Formen, Handlungsweisen und die vielen Gesichter, mit denen das Nicht-Ich auf uns zukommt schneller durchbrochen werden. Auch wenn wir es gewohnt waren, dass wir uns auf niemanden als auf uns selbst verlassen können, kann ein Freund diese Gewöhnung durch sein beharrlich freundschaftliches Handeln ändern. Auch hierbei gibt es Ausnahmen und der Eine wird in unserem Beispiel eine längere Zeit benötigen, um zu merken, dass er es mit einem echten Freund zu tun hat, als der Andere.

Bei einem Selbstbild, das mit der realen, aktuellen Situation nichts mehr gemein hat, sondern das in ferner Vergangenheit wurzelt und schlicht zur Gewohnheit geworden ist, in der man sich sicher fühlt, liegt die Sachlage jedoch anders. Zwar weiß man, dass es nicht gut ist, wie es ist, aber man hat sich eingerichtet und *kennt* das Übel, zieht dieses sichere Selbstbild vor, anstatt zu einem neuen aufzubrechen, denn dies bedeutet neuerliches Suchen, Bewerten mit dem Risiko, auf die Nase zu fallen.

Das bekannte Übel wird den unbekannten Chancen und Risiken vorgezogen. Da dies jedoch ein grundlegender Selbstbetrug ist, versuchen wir uns pausenlos mit dem Herunterbeten von Sätzen wie: „Das ist nun einmal so“ oder „Ich bin eben so“ auf das Prinzip der statischen Scheinsicherheit einzuschwören, alles soll so bleiben, wie es ist. Wir haben gelernt, dass neue Erfahrungen oft mit Leid, Irrtum und Anstrengung verbunden sind, und so wie es ist, geht es doch. Nicht gut, andere Menschen haben da mehr Glück im Leben. Aber so ist es nun einmal. Da kann man nichts machen. So läuft eine pausenlose Selbstkonditionierung ab, mit fast religiöser Inbrunst beten wir unsere alten Glaubenssätze *gegen* das Prinzip des Zweifels. Eigentlich wissen wir tief in uns bereits, dass dies ein Selbstbetrug ist: Denn es kann nicht alles so bleiben, wie es ist, weil die Welt um uns herum sich weiter bewegt. Wir sind wie der Mann, der sich in einen Fluss stellt und merkt, dass es unmöglich ist, zwei Augenblicke lang im selben Fluss zu stehen, da die Situation sich um ihn herum ständig ändert. So ändert sich auch der Mann im Fluss, denn er nimmt das Strömen des Wassers wahr, ist nicht abgekoppelt von den Sinnesreizen, welche die sich wandelnde Außenwelt ihm entgegen wirft.

Auf diese Art und Weise, die manchmal an die Holzhammer-Methode erinnert, bannen wir Mut und Abenteuergeist aus unserem Leben. Dies funktioniert noch besser, wenn wir die Verantwortung für unser Leben anderen Menschen in die Schuhe schieben. Ich kann nichts machen, denn ich hatte nicht das Glück, so tolle Eltern zu haben. Ich stamme halt aus armen Verhältnissen. Mein Vorgesetzter (auf der Arbeit/beim Militär/in der Religion...) hat es aber so angeordnet, da kann ich allein doch nichts gegen machen, so ist die Welt nun mal.

Wir könnten nun darüber spekulieren,

- wie viele Menschen mit unfairen Ellenbogenmethoden unliebsame Konkurrenten im Beruf ausgeschaltet haben mit dem Satz im Kopf: „*Das Leben ist nun einmal so*."
- wie viele Soldaten Gefangene erschossen mit den Worten: „*Das Leben und der Krieg sind nun einmal grausam*."
- wie viele Menschen kein Trinkgeld im Restaurant geben oder am Bettler in der Fußgängerzone vorübergehen, griesgrämig und geizig auf ihrer Kohle sitzen mit dem Satz: „*Mir schenkt doch auch keiner was*."
- wie viele Diebe stehlen mit den Worten: „*Man muss sehen, wo man bleibt*".

Nur indem wir so handeln, wie wir handeln, erschaffen wir die „ungeschriebenen Gesetze" des Lebens, die wir dann anführen, um zu rechtfertigen, warum wir so handeln, wie wir handeln. Keine Sorge, es ist jetzt nicht mein Ziel, die Welt zu retten. Aber es ist durchaus mein Ziel aufzuzeigen, dass es mehr Handlungsvarianten gibt als uns oftmals bewusst ist oder bewusst sein will.

Um einen größtmöglichen Handlungsspielraum zu erreichen, Freiheit so weit es geht zu verwirklichen, muss man wissen, wo man steht und wer man ist. Dies können jedoch nur Momentaufnahmen sein, die Welt verändert sich, wir verändern uns, und morgen ist die Welt eine andere als heute, morgen sind wir anders als heute. Somit lohnt es sich, von Zeit zu Zeit das Selbst- und Fremdbild zu überprüfen. Es ist unmöglich, aktiv, eigenverantwortlich und frei einen Weg zu wählen, den man gehen möchte, wenn man mitten im Wald steht, jedoch weder weiß, wo man ist, noch wo man hin möchte.

Bestimme Deinen Standpunkt, indem Du ein Buch anlegst, in dem Du auf die linke Seite schreibst, was Du nicht magst an Dir, was Du nicht machen möchtest, was Du nicht hast oder bist. Auf die rechte Seite schreibe, was Du bist, was Du hast, wie Du aussiehst, Deine Vorlieben, was Du gerne tun würdest in Deinem Leben, Deine Träume (unabhängig davon, ob sie Deiner Meinung nach umsetzbar sind oder nicht. Die Träumereien gehören genauso zu Dir, wie Deine Lieblingssocken) usw. Du kannst das Buch immer wieder zur Hand nehmen, streichen, ergänzen, Du kannst es randvoll schreiben oder auch nur eine kurze Liste mit den Dir am wichtigsten erscheinenden Eigenschaften machen.

Folgende Fragen können Dir als Inspiration vielleicht helfen:

- Lieblingsfarbe?
- Lieblingsbuch?
- Wenn Du keine Arbeit, keine Familie, keine Pflichten hättest: Was würdest Du heute tun?
- Wovon hast Du als Kind immer geträumt?
- Wie viel Geld brauchst Du zu einem ordentlichen Leben? Wie viel verdienst Du jetzt?
- Welche drei Menschen würdest Du auf eine einsame Insel mitnehmen? Warum?
- Welche Eigenschaft hasst Du am meisten an Dir?
- Was ist der Sinn Deines Lebens?
- Hast Du schon einmal etwas Verbotenes getan? Würdest Du es wieder tun?
- Was darf man auf gar keinen Fall tun, was wäre für Dich unverzeihlich?
- Hast Du schon einmal jemanden in Gedanken umgebracht?
- Beschreibe Deine Religion.
- Siehst Du die Menschheit als Krone der Schöpfung?
- Was ist Dein Hobby?
- Welche politische Meinung vertrittst Du?
- Was magst Du an Deinen Eltern?
- Was magst Du nicht an Deinen Eltern?
- Dein schönstes Erlebnis. Dein schlimmstes Erlebnis.
- Schreibe zu jedem Menschen, den Du näher kennst, einen charakteristischen oder charakterisierenden Satz auf.
- Beschreibe Dein Äußeres, wie Du es siehst.
- Lass Dich von jemand anderem schriftlich beschreiben.

- Welche Bekanntschaft aus Deinem Leben würdest Du gerne wieder sehen. Warum?
- Welchen Menschen würdest Du lieber nicht kennen? Warum?
- Liebst Du Dich?
- Wen liebst Du? Warum?
- Für wen bist Du da, wenn Du gebraucht wirst?
- Hast Du etwas davon?
- Was würdest Du gerne lernen?
- In welche Lebenssituation würdest Du Dich hineinzaubern, wenn Du ein Zauberer wärst?
- Wie würdest Du Dein Äußeres verändern, wenn Du zaubern könntest?
- Wie stellst Du Dir Deine eigene Beerdigung vor?
- Was macht Dich wieder froh, wenn Du traurig bist?
- Was macht Dich wach, wenn Du müde bist?
- Was macht Dich ruhig, wenn Du hektisch bist?
- Wie wichtig ist Dir Treue?
- Warst Du immer treu?
- Welche Reise würdest Du gerne noch machen?
- Der Augenblick in Deinem Leben, in dem Du Dich geliebt, angenommen und geborgen gefühlt hast. Warum?
- Der Augenblick in Deinem Leben, in dem Du Dich isoliert, unverstanden und einsam gefühlt hast. Warum?

Diese Liste ist nach Belieben zu erweitern.

In dieser Liste wirst Du viele verstaubte Dogmen vorfinden, bei denen es sich lohnt, sie zumindest zu hinterfragen, vielleicht sogar durch neue, schönere, passendere zu ersetzen. Viele Erkenntnisse werden Dir aus dieser Liste zuteil werden, über die Du Dich wunderst. Du wirst jedoch auch umfangreiches Handwerkszeug an die Hand bekommen, wie Du Situationen verändern kannst. Kurzum, Du wirst Deinen Ausgangspunkt und Dein mögliches Ziel zumindest ein kleines Stück besser erkennen, als zuvor und kannst danach einen Weg auswählen, der zu diesem Ziel hinführt.

Die Energieskala

Setze Dich in Dein Asana und kon-zentriere Dich durch Mantra und Atem.

Schließlich visualisiere in Deinem Oberkörper eine Skala. Sie beginnt am unteren Ende der Wirbelsäule und windet sich in Schlangenlinien bis in den Kopf. Wenn Du ruhig, entspannt und gelöst bist, und das solltest Du jetzt sein, dann stelle Dir vor, dass wie in einem Fieberthermometer die Quecksilbersäule jetzt eine rote Säule als Anzeige ganz klein, fast wie ein einzelner Punkt, am unteren Ende Deiner Wirbelsäule steht. Wenn Zahlen an der Skala stehen würden, wäre nun zum Beispiel von zehn möglichen Energieeinheiten eine erreicht.

Versuche nun, die Energie in Dir aus eigener Kraft zu vergrößern, indem Du den Atem beschleunigst, die Hände zur Faust ballst und Dir vorstellst, wie die feuerrote Energiesäule der Skala sich langsam nach oben schiebt, länger und länger wird, sich die Windungen der Skala empor schlängelt, wie eine Energieschlange. Dies kann durch das Erzeugen des Gefühls vom Aufsteigen, von Leichtigkeit und Hitze im Körper verstärkt werden. Wenn die Energiesäule bereits rotglühend in Deinem Kopf steht, solltest Du das „Messröhrchen“ nicht zum Platzen bringen, sondern es langsam wieder herunterfahren. Verlangsame die Atmung, entspanne die Muskeln, verstärke dies, indem Du das Gefühl von leichtem Fall, dem sanften Herabschweben eines herbstlichen Blattes erzeugst. Beobachte, wie die Säule in der Anzeige zusammenschrumpft und die Energie in Dir weniger wird.

Schaue in der Folge in verschiedenen Lebenssituationen auf diese Energieanzeige, um „abzulesen“, unter wie viel „Dampf“ Deine Maschinen stehen. Doch Du kannst die Energieanzeige nicht nur verwenden, um zu sehen, wie viel Power Du zurzeit zur Verfügung hast, sondern auch, um die Kraft zu verstärken oder zu verringern. In einer Stress-Situation visualisiere die Anzeige in Dir und fahre den Energiepegel mit Hilfe einer Auswahl der Techniken, die Dir mittlerweile geläufig sind, herunter.

Wenn Du müde, ausgepumpt und abgeschlafft auf dem Sofa hängst und schon wieder Talk-Shows guckst, anstatt Dich endlich dem Abwasch zuzuwenden, so visualisiere die Energieanzeige und fahre sie hoch, erzeuge Energie durch die Anzeige unter Zuhilfenahme der Dir bekannten Techniken und lese die erzeugte Energie gleichzeitig anhand der Skala ab. Aber nur, wenn Du sicher bist, dass der Abwasch wichtiger ist als die Talk-Show.

Der Insider wird schon lange gähnend erkannt haben, dass die rote Energiesäule in der Skala prinzipiell mit der Kundalini-Schlange zu vergleichen ist, und das Skalaröhrchen, in dem sie aufsteigt, der Sushumna-Kanal sein könnte.

Genauso, wie wir am Symptom (der anzeigenden Skala unseres Energie-Mess-Röhrchens) den Grad der Energetisierung ablesen können, werden wir mit der Zeit immer besser die Kunst beherrschen, durch das Senken und Erhöhen der Anzeige auch den Energiefluss selbst zu beeinflussen, die Ursache-Wirkung Abhängigkeit nicht aufzuheben, sondern umzudrehen.

Gleiches funktioniert mit anderen Symptomen: Beobachte, was genau passiert, wenn Du Dich entspannst, und was Du oft tust, wenn Du entspannt bist: Dein Atem wird ruhiger, Dein Körper fühlt sich wohlig-warm an, Du machst Dir vielleicht eine ruhige, schöne Musik an, zündest eine Kerze an, vielleicht auch eine Duftlampe und träumst einfach ein bisschen rum, denkst zum Beispiel an vorbeiziehende Wolkenformationen oder an einen Augenblick in Deinem Leben, der sehr schön war. Nun mache Dir einmal den Spaß, jetzt, leg das Buch ruhig einmal zur Seite, und beruhige mithilfe der erlernten Atemtechnik den Atemfluss. Erzeuge die Wahrnehmung von Wärme in Dir. Lasse Dir einen Moment Zeit dafür und spüre nach: Spürst Du die wohlige Wärme in Dir aufsteigen? Vor Deinem inneren Auge siehst Du eine Kerze brennen, Du nimmst Deinen Lieblingsduft wahr. Wenn es für Dich mit positiven Erlebnissen verbunden ist, wäre das jetzt schon fast Adventsstimmung, wie wäre es mit Lebkuchenduft oder dem Duft von frischem Kaffee? Hinter der Kerze vor Deinem inneren Auge siehst Du langsam einige Schäfchenwolken vorbeiziehen. Doch Du hast nicht nur ein inneres Auge, sondern auch ein inneres Ohr. Stelle Dir die Musik vor, die Du gerne in solch schönen, entspannten Momenten hörst. Spüre, wie sich eine angenehme Ruhe in Dir ausbreitet.

Du hast nun die Dinge, die Du spürst und tust, wenn Du entspannt *bist,* einfach der Entspannung vorweggenommen, damit Du entspannt *wirst*. Damit hast Du die Wirkungen zur Ursache gemacht, einen Knopf, einen Mechanismus gefunden, mit dessen Hilfe Du einen gewünschten Gefühlszustand erreichen kannst. Natürlich will das geübt sein. Etwas, was so schön und so wichtig sein kann, fällt einem selten in den Schoss. Aber das Üben lohnt sich, da wir durch diese Techniken in die Lage versetzt werden, uns selbst zu reprogrammieren, unsere Situationen und Wahrnehmungen mitzugestalten, anstatt roboterhaft lediglich auf Außenreize zu reagieren.

Es ist jedoch elementar wichtig hierfür, dass Du Deine eigenen Empfindungen nimmst und nicht das, was „man“ gemeinhin tut, wenn „man“ entspannt ist oder sich entspannen will. Hierfür ist eine gute Selbstbeobachtung vonnöten.

Klar, im Grunde verkohlen wir unseren Körper und unsere Psyche mit diesem Trick, aber solange sie darauf reinfallen, funktioniert es. Es gibt ja unzählige Beispiele dafür, wie die Umkehrung von Ursache und Wirkung durch die künstliche Erstellung von Abhängigkeitsverhältnissen aufgehoben, verändert oder umgekehrt wird. Nikotin ist ein anregendes, belebendes Nervengift, doch die meisten Raucher rauchen, wenn sie sich mal eben fünf Minuten entspannen und beruhigen müssen und schwören Stein und Bein, dass ihnen die Zigarette dabei hilft. Ein guter Bekannter von mir trank niemals Cola, außer, wenn er hundemüde war, aber noch dringend bis spät in die Nacht arbeiten musste. Das Ergebnis war, völlig ungeachtet der physiologischen Wirkung von Koffein, dass er auch noch Jahre später immer müde wurde, wenn er Cola trank, da in ihm die direkte kausale Verbindung Müdigkeit = Cola bestand.

Neben der Macht der Gedanken sind Gestik und Mimik wichtige Faktoren für diesen „Trick“. Der alte Spruch „Lächle das Leben an, vielleicht lacht es zurück“ ist ebenso wie „So, wie es in den Wald hineinruft, so schallt es auch wieder zurück“ eher ein wissenschaftliches Gesetz, als eine moralische Doktrin. Uns geht es jetzt nicht so sehr um unsere Außenwirkung auf andere Menschen, sondern um die konkrete Auswirkung von Gestik und Mimik auf uns selbst und unser Wohlbefinden. Auch wenn es draußen regnet, solange innen die Sonne lacht, macht das Leben Spaß. Übe die Lachmeditation, die Du in diesem Buch findest. Lächle öfter mal in Dich hinein und teste im Umkehrschluss auch, was sich verändert, wenn Du ein Gesicht machst, als wenn Du weinen würdest. Schaue traurig, und Du wirst Dich traurig fühlen.

Denke an einen Moment, in dem Du etwas Tolles erreicht hast, in dem Du Dich als Sieger gefühlt hast. Wie hast Du in dem Moment gestanden? Welche Gestik, welche Mimik? Hast Du vielleicht die Faust geballt, ein befreites „Geschafft“ oder „Hurra“ ertönen lassen, hatten die Füße festen Stand oder hast Du einen Luftsprung gemacht? Schaue Dir einen Torschützen beim Fußballspiel an, dort findest Du *seine Art* durch Gestik und Mimik zu zeigen: „Ich hab’s geschafft!“ Was ist Deine Art? Auch diese Auswirkung des Erfolges kannst Du für Dich nutzbar machen, indem Du Dich verhältst, wie nach einem Erfolg, um Dich zu motivieren und Dich erfolgreich zu machen. Denn, das sollte klar sein, ich stelle keine Wundermethoden vor, und der erwähnte Fußballer muss nicht nur die Faust ballen, freudig auf und ab hüpfen und jubeln, damit der Ball von allein ins Tor rollt.

Doch es kann immens helfen, Chancen zur eigenen erfolgreichen Manipulation ausfindig zu machen, aber auch versteckte negative Selbstbeeinflussung aufzudecken.

Überprüfe Dich selbst: Stelle Dich hin, mit Schulterbreit auseinander stehenden Füßen, öffne die Arme, als wenn Du die ganze Welt umarmen willst und schaue, was passiert.

Stelle Dich genauso hin, hebe die Arme jedoch zum Himmel, wirf den Kopf in den Nacken und schaue nach oben, als wenn Du eine Offenbarung Gottes erwartest. Schaue, was passiert und vergleiche.

Dann kauere Dich auf einen Stuhl, mit den Händen bilde Fäuste, die Du nebeneinander an Deine Brust presst, lege das Kinn auf die Brust und krümme die Wirbelsäule nach vorn. Beobachte, was sich in Deiner Selbstwahrnehmung verändert.

Weite diese Technik auch auf andere Situationen aus und erstelle eine Liste mit Deinen Knöpfen und mit Situationen, in denen Du sie erfolgreich angewendet hast. Notiere Ergebnisse im Tagebuch, um durch exakte „Protokolle“ eine Technik zu verfeinern.

Frage Dich selbst: Was fühle ich und was tue ich, wenn ich entspannt bin? Was fühle ich und was tue ich, wenn ich gestresst bin? Was fühle und was tue ich, wenn ich aggressiv bin? Was fühle und was tue ich, wenn ich friedfertig bin? Was fühle und was tue ich, wenn ich hasse? Was fühle und was tue ich, wenn ich liebe? Was fühle und was tue ich, wenn ich zufrieden mit mir bin? Was fühle und was tue ich, wenn ich unzufrieden mit mir bin? Was fühle und was tue ich, wenn ich ausgepowert bin? Was fühle und was tue ich, wenn ich voller Energie und Tatendrang bin? Was fühle und was tue ich, wenn ich...

Vervollständige die Liste und schaue, ob die Knöpfe funktionieren. Am Ende könnte es sein, dass Du lernst, dass ein großer Teil unseres Weltbildes aus einer völligen Fehleinschätzung bezüglich der Kraft unseres Verstandes besteht. Man geht heute davon aus, dass das Unbewusste (Jung) oder Unterbewusste (Freud) nahezu neunzig Prozent der Psyche ausmacht und gerade einmal zehn Prozent für die bewussten Abläufe und Funktionen verbleiben.

Der Teil von dem, was unsere Sinnesorgane uns an Wahrnehmung der Welt liefern, der uns bewusst wird, macht jenen bewussten Teil unserer Psyche aus, mit dem wir die Welt analysieren, bewerten und willentliche Entscheidungen treffen. Aus diesem Grunde nehmen wir uns als bewusst denkendes und rationales Wesen wahr. Dass jedoch ein Großteil der Sinneseindrücke zwar aufgenommen und gespeichert wird, jedoch niemals zum Objekt verstandesmäßiger Analyse und Bewertung wird, da er nie an die Oberfläche des Bewusstseins gelangt, wird gerne ignoriert, da dieses Wissen unserer bewussten Erfahrung widerspricht und den vielgepriesenen Verstand vom Thron im Kopfe der „Krone der Schöpfung“ verbannt.

Neben dieser latenten Selbstüberschätzung des Bewussten, der Oberfläche des Meeres, gegenüber dem viel größeren Unbewussten, der Tiefe des Ozeans, gibt es einen weiteren Faktor, der unser Leben maßgeblich mitbestimmt: Die Angst vor dem Unbekannten, die Furcht vor der Tiefe des Meeres, in dem wir alle schwimmen, die Furcht vor dem, was in uns tief verborgen schlummert. Es ist vielleicht ein Sünder in uns, ein Mörder, ein Dieb, ein Held, ein Fremder, der in den Tiefen unserer inneren Fluten darauf wartet, durch den passenden Köder an die Oberfläche gelockt zu werden.

Das gleiche trifft natürlich nicht nur auf die Individualpsychologie zu, sondern auch auf die Psychologie der Masse. Es ist die gleiche Arroganz, die uns allzu oft zu einer Apotheose der eigenen Weltsicht verleitet, ohne dass wir be-greif-en können, dass nicht jeder Mensch in jedem Kulturkreis nach seiner Sozialisation die Welt so sieht, wie wir das tun. Das, von dem wir denken, dass es Wahrheit ist, weil es in unserer Zivilisation allgemein und widerspruchslos anerkannt und normal ist, gibt uns ein Gefühl der Sicherheit, weil wir wissen, was recht ist, und ein Gefühl der Überlegenheit. Gleichzeitig sind wir uns dieser Überlegenheit nicht so sicher, dass wir nicht doch Angst vor dem Fremden entwickeln, da uns das fremde Weltbild in unserer Sicherheit bedroht, unsere Wahrheit bedroht.

Es ist für uns unvorstellbar, dass es Länder gibt, in denen es außer der Mutter niemanden interessiert, wenn ein Kind im Straßenverkehr umkommt, in denen der Urin des religiösen Oberhauptes als heiliges Wasser getrunken wird, in denen auch das Volk keine Demokratie will, in denen Sex Gottesdienst ist, in denen alte Männer sich sozialverträglich den Bauch aufschneiden und ihre Gedärme bei lebendigem Leibe um einen Holzpfahl wickeln, in denen Frauenrechte unbekannt sind, in denen andere Götter angebetet werden, in denen Menschen noch bereit sind, reihenweise für eine Idee zu sterben, in denen Ehefrauen jedem Gast des Hauses nächstens „beiwohnen", in denen eine Frau viele Männer oder ein Mann viele Frauen heiraten kann, in denen sich Hochzeitspaare bei der Hochzeit das erste Mal sehen und die Braut maßgeblich durch einen Astrologen ausgewählt wird. Wir neigen dazu, unsere „Werte" und Errungenschaften, die ich hier gar nicht klein reden will, als Maß aller Dinge anzulegen und über die Werte anderer zu stellen. Doch es ist noch nicht ganz so lange her, dass es bei uns völlig widerspruchslos normal war, dass Menschen jüdischen Glaubens enteignet und deportiert wurden, es ist noch nicht so lange her, dass Homosexualität eine Straftat darstellte, dass Vergewaltigung in der Ehe nicht geahndet wurde. Früher wurden Menschen fremden Glaubens auf Scheiterhaufen gezerrt, andere Völker im „Heiligen Land" überfallen und niedergemetzelt, und jeder war überzeugt davon, dass dies gut und christlich war.

Wie viel von dem, was für uns vollkommen normal ist, wird in hundert Jahren durch unsere Nachfahren auch so bewertet werden, wie wir heute die Hexenverfolgung sehen? Was werden unsere Enkel über die Art sagen, wie wir die armen Länder dieser Welt ausbeuten und jeden Tag zigtausende von Menschen verhungern lassen? Was werden sie über unsere Art sagen, wie wir unsere Umwelt systematisch für Menschen unbewohnbar machen? Was wird man dazu sagen, dass es nicht für nötig gehalten wird, aus den hessischen Landesgesetzen die Todesstrafe zu entfernen, auch wenn diese seit langem nicht mehr verhängt wird? Was ist mit der Krone der zivilisierten Welt, das Land der Freiheit USA, wo jeden Monat mehr Hinrichtungen stattfinden? Was wird man dazu sagen, dass die reine Verteidigungsarmee Bundeswehr im Kosovo und in Afghanistan verteidigt?

Eine Mischung aus Selbstüberschätzung und Angst vor dem Fremden überschattet unsere Fähigkeit zur Freiheit. Erst, wenn wir uns als größtenteils durch unbewusste Impulse und äußere Manipulation fremdgesteuerte Roboter erkennen, haben wir die Chance, uns selbst zu programmieren und frei zu werden.

Der Goldtopf

Stelle Dir einen blauen Kreis vor, der ungefähr in Brusthöhe vor Dir in der Horizontalen schwebt. Dieser Kreis füllt sich mit strahlendem, flüssigem Gold. Er leuchtet und strahlt, sieht aus wie eine parallel zum Erdboden schwebende Sonnenscheibe.

Stelle Dich nun in die Mitte der Sonnenscheibe, Du stehst in dem flüssigen, strahlenden Gold, Deine Brust wird durch das goldene Strahlen erfüllt. Lasse nun in Gedanken aus dem blauen Kreis, der Dich umschließt, ein großes, blaues Ei werden, das Dich vollständig einschließt. Dein Körper berührt das Ei an keinem Punkt, aber es ist auch nicht zu weit von Deinem Körper entfernt. Erst, wenn diese blaue „Schale" vollständig und sicher visualisiert ist, lasse das Gold aus dem Kreis herausfließen, sich im ganzen Ei und in Deinem ganzen Körper verteilen. Du bist erfüllt vom klaren, goldenen Strahlenglanz Deiner eigenen Sonne. Atme tief ein, als wenn Du nach einer anstrengenden Arbeitswoche in der Stadt endlich am Sonntag hoch oben auf einem Berg stehst und die wohltuende, klare und reine Luft in Deine Lungen ziehst. Spüre, wie auch Dein Gemüt anfängt, leicht zu strahlen. Lächle in Dich hinein und genieße den Augenblick, in der Welt zu sein, doch gleichzeitig getrennt durch Deine blaue Schale, die erfüllt ist von Deinem eigenen Licht.

Die Lachmeditation

„Wenn du lachend erwachst, fühlst du, wie absurd das Leben ist.
Nichts ist todernst: selbst deine ganzen Enttäuschungen sind lachhaft,
sogar deine Schmerzen sind lächerlich,
sogar du selbst bist lächerlich."
(Osho)

Begib Dich an einen geschützten Ort oder unter wirklich gute Freunde, die nicht dazu neigen, Dich in eine geschlossene Anstalt einweisen zu wollen. Wenn Du zum Lachen gerne in den Keller gehst, geh dorthin.

Setze Dich in Dein bevorzugtes Asana, über Mantra und Atmung stimme Dich ein. Dann beginne einfach zu lachen. Vielleicht fängst Du an mit einem leichten Zucken um die Mundwinkel, dann ringe Dir wenigstens ein Lächeln ab, schließlich lache lauthals, übertreibe es ruhig, es ist kein Anlass nötig, trommle mit den Fäusten auf den Boden, krümme Dich vor Lachen, lache laut und leise, malträtiere Dein Zwerchfell, aber lach Dich nicht tot. Lach Dich wach. Konzentriere Dich ebenso auf Dein Lachen, wie Du Dich auf ein anderes Meditationsobjekt konzentrieren würdest.

Du findest das aber nicht lustig? Dann sieh Dir einen witzigen Film an und beobachte, was in Dir geschieht und sich verändert, wenn Du lachst.

Die Blitzbatterie

Stelle Dich mit schulterbreit auseinander stehenden Füßen hin, die Arme hängen locker an den Seiten Deines Körpers herab. Stelle Dir vor, dass Du mit Deinen Füßen auf einem großen, nachtblauen Kreis stehst, der ungefähr zwei Meter Durchmesser aufweist. Über Deinem Kopf stelle Dir einen goldenen Kreis vor, der denselben Durchmesser hat wie der blaue Kreis zu Deinen Füßen.

Stelle Dir nun vor, dass der blaue Kreis unter Dir eine Art Magnetismus entwickelt. All Deine Gedanken, Deine inneren Bilder, die vorüberziehen, Deine Empfindungen und alles, was Dich bewusst erfüllt, wird in den Kreis unter Dir gezogen und verschwindet im unendlichen Blau. Fange nun an, Deinen Körper zu schütteln, wie Du es von der Kundalini-Meditation her kennst, schüttele Deinen Kopf, Deinen Oberkörper, Deine Arme, Deine Hände, Deine Hüfte, Deine Beine, Deine Füße. Auf diese Art und Weise schüttelst Du alles ab, was Dich im Moment stört, jeder Gedanke, jedes Gefühl, jede Wahrnehmung schüttelst Du aus Dir heraus und lässt sie von dem blauen Kreis unter Dir „aufsaugen". Tue dies solange, bis Du einfach ein leerer, sich schüttelnder Körper bist. Stehe wieder ruhig und beginne, tiefblaue Energie durch Deine Füße in Deinen Körper hinaufzuziehen. Bei jedem Einatmen ziehst Du mehr Energie aus dem blauen Kreis unter Dir heran, beim Ausatmen beobachtest Du, wie sie sich in Dir verteilt. Im Prinzip ist dies die Energie, die Du zuvor abgegeben hast, jedoch gereinigt. Dieser Vorgang ist nicht zu erklären, sondern nur zu erfahren: Probier es halt mal aus.

Die blaue Energie fühlt sich schwer, kräftig, behäbig an. Du erinnerst Dich an den goldenen Kreis über Dir. Stelle Dir vor, dass sich über Dir ein unermessliches Potential aus flüssigem Gold befindet, das jeden Moment herabfallen könnte, wenn es nicht durch eine unsichtbare Membran zurückgehalten würde.

Schließlich nimm ruckartig beide Hände hoch, strecke sie über Deinen Kopf hinein in das flüssige Gold und durchstich so die unsichtbare Membran. Das strahlende Gold strömt durch Deine Hände, über Deine Arme schließlich durch Deinen ganzen Körper. Du kannst den Energiefluss jederzeit stoppen, indem Du die Hände aus der Membran ziehst, die sich augenblicklich wieder schließt.

Wenn Du in dieser „Batterie" zuviel Energie getankt hast, dann lege die Handinnenflächen und die Stirn auf den Boden und stelle Dir bei ruhiger Atmung vor, wie nach und nach goldene Energie in den Boden fließt.

Auch diese „Blitzbatterie" eignet sich hervorragend für den Einsatz im Alltag.

Die innere Sonne

Stelle Deine Füße schulterbreit auseinander. Strecke den rechten Arm seitlich nach unten, mit flacher Hand (Finger gestreckt), führe ihn dann mit einer sehr langsamen, ausholenden, kreisenden Bewegung über Deinen Kopf. Bei dieser Bewegung atme langsam ein. Halte die Luft an, wenn deine Hand sich über Deinem Kopf befindet. Beim Ausatmen ziehe die Hand ohne Körperberührung vor Dir herab, an Deinem Gesicht, am Hals und der Brust entlang, bis sie vor dem Solar-Plexus ankommt. Du hast vollständig ausgeatmet und hältst einige Sekunden inne. Beim erneuten Einatmen streckst Du den Arm wieder seitlich nach unten, führst ihn erneut mit weit ausholender Bewegung über Deinen Kopf und wiederholst den gesamten Ablauf so häufig, bis Du entspannt und ruhig bist. Konzentriere Dich auf die Bewegung und Deinen Atem.

Stelle Dir vor, dass Du fest auf einer klaren, hohlen Glaskugel stehst, die ungefähr einen Durchmesser von einem Meter hat. Ziehe mit jedem Atemzug goldene Energie aus der Erde unter Dir in die Glaskugel unter Dir hinein. Beim Ausatmen beobachte, wie sich die Energie verteilt innerhalb der Kugel. Fahre mit dieser Prozedur solange fort, bis die gesamte Kugel vollständig mit goldener, strahlender Energie angefüllt ist. Du stehst nun auf Deiner eigenen Sonne.

Mit dem nächsten Einatmen ziehe die goldene Energie aus der Kugel unter Deinen Füßen heraus in Deine Füße, durch Deine Beine hindurch bis in Deinen Schoß, in das Genitalzentrum. Beim Ausatmen beobachte wieder, wie sich die Energie kugelförmig in Deinem Genitalzentrum verteilt. Wiederhole dies solange, bis alle Energie in Deinem Genitalzentrum angekommen ist.

Dann ziehe die Energie auf dieselbe Art und Weise in den Bauchbereich, wo sie sich wiederum kreisförmig sammelt. Danach ziehe die Energie zum Solar-Plexus. Dann in das Herzzentrum, das Kehl-Chakra, das dritte Auge zwischen Deinen Augenbrauen.

Von dort aus ziehe die goldene Energie bei jedem Einatmen durch die Fontanelle aus dem Kopf heraus und beobachte bei jedem Ausatmen, wie sie sich über Deinem Kopf kugelförmig sammelt, ihre Form behält. Du musst nun Deine volle Konzentrationskraft dafür einsetzen, dass die Energiekugel über Dir nicht wieder zurück in Deinen Körper fällt.

Schließlich ist die komplette Energie aus Deiner Fontanelle entwichen und schwebt in einem goldenen Energieball über Dir.

Schließlich beende die Konzentration darauf, den Energieball über Dir zu halten, lass los und spüre, wie eine goldene Flutwelle Deinen gesamten Körper und Geist durchströmt und sich wie eine Sturmflut ausbreitet. Spüre das flüssige Gold in jedem Winkel Deines Körpers. Beobachte, was geschieht.

Auch hierbei gilt: Wenn Du zuviel Energie „getankt“ hast, dann gebe sie durch Stirn und Handinnenflächen an den Boden ab.

Experimentiere, wenn Du diese Übung beherrschst, auch mit blauer, roter oder schwarzer Energie anstelle der goldenen, oder mit anderen Farben Deiner Wahl. Welche Unterschiede stellst Du fest?

Das Wechselspiel der 2 Kräfte

Setze Dich wie gewohnt in Dein Asana. Bei dieser Meditation kann es sinnvoll sein, sich flach auf den Boden zu legen oder aber auch zu stehen. Probiere es aus, auch zu verschiedenen Tages- und Nachtzeiten, denn es gibt für jede Meditation einen optimalen Ort, eine optimale Zeit, und dies muss nicht für jede Meditation gleich sein. Sei also bereit zu experimentieren.

Wenn Du einatmest, dringt ein golden glänzendes Licht in Deinen Kopf ein, durchzieht Deinen Körper, auch Deine Arme, Deine Beine, Deine Füße, bis Du vollkommen in dem goldenen Licht erstrahlst. Beim Ausatmen dringt ein nachtblaues Licht in Deine Füße ein, durchzieht Deine Beine, Deinen Oberkörper, Deine Arme und Deinen Kopf, bis Du ganz von dem nachtblauen Licht erfüllt bist. Beobachte den Energiefluss der goldenen und der blauen Energie.

Versuche die gleiche Meditation mit roter Energie statt der goldenen und schwarzer Energie anstelle der blauen. Welche Veränderungen ergeben sich?

Das Dritte Auge

Setze Dich in Dein Asana. Bilde mit den Lippen einen „Kussmund“ und atme durch den Mund schnell kurz und flach ein und aus. Schöpfe so Energie aus Deinen inneren Quellen. Atme so ca. 10 Minuten lang. Dann atme wieder normal und verdrehe die offenen Augen im Uhrzeigersinn, lasse sie schnell in Deinen Augenhöhlen im Kreis rollen. Halte dabei das ganze Gesicht entspannt. Die Energien werden so auf das Dritte Auge, das Ajna-Chakra, gelenkt.

Versuche auch diese Variante: Nach der Atemphase halte die Augen geschlossen und stelle Dir vor, dass die Energie in Deinem Schädel um Deine Augen herumfließt, dabei um die Augenhöhlen eine Acht zieht. Das Zentrum der Acht ist das Dritte Auge. Die Acht liegt quer, so dass Deine Augen von der Acht ganz eingeschlossen sind, jedes in einem Bogen der liegenden Acht.

Die Kristallschale

Für die folgende Meditation solltest Du schon einige Erfahrungen mit den grundlegenden Übungen und Techniken der Meditation gesammelt haben. Es gibt bei dieser Meditation einen großen Unterschied zu den anderen bislang beschriebenen Techniken: Es gibt keinerlei Zeitvorgaben. Dies heißt nicht, dass man sich nicht unbedingt an den ursprünglich genannten Richtwert von fünfzehn bis zwanzig Minuten halten muss, sondern dass man sich nicht daran halten darf. Der Grund hierfür wird bei der folgenden Beschreibung sicherlich ausreichend deutlich werden. Für den einen kann die Meditation in wenigen Sekunden eine erfolgreiche Meditation sein, andere praktizieren Stunden. Auch hier gilt wieder: Lieber selbst experimentieren, als fremde Erfahrungen übernehmen.

Wichtig ist jedoch, dass Du die Meditation nicht einfach unterbrechen oder abbrechen darfst, sondern immer noch die letzte Kristallschale nehmen solltest, um die Meditation zu beenden.

Setze Dich in Dein Asana, schließe die Augen, gegebenenfalls beruhige Deinen Körper, Deine Atmung und Deinen Geist mit den Dir mittlerweile bekannten Techniken.

Visualisiere vor Dir eine Schale aus Kristall. Du stellst Dir vor, dass Du beide Arme ausstreckst und mit den Händen nach der Schale greifst. Du nimmst die Schale und blickst hinein. In der Schale befindet sich eine blaue Flüssigkeit, so blau, schön und anziehend wie der klare Nachthimmel. Du schaust tief hinein in die Nacht. Nach und nach leuchten einzelne Sterne auf am Firmament in der Kristallschale, die Du noch immer in den Händen hältst. Es kommen immer mehr Sterne hinzu, einige hell, andere nur schwach am nächtlichen Himmel auszumachen. Schließlich entfaltet sich ein wunderschöner Sternenhimmel vor Deinen Augen, so schön und klar, wie in einer Winternacht. In dem Sternenhimmel nimmst Du nun den schimmernden Vollmond wahr, kalt und weiß. Er scheint tief unten am Boden der Kristallschale zu liegen und durch das nachtblaue, flüssige Firmament und all die Sterne hindurchzuschimmern. Blicke tief hinein in die Schale, tiefer und tiefer, bis Du das Gefühl hast, dass Du beginnst zu taumeln, dass Du beinahe hineinstürzen könntest in den Nachthimmel in der Kristallschale. Dann beginnt der Boden zu schwanken, Du verlierst das Gleichgewicht, schaust aber noch immer auf den Grund des Kristallkelches, von dem der volle Mond durch den sternenklaren Nachthimmel hindurch scheint. Doch da ist kein Grund mehr in dem Kelch, der Nachthimmel ist bodenlos, Du taumelst und fällst, stürzt hinein in die Nacht in Deinen Händen, fällst mit Deinem ganzen Sein, immer weiter hinein in die Sternennacht, immer schneller und schneller näherst Du Dich dem Mond.

Wenn Dich ein Gedanke oder eine Emotion streift, die nicht ein Gedanke oder ein Gefühl des Fallens ist, dann strecke erneut die Hände weit in die Nacht hinaus, durch die Du stürzt. Dort siehst Du plötzlich eine zweite Kristallschale. Du nimmst sie in die

Hände, ziehst sie, während Du selbst weiter und weiter fällst, an Dich heran. Blicke hinein. Was siehst Du? Einen nachtblauen Himmel, Sterne erscheinen am Firmament, erst einzelne, dann immer mehr, bis Du schließlich den prächtigen Sternenhimmel einer klaren Winternacht erblickst. Dann siehst Du den Vollmond in der Mitte der Kristallschale, als wenn er am Boden der Schale leuchtet. Du blickst tiefer und tiefer in die Schale in Deinen Händen, Du willst bis zum Grund der Schale schauen und fällst in den Himmel der zweiten Kristallschale. Schneller und schneller fällst Du, Du stürzt immer schneller an den Sternen vorbei hinein in die tiefe Nacht, immer auf den Mond zu.

Wenn Dich ein Gedanke oder eine Emotion streift, die nicht ein Gedanke oder ein Gefühl des Fallens ist, dann strecke erneut die Hände weit in die Nacht hinaus, durch die Du stürzt. Dort siehst Du plötzlich eine dritte Kristallschale. Du nimmst sie in die Hände, ziehst sie, während Du selbst weiter und weiter fällst, an Dich heran. Blicke hinein. Was siehst Du? Einen nachtblauen Himmel, Sterne erscheinen am Firmament, erst einzelne, dann immer mehr, bis Du schließlich den prächtigen Sternenhimmel einer klaren Winternacht erblickst. Dann siehst Du den Vollmond in der Mitte der Kristallschale, als wenn er am Boden der Schale leuchtet. Du blickst tiefer und tiefer in die Schale in Deinen Händen, Du willst bis zum Grund der Schale schauen und fällst in den Himmel der dritten Kristallschale. Schneller und schneller fällst Du, Du stürzt immer schneller an den Sternen vorbei hinein in die tiefe Nacht, immer auf den Mond zu. Schließlich wirst Du so schnell, dass Du nun kaum noch das Licht der Sterne wahrnehmen kannst, an denen Du vorüberstürzt.

Wenn Dich irgendein Gedanke oder eine Emotion streift, die nicht ein Gedanke oder ein Gefühl des Fallens ist, dann strecke erneut die Hände weit in die Nacht hinaus, durch die Du stürzt. Dort siehst Du plötzlich eine vierte Kristallschale. Du nimmst sie in die Hände, ziehst sie, während Du selbst weiter und weiter fällst, an Dich heran. Blicke hinein. Was siehst Du? Einen nachtblauen Himmel, Sterne erscheinen am Firmament, erst einzelne, dann immer mehr, bis Du schließlich den prächtigen Sternenhimmel einer klaren Winternacht erblickst. Dann siehst Du den Vollmond in der Mitte der Kristallschale, als wenn er am Boden der Schale leuchtet. Du blickst tiefer und tiefer in die Schale in Deinen Händen, Du willst bis zum Grund der Schale schauen und fällst in den Himmel der vierten Kristallschale. Schneller und schneller fällst Du, Du stürzt immer schneller an den Sternen vorbei hinein in die tiefe Nacht, immer weiter auf den Mond zu. Selbst die hellsten Sterne sind jetzt kaum noch zu erkennen, so schnell bist Du geworden. Dann sind sie gar nicht mehr zu erkennen und Du nimmst nur noch ein gelegentliches Aufblitzen von hellem Licht wahr. Letzten Endes nimmst Du auch das kurze Aufleuchten der Sterne nicht mehr wahr, Du bist so schnell, dass nur noch der freie Fall in die nachtblaue Dunkelheit des Himmels bleibt.

Wenn Dich irgendein Gedanke oder eine Emotion streift, die nicht ein Gedanke oder ein Gefühl des Fallens ist, dann strecke erneut die Hände weit in die Nacht hinaus, durch die Du stürzt. Dort siehst Du plötzlich eine fünfte Kristallschale. Du nimmst sie in die Hände, ziehst sie, während Du selbst weiter und weiter fällst, an Dich heran. Blicke hinein. Was siehst Du? Einen nachtblauen Himmel, Sterne erscheinen am Firmament, erst einzelne, dann immer mehr, bis Du schließlich den prächtigen Sternenhimmel einer klaren Winternacht erblickst. Dann siehst Du den Vollmond in der Mitte der Kristallschale, als wenn er am Boden der Schale leuchtet. Du blickst tiefer und tiefer in die Schale in Deinen Händen, Du willst bis zum Grund der Schale schauen und fällst in den Himmel der fünften Kristallschale. Schneller und schneller fällst Du, Du stürzt immer schneller an den Sternen vorbei hinein in die tiefe Nacht, Du siehst die Sterne nicht mehr, nur noch den Mond inmitten der Dunkelheit, auf den Du schneller und schneller zufällst.

Wiederhole diesen Ablauf so oft und so lange, wie es Dir gut dabei geht und es Dir nötig erscheint. Es gibt hier keine Richtlinien, die helfen können. Finde Deine Art, diese Meditation zu machen, selbst heraus.

Wenn Du Dich fast völlig verloren hast im freien, berauschenden Fall durch den Nachthimmel, dann nimm Dich zusammen, konzentriere Dich noch einmal und visualisiere vor Dir eine weitere, letzte Kristallschale, die Du mit beiden Händen ergreifst. Was siehst Du? Einen nachtblauen Himmel, Sterne erscheinen am Firmament, erst einzelne, dann immer mehr, bis Du schließlich den prächtigen Sternenhimmel einer klaren Winternacht erblickst. Dann siehst Du den Vollmond in der Mitte der Kristallschale, als wenn er am Boden der Schale leuchtet. Erhebe die Schale hoch über Deinen Kopf und rufe Deinen Namen in die vorbeirasende Nacht. Dann führe die Schale an Deinen Mund und trinke sie aus. Trinke Schluck für Schluck die Nacht, die Sterne und den Mond aus ihr. Die Sternennacht rinnt Deine Kehle hinab, erfüllt Deinen Körper, doch die Nacht wird erhellt durch die unzähligen Sterne, die nun in Dir aufleuchten. Der Mond wandert zu dem Bereich zwischen Deinen Augenbrauen, den Du als Drittes Auge kennst. Dort erstrahlt er und erhellt und klärt Deinen Geist.

Nimm Dir viel Zeit nach dieser Meditation, um den mannigfaltigen Wirkungen in Dir nachzuspüren.

Das blaue Ei

Setze Dich in Deine bevorzugte Meditationshaltung. Hinweis: Die Meditation „Das blaue Ei“ kann mit etwas Übung auch im Alltag, in jeder Körperhaltung, an jedem Ort, zu jeder Zeit gemacht werden. Es ist eine Zentrierungs- und Schutzübung, mit der wir uns besser von unerwünschten Außeneinflüssen verschanzen können, um einen freien Kopf für die Dinge zu haben, die wirklich gedacht und getan werden wollen.

Beim Einatmen entsteht im Solar-Plexus eine leuchtende, strahlende und wärmende Sonne. Beim Ausatmen umschließt Dich ein großes, blaues Ei, das Deinen Körper an keinem Punkt berührt, Dich jedoch völlig umschließt. Beim erneuten Einatmen bekommt die innere Sonne neue Kraft, leuchtet hell auf, und Du spürst die Wärme in Deinem ganzen Körper. Beim nächsten Ausatmen bekommt das blaue Ei um Dich herum mehr Kraft, es wird stärker, undurchlässiger. Beim Einatmen tankst Du die Sonne auf, beim Ausatmen das blaue Ei. Wiederhole diese Abfolge einige Male.

Dann ziehe beim Einatmen Energie wie eine Wasserfläche vor Dir am blauen Ei hoch bis zur Spitze des Eies. Beim Ausatmen lasse die Energie wie Wasser hinter Dir am blauen Ei herabfließen. Wenn Du erneut einatmest, ziehe die Energie links von Dir am blauen Schutzei hoch bis zum höchsten Punkt über Deinem Kopf. Beim Ausatmen fließt die Energie an der rechten Seite des Eies herab. Wiederhole auch diesen Vorgang einige Male.

Dann fahre fort, indem Du beim Einatmen wieder die wärmende Sonne in Dir stärkst, beim Ausatmen leuchten Sterne am blauen Ei auf, das jetzt aussieht wie ein Sternenhimmel, der Dich schützend umgibt.

Bei jedem Einatmen nimm Deine kraftvolle, innere Sonne im Solar-Plexus wahr, bei jedem Ausatmen sieh die funkelnden Sterne am nachtblauen Firmament.

Body-Scan

Die Achtsamkeit, welche die Vipassana-Meditationen hervorrufen, ist nicht begrenzt auf das Zen der Stille, das sogenannte Sit-Zen. Es muss eine Achtsamkeit entstehen, die eine Ruhe erzeugt in der Bewegung, die Dich Deine Mitte finden lässt inmitten Deines Alltags. Dein Geist ist die Flamme einer Kerze, die in Deinem Alttagserleben flackert, manchmal scheint sie sogar kurz vor dem Verglimmen zu stehen, fast immer wird sie hin und her geworfen, ist dem Wind, oft gar dem An-Sturm neuer Aufgaben und hereinprasselnder Gedanken ausgesetzt. Es geht darum, zu lernen, diese Kerzenflamme inmitten des Sturmes zur Ruhe kommen zu lassen, wann und wo Du dies wünschst. Wenn Du diese Stufe der Beherrschung von Geist und Körper erklommen hast, so meisterst Du nicht nur einen Teil Deiner Empfindung, sondern es wird sich Dir auch ein großes Potential der Einsicht und Erkenntnis öffnen. Dies ist kein großes Mysterium, denn Du wirst Dich in die Lage versetzen, Deinen Alltag mit anderen Augen zu betrachten, Du musst nicht mehr als aktiver Teil des Geschehenes reagieren, sondern betrachtest die Situation und vor allem Deine eigene Position inmitten dieser Situation von außen, von einer neutralen Warte aus. Dies ermöglicht es Dir, für Dich bislang völlig neue Handlungsoptionen wahrzunehmen.

Eine stille Kerzenflamme inmitten des Sturms. Das bedeutet auch, dass wir mit Ablenkungen anders umgehen sollten, als wir dies normalerweise gewöhnt sind. Wenn wir meditieren, geschieht folgendes: Das Bewusste wird beruhigt, auf einen Punkt fokussiert. Dieser Punkt kann ein Ton, ein Bild, ein Mantra, ein Gegenstand, eine Bewegung sein. In der Regel hat dies einen sehr angenehmen Effekt, viele Menschen, die mit Meditation beginnen, beschreiben ihn als „endlich mal zur Ruhe kommen". Wenn Du so möchtest, beruhigst Du die Oberfläche eines tiefen, klaren Gebirgssees. Diese Oberfläche ist Dein Bewusstsein, und es ist Dein Wille, der die Ruhe bringt. Streng genommen handelt es sich hierbei um eine Kon-zentration des Geistes auf einen Brennpunkt, dies kann bis zu einem gewissen Punkt auch das konzentrierte Hören von Musik sein, das Lesen eines spannenden Buches, das Betrachten eines Bildes. Bismarck sagte einmal: „Ich jage nie zwei Hasen auf einmal". Das ist es, was Konzentration beschreibt, ausschließlich einen Hasen zu jagen. Je einfacher die Jagd wird, desto ruhiger wird der Geist, darum macht es Sinn, sich auf einen einfachen Sinnesreiz zu konzentrieren, damit schnell der Punkt erreicht wird, an dem das Bewusste überwunden wird und, auf diese Weise ruhig gestellt, den Weg freimacht für das Vorbewusste. Hier sprudelt nun eine Fülle von Informationen an die Oberfläche unseres Geistes, die ständig abrufbar sind, aber normalerweise unseren Geist nicht beschäftigen. Dies können vergangene oder zukünftige Einkaufszettel sein, Erinnerungen an den letzten Urlaub, Ängste vor dem Alleinsein, Gedanken an eine verflossene Liebe und dergleichen Archivmaterial mehr. Es ist exakt diese Phase, in der diese Gedanken aufsteigen, wie Luftblasen in einem See. Es wäre ein Fehler, sie unter der Oberfläche des Geistes halten zu wollen oder ihr Aufsteigen gar zu verhindern. Lasse sie zu, beobachte, wie sie herannahen aus den Tiefen des Sees, doch hänge ihnen nicht nach, verliere Dich nicht in Tagträumereien. Dann beobachte, wie sie an der Wasseroberfläche zerplatzen.

Ein Hinweis: Es gibt nichts Falsches oder Schlimmes an Tagträumereien. Nimm Dir gelegentlich Zeit, einfach diesen aufsteigenden Gedanken Deines Vorbewusstseins nachzuhängen. Doch nicht, wenn Du meditieren willst: Meditation ist keine Tagträumerei. Bevor Du beginnst, definiere, was Du willst. Das, und genau das, halte dann auch durch.

Wenn der Archivar des Vorbewusstseins, ein furchtbar langweiliger Beamter, endlich seine gewerkschaftlich zugesicherte Pause macht und ein Mettbrötchen essen geht, verstummt der Geist für einen Augenblick. Doch der Beamte hat ein Hobby: Angeln. So, wie er Dir zuvor immer wieder wechselnde Köder in den Gebirgssee geworfen hat, damit sich Dein Geist daran festbeißen soll und bloß endlich von seinem Vorhaben, zur Ruhe zu kommen, ablassen soll, so befestigt er einen sehr erfolgsversprechenden Köder am Angelhaken, bevor er zur Pause entschwindet. Ein echter Geheimtipp unter angelnden Beamten und eine wahrhafte Heimsuchung für Meditierende. Du wirst Dir Deines Körpers bewusst. Ein kleines Zwicken im großen Zeh wird zu einem stechenden Schmerz. Tapfer ignorierst Du den Impuls, Dich anders hinzusetzen. Dann folgt die nächste Angriffswelle, und ein Heer kleiner Phantasiekrabbeltiere marschiert in Kampfformation über den Rücken. Was für eine Wohltat wäre es, wenn man sich jetzt kratzen könnte. Auch das stehst Du tapfer durch. Die feige Übermacht Deiner Körperempfindungen hält noch ein Trojanisches Pferd bereit: Dein linkes Bein beginnt einzuschlafen. Jetzt nur einmal kurz anders hinsetzen, dann könntest Du endlich in Ruhe weitermeditieren. Beinahe öffnest Du das Tor für das Trojanische Pferd, doch da wird Dir im letzten Moment bewusst, dass damit die letzte Bastion Deiner Abwehr fallen würde und diese Meditationssitzung augenblicklich beendet wäre. Also bleibst Du tapfer. Dein kribbelndes, eingeschlafenes Bein fühlt sich nun an, als wenn es jeden Moment absterben würde. Doch auch diese Phase erkennst Du als vorübergehend und strafst die Streiche Deines Körpers mit Missachtung. Siegesgewiss bemerkst Du, dass sich in Dir eine tiefe Ruhe ausbreitet. Schön. Doch dann kommt der Archivverwalter aus seiner Mettbrötchen-Pause und plant den letzten großen Gegenschlag. Dir wird langweilig. Anstatt hier untätig herumzusitzen, könntest Du viel besser und vor allem sinnvoller den Abwasch machen, Dich den Hausaufgaben zuwenden, das Projekt für die Firma vorbereiten, ein gutes Buch lesen, staubsaugen, einen Spaziergang machen, ja, der Hund müsste auch mal wieder raus und überhaupt, klingelt da nicht das Telefon? Außerdem kriegst Du das mit der Meditation ohnehin nicht hin jetzt, außer einem einzigen Zwicken und Zwacken ist dabei doch bislang nichts herausgekommen. Du könntest es ja später noch einmal probieren. Hauptsache, jetzt erst einmal aufstehen und was anderes machen.

Doch Du bleibst tapfer und kämpfst auch diesen Ansturm von Langeweile nieder.

Dann geschieht etwas Spannendes: Das Vorbewusste räumt das Feld, der Beamte packt seine schäbige, braune Ledertasche und verlässt auf die Sekunde pünktlich sein Büro.

Schließlich ist er Beamter und kein Kriegsherr.

Doch ich weiß nicht, ob der Beamte weiß, dass er der Wächter eines großen, machtvollen Tores zum Unbewussten ist. In dem Augenblick, in dem er das Licht in seinem Büro löscht und Dunkelheit die Aktenschränke einhüllt, sehen wir einen fahlen Lichtschein durch das Schlüsselloch einer bislang verborgenen Tür dringen. Hinter ihr befindet sich das individuelle Unbewusste und eng damit verwoben das kollektive Unbewusste, die ewig sprudelnde Quelle der Märchen, Mythen und Symbole der Völker, die Archetypen eines C.G. Jung. Jederzeit sollten wir, die wir in den Gebirgssee unseres Geistes hinabtauchen, uns im Klaren darüber sein, dass wir möglicherweise vorübergehend soviel Schlamm vom Grund aufwirbeln, der das Wasser trübt, so dass wir am Ende nicht klar die Mysterien unseres Lebens oder der ganzen Welt schauen, sondern gar nichts mehr erkennen können, in verzweifelter Orientierungslosigkeit hinabsinken zum Ur-Grund des Seins.

Hier ist eine Portion Vertrauen in das Leben von Nöten.

Wer dieses Vertrauen nicht hat, sollte sich um einen Meditationslehrer kümmern.

All diese Ablenkungen sind eigentlich nicht unsere Feinde, sondern Freunde, denn sie helfen uns auch im stillen Meditationsraum, uns durchzusetzen gegen Unruhe und die innere Flamme zur Stille zu bringen. Wenn wir dies können, so schaffen wir das auch inmitten unseres hektischen Alltags. Es gibt keinen Unterschied zwischen den aufsteigenden Gedanken an vergangene Einkaufszettel, dem nervenden Zwicken im großen Zeh, das jeder kennt, der schon einmal meditiert hat, und einer Horde schreiender Kinder, die mit den Füßen stampfend nach Aufmerksamkeit schreien.

Wenn die innere Flamme in Ruhe ist, so eröffnen sich uns neue, bislang unbekannte Sichtweisen auf bekannte Geschehnisse, dies wird in diesem Buch an anderer Stelle ebenfalls beschrieben.

Wenden wir uns also einer neuen Technik des Vipassana zu, dem *Body-Scan*.

Diese Technik ist so einfach, dass sie schon wieder sehr anspruchsvoll ist. Stelle Dich bequem hin. Stelle Dir vor, dass sich vor Dir ein Laser befindet, der eine auf Dich gerichtete waagerechte Fläche erzeugt. Solltest Du bei der Visualisierung Schwierigkeiten haben, empfehle ich den Besuch einer guten Laser-Show. Du siehst auch bei einer schlechten Laser-Show, was gemeint ist, aber eine gute macht einfach mehr Freude. Dieser Laser scannt Deinen Körper ab und lenkt Deine gesamte Aufmerksamkeit auf eine Ebene, wenn er eine Fläche erzeugt, und auf einen Punkt, wenn der Laserstrahl

Dich gebündelt trifft. Beginne mit den Fußsohlen, die Laserfläche trifft Dich nur einen Bruchteil eines Millimeters über dem Fußboden. Was nimmst Du wahr? Wärme, Kälte, Kribbeln, Jucken? Dann hebt sich der Laser langsam, Millimeter für Millimeter, gleitet an Deinem Körper entlang, bis zum Scheitel. Wenn Du das Gefühl hast, dass der Flächenscan nicht ausreichend ist, dass Du zum Beispiel im Hüftbereich sehr unterschiedliche Empfindungen hast oder sich der Bauchnabel selbst vollkommen anders anfühlt, als die Bereiche links und rechts des Nabels, dann stelle den Laser einfach vom Flächenbetrieb um auf Punktbetrieb und schaue Dir diese Bereiche genauer an. Das gesamte Prozedere kann unglaublich lange dauern. Wende Dich achtsam jedem auch noch so kleinen Punkt Deines Körpers zu, nimm Dir die notwendige Zeit. Wenn Du diese Technik eine Weile geübt hast und Dich fit genug fühlst, einen Schritt weiterzugehen, so wende die gleiche Technik doch einfach mal bei Deinem Partner, Deinem Hund (sofern dieser eine Stunde still stehen bleibt, ausstopfen gilt übrigens nicht!), Deiner Schwiegermutter (hier gilt ebenfalls das zuvor gesagte...), einem Wildfremden, schließlich einem Baum an. Richte den Scanner auf die entsprechende Person und sei achtsam. Lasse die unmittelbare Erfahrung zu, interpretiere nicht, wie Dein Objekt der Achtsamkeit sich an dieser oder jener Stelle (an-) fühlen könnte, sondern nimm einfach wahr. Nach einiger Übung und Versuchen, Deiner Schwiegermutter zu erklären, was Du da eigentlich für Sauereien machst, dehne Deine Achtsamkeit auf unbelebte Gegenstände aus. Scanne Häuser, Autos, Bücher. Noch einmal: Interpretiere nicht und rede Dir weder ein, was das Haus jetzt in Höhe der zweiten Etage fühlt, noch wie es sich dort anfühlt. Es gibt genug Menschen, die mit Bäumen, Autos, Schwiegermüttern und Häusern reden. Nimm einfach wahr, sei achtsam, beobachte. Scanne Milchtüten, Deinen Chef, die Wolken am Himmel. Scanne Dich selbst in Ruhe stehend, sitzend, in Bewegung, zum Beispiel beim Spazierengehen, auf der Arbeit, beim Fernsehen, beim Essen, beim Einschlafen und Aufwachen. Sei achtsam, scanne Deine Träume. Sei bewusst und beobachte, was geschieht mit Deiner Selbst- und Fremd-Wahrnehmung, mit Deinen Empfindungen, mit Deinem Leben.

Die schlafende Kundalini

Die sieben Energiekreise, von denen uns die Traditionen des Hatha-Yoga berichten, sind die Chakren, die „Krafträder", von denen wir auch an anderer Stelle dieses Buches sprechen. Bei der Beschreibung der folgenden Übung möchte ich bewusst auf eine intensive Beschreibung der einzelnen Chakren verzichten. Was Du bereits darüber gelesen hast, soll vollkommen ausreichen. Solltest Du noch nichts über die Art der Energie und die Symbolik, die Farben und die Form der Kräfte gelesen haben: Auch gut. Es geht hier mehr um unmittelbares Erfahren, als um gekonnte Visualisation oder das Abrufen gelernter Inhalte in einer Art Phantasiereise.

Erinnern wir uns nur kurz an die Lage dieser Krafträder im Körper:

Das *Muladhara-Chakra* liegt am unteren Ende der Wirbelsäule,

das *Svadhisthana-Chakra* im Bereich der Genitalien,

das *Manipura-Chakra* in der Nabelgegend,

das *Anahata-Chakra* im Herzbereich,

das *Vishudda-Chakra* am Kehlkopf,

das *Ajna-Chakra* zwischen den Augenbrauen in Höhe des sogenannten „Dritten Auges", der lichtempfindlichen Zirbeldrüse,

das *Sahasrara-Chakra* schließlich befindet sich oberhalb der Fontanelle des Kopfes.

Die fünf Chakren des sogenannten Tibetischen Systems, von dem an anderer Stelle dieses Buches die Rede ist, entstehen übrigens, indem die oberen beiden und die unteren zwei Chakren zu jeweils einem Chakra zusammengezogen werden.

Diese Chakren entstehen an den Knotenpunkten der wichtigsten Energiekanäle im menschlichen Körper: Ida, Pingala und Sushumna. Stelle Dir vor, dass im Muladhara-Chakra der Großteil Deiner Energie in den Körper gelangt. Diese Energie steigt dann durch Ida und Pingala durch Deinen Körper auf. Ida und Pingala winden sich um die „mittlere Säule", den Sushumna Kanal, der vom untersten Punkt der Wirbelsäule (Muladhara) seinen Weg durch alle Chakren bis zum Scheitel (Sahasrara) nimmt. In den Chakren treffen Ida, Pingala und Sushumna aufeinander. Die Nasenlöcher bilden Eintrittstellen in Ida und Pingala.

Atme JETZT ein und spüre, wie die Energie durch Deine Nasenlöcher zum Vishudda-Chakra fließt, wo die Energiekanäle aufeinander treffen. Dann atme ruhig aus. Beim nächsten Einatmen richte Deine Aufmerksamkeit darauf, wie die Energie zum nächst höher gelegenen Chakra fließt und sich dort die Energiebahnen vereinen.

Ein Teil der durch das Muladhara aufgenommenen Energie fließt jedoch nicht durch den Körper, sondern verbleibt im Muladhara und wird dort gespeichert, „schläft" scheinbar vor sich hin. Die dort gespeicherte Energie zu (re-)aktivieren und aufsteigen zu lassen, wird als Erwecken der Kundalini bezeichnet. Diese zusammengerollte, schlafende Kundalini-Schlange erwacht und erhebt sich durch den Sushumna-Kanal, steigt auf durch die Chakren, bis sie das Sahasrara-Chakra erreicht.

Die Übung „Schlangengrillabend"

Das Zusammenschieben der glühenden Kohlen:

Setze Dich in Dein Lieblingsasana, der Drachensitz sei hier lediglich eine Empfehlung. Atme ruhig, sammle Deine Aufmerksamkeit und konzentriere Dich auf die Atmung. Wenn Du „in Ruhe" bist, spanne die Beckenbodenmuskulatur an. Atme ein, schlucke Deinen Atem und drücke ihn mit dem Zwerchfell nach unten, um Energie im Muladhara zu komprimieren. Spüre die Wärme im Muladhara.

Das Entfachen der Glut:

Entspanne Dein Zwerchfell und die Beckenbodenmuskeln. Atme ruhig und tief weiter, verfolge Deinen Atem mit Deiner Aufmerksamkeit: Beobachte, wie er durch die Nasenlöcher in Ida und Pingala eindringt, Deinen Körper durchfließt und schließlich im Muladhara in die Glut bläst, um diese zum roten Glühen zu bringen.

Aufsteigen des Rauches:

Durch den Sushumna-Kanal steigt die heiße Luft auf und löst alle Barrieren in den Chakren auf, reinigt den Sushumna-Kanal von Hindernissen und Verhärtungen. Die Luft wird wärmer und wärmer und verlässt durch das Kronen-/Sahasrara-Chakra den Schädel, wie durch einen Schornstein.

Entzünden der Flamme:

Die Glut wird schließlich so heiß, dass eine Flamme entsteht. Dieses Feuer breitet sich aus und steigt schließlich auf durch Muladhara, Svadhisthana, Manipura, Anahata, Vishudda, Ajna, und schließlich schießt eine Flamme aus der Fontanelle und erreicht das Sahasrara-Chakra. Dieses Feuer brennt in allen Chakren nieder, was nicht fest steht, reinigt, befreit, öffnet die Krafträder und macht aus dem Meditierenden eine Feuersäule aus reiner Kraft.

Grillspaß oder Erleuchtung:

In der Basis dieser Feuerflamme nimm nun die zusammengerollte Kundalini-Schlange wahr. Wie es nun einmal die Eigenschaft von Drachenschlangen ist, kann Feuer ihnen nicht wirklich etwas anhaben. Mit der folgenden Atemtechnik werden wir versuchen, sie „wach zu küssen“:

Atme ein und halte die Luft so lange an, wie dies auf eine Dir angenehme Art möglich ist. Stelle Dir vor, dass der Sushumna-Kanal eine Art Magnetismus entwickelt. Alle Energie, die sich um ihn herum befindet, wird in diesen Kanal hineingezogen. Beim Ausatmen drücke alle Energie, die sich in Dir befindet und die Du bewusst steuern kannst, an Deiner Wirbelsäule entlang nach unten in das Muladhara. Dort lasse die Energie los, halte kurz die Luft an wie bereits beschrieben und atme erneut ein. Dabei sammle neue Energie in Dir, die Du beim nächsten Ausatmen wiederum an Deiner Wirbelsäule (Sushumna) entlang hinabdrückst. Wiederhole diesen Atemzyklus immer wieder. Schließlich löse den Atemrhythmus auf, es ist nun vollkommen egal, wie Du atmest. Es könnte sein, dass sich der bisherige Atemrhythmus so sehr verselbständigt hat, dass Du ihn automatisch beibehältst; genauso kann es jedoch auch sein, dass Du den Drang verspürst, vollkommen anders zu atmen. Drücke in jedem Fall weiter mit jedem Ausatmen Energie in Dein Muladhara-Chakra.

Beobachte, was in und mit Dir geschieht, spüre, wie sich nach und nach ein Gegendruck aus Deinem Muladhara heraus aufbaut und durch den Sushumna-Kanal nach oben drückt. Die Schlange erwacht und erhebt sich durch die Chakren, bis sie aus dem Sahasrara hervorbricht und Feuer speit.

Die Kohlen ausglühen lassen:

Letzten Endes wird sich die Energie zurückziehen und in Deinem Muladhara zur Ruhe kommen. Vergleiche die Ruhe, die Dich nach einiger Übung mit dieser Technik umfangen wird, mit der Ruhe, die Du erreichst, wenn Du Dich zum Beispiel nach einem anstrengenden Arbeitstag vor dem Fernseher, bei einem guten Buch oder beim Musikhören entspannst.

Übrigens: Sollte Dich gelegentlich jemand fragen, ob Du mal Feuer hast: Jetzt weißt Du, was zu tun ist.

Tantrische Meditation

Setze Dich in Dein bevorzugtes Asana, am besten eignen sich für diese Arbeit der Lotussitz oder der Drachen. Visualisiere eine strahlend weiße Plasmakugel einige Zentimeter über Deinem Sahasrara-/Kronen-Chakra oberhalb des Kopfes. Rezitiere in einunddreißig Wiederholungen das Mantra:

Shala mata em naamah

Visualisiere nun, wie die Plasmakugel ihre Form verliert. Wie ein schmelzender Ball aus Kerzenwachs „tropft" die Energie zunächst, dann fließt sie nach unten in den Kehlkopfbereich, dort verfestigt sie sich und nimmt dort wieder die Form einer Plasmakugel an, jedoch in anderer Farbe, sie strahlt nun silbern. Wenn Du mit der Visualisation von zerfließendem Plasma Schwierigkeiten hast, empfehle ich umfangreiche Studien der Terminator Filme mit dem erleuchteten Meister von Shambala und Governator, Vater Arnold Schwarzenegger.

Wenn die Visualisation steht und Du das Kraftzentrum spürst, schicke die Plasmakugel wieder auf Reise. Sie schmilzt und verfestigt sich erneut im Solar-Plexus als strahlend goldene Energiekugel. Wenn sie dort deutlich wahrgenommen wird, fließt die Energie weiter in Dir herab in das Hara. Im Bauchzentrum, ungefähr zwei Finger breit unter dem Nabel, entsteht nun eine blaue Plasmakugel. Schließlich gelangt die Energie auf die bekannte Weise in den Genitalbereich, wo sie eine rote Farbe annimmt. Lasse Dir bei diesem Herabfließen der Energie viel Zeit, es ist sinnvoller, dass Du in Deiner Zeit Ergebnisse erzielst, als dass Du einer Übungsanleitung hinterher hechelst.

In der feuerroten Plasmakugel im Genitalbereich entsteht ein goldenes Quadrat, in dem sich die zusammengerollte (Kundalini-) Schlange befindet. Dieses goldene Quadrat „nährt" sich aus der herabgeflossenen, im Genitalbereich angesammelten Energie. Das goldene Strahlen erweckt nach und nach die Schlange, die beginnt, durch die Chakren emporzusteigen. Stelle Dir Deine Wirbelsäule als Phallus vor, Deinen Schädel als Vagina. Schließlich vereinigen sich „Mann" und „Frau" im Kronen-Chakra.

Wiederhole einunddreißig Mal das Mantra:

Ben na al shemchai ma el

Im Moment der Vereinigung ruhe im Frieden der Auflösung, schmecke das aufdämmernde Abenteuer, das im Nullpunkt der Existenz bereits verborgen liegt.

Arbeiten wie diese führen uns in einem meditativen Rahmen zu diesem Nullpunkt, in dem sich Tag und Nacht in Liebe erschlagen. Doch es ist nicht der Nullpunkt der

Schöpfung, aus dem wir oder die uns bekannte Welt einst in Zeiten vor der Zeit entsprungen sind. Wie drehen nicht das Rad zurück und wandern nicht an die Quelle, dies ist meines Erachtens ein grober Fehler, der manchen Meditierenden zu philosophischen Verirrungen führt, wir tauchen nicht zurück in die Einheit mit einem Schöpfergott, wir besuchen nicht das verlorene Paradies und den Garten Eden, dies ist nicht Ausdruck des Weges eines Mystikers oder der Weg einer spezifischen Religion.

Wir können nicht zurück.

Versuche einmal, eine Eiche zurück in eine Eichel zu falten. Es ist in diesem Kontext vielmehr ein Schritt nach vorn. Jeder Schritt nach vorn bringt uns Entscheidungen näher, Weggabelungen. Dies begrenzt uns, denn sobald wir an einer Weggabelung einen Weg gewählt haben, gibt es mindestens einen Weg, der nicht beschritten wird. Diese Begrenzung ist Leben.

In dieser Arbeit stellen wir ein Gleichgewicht her, das uns nur in tiefer religiöser Verzückung, sexueller Ekstase und bei der Meditation zugänglich erscheint.

Erstes bringt uns auf anderer Ebene in Abhängigkeit, nämlich von der Kraft, mit der wir uns verbinden.

Zweites erfordert einige Übung, um aus zweien tatsächlich eins zu machen.

Drittes ist der einfachste, schnellste, praktikabelste Weg und sicher einer der drei schönsten. Doch das bisher Gesagte ist sicherlich nur eine Meinungsäußerung, die ich mir an dieser Stelle erlaube. Wenn Du Dir ganz sicher bist, die Quelle allen Lebens erreicht zu haben:

Auch gut (für Dich).

Die Begriffe Chakra und Kundalini mögen hier nicht täuschen: Die Technik ist den klassischen Shiva-Shakti Ritualen entliehen, funktioniert aber in jedem weltanschaulichen Kontext und in jeder Lebenssituation. Immer. Mit ein bisschen Übung schneller, am Anfang dauert es etwas länger, doch wenn es Praktiken gibt, für die man die Garantie geben kann, dass sie Ruhe von wahrhaft göttlichem Ausmaß erzeugen, dann ist dies ganz sicher eine von ihnen.

Viel Vergnügen.

Tattwa-Reisen

Die Arbeit mit den Tattwas wurde aus dem indischen Kulturkreis Ende des 19. Jahrhunderts importiert.

Es gibt fünf Tattwas:

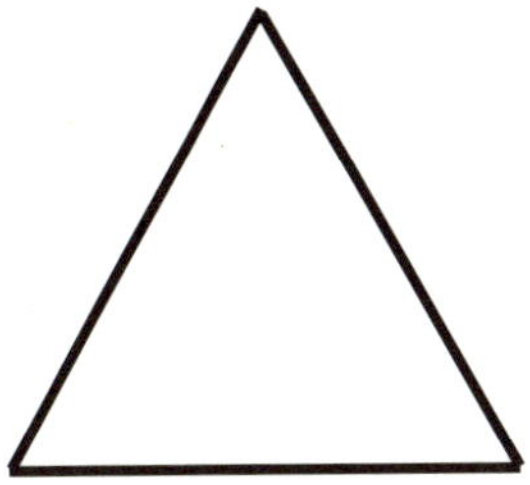

Das *Tejas-Tattwa* ist dem Feuer zugeordnet und besteht aus einem roten Dreieck, das mit einer Spitze nach oben weißt. Es steht für die Kraft des Willens, Konfrontation, Stärke, Mut, Aggression.

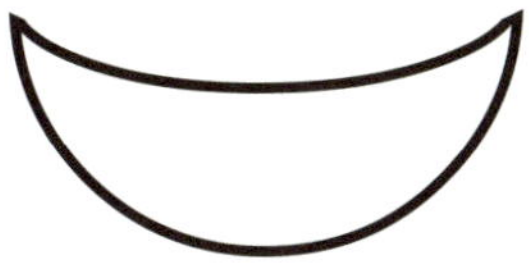

Das *Apas-Tattwa* ist dem Wasser zugeordnet und wird durch eine liegende, silberne Mondsichel dargestellt. Es steht für das rhythmische Auf und Ab alles Lebenden, das Fließen, Hingabe, Weichheit, Rausch, Emotion, Sensibilität.

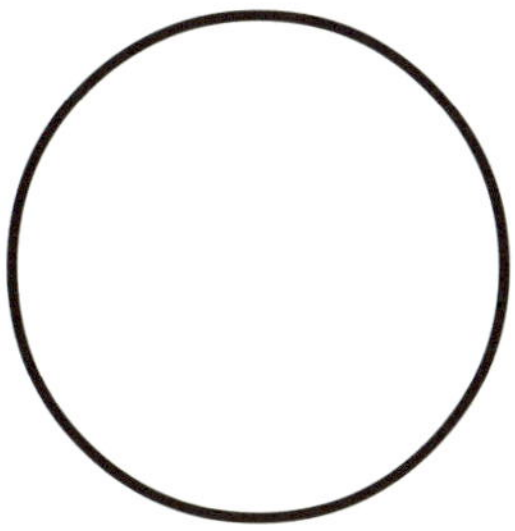

Das Vayu-Tattwa ist der Luft zugeordnet und findet seine Darstellung in einem hellblauen Kreis. Es steht für Kommunikation, Träumereien, Verstand, Unstetigkeit.

Der Erde ist das Prithivi-Tattwa zugesellt, das durch ein gelbes Quadrat symbolisiert wird. Es steht für die Materie, die Realität, Festigkeit, Struktur, Disziplin, Härte, die eigenen Wurzeln.

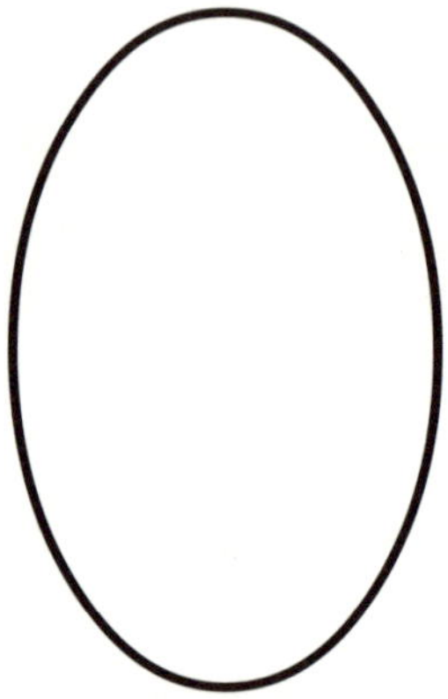

Dem Äther, bzw. der Quintessenz aller vorangegangen Elemente ist das durch ein violettes Ei dargestellte Akasha-Tattwa zugeordnet. Es steht für Spiritualität, Weisheit, Verbindung zur Transzendenz.

Lege in Deinem Tagebuch eine Liste an und schreibe alles auf, was Du mit dem Element Feuer in Verbindung bringst, welche Dinge aus Deiner Umgebung, welche Verhaltensweisen Deiner Mitmenschen, welches Weltgeschehen und welche eigenen Eigenschaften sind „feurig“?

Dann wiederhole das gleiche für die Elemente Wasser, Luft, Erde und Äther.

Ergänze diese Liste von Zeit zu Zeit. Die Tattwas besitzen keine Hierarchie, es gibt kein edleres oder wichtigeres Tattwa als ein anderes. Auch das Akasha-Ei ist den anderen nicht vorangestellt oder die Summe aller Teile, sondern eben die Quintessenz. Die Lehre von den grundlegenden Elementen ist jedoch kein Import aus Indien, sondern auch in der abendländischen schamanischen Praxis uralt. Kennzeichnendes Merkmal des Schamanismus sind Trance-Reisen, bei denen der Schamane nicht in der Außenwelt, sondern in der Innenwelt auf Reise geht, die Ober-, Mittel- oder Unterwelt bereist.

Diese Reisen wurden zur Heilung, Sinnfindung und Einweihung vorgenommen, die Geschehnisse in der Anderswelt hatten direkte Auswirkungen auf das weitere „Außenleben" des Schamanen und seiner Umgebung. Ein grundlegender Fehler bei Trance-Reisen aller Art ist das unbändige Verlangen des rationalen Verstandes, die gesehenen Bilder und Erlebnisse nach der Reise in Sprache zu übersetzen und zu „interpretieren".

Es ist nicht nötig, auch wenn uns das diverse Deutungsbücher glauben machen wollen, jedes Bild erklären zu können. Der Sinn eines Symbols ist, einen Inhalt über die Grenzen des vom Verstand Erfassbaren hinaus zu kommunizieren. Wir beschneiden den Inhalt auf das vom Verstand be-greif-bare, wenn wir versuchen, jedes Symbol vollständig zu erklären.

Der Verstand kann dann nicht den gesamten Inhalt greifen, und die Bedeutung rinnt Dir sprichwörtlich durch die Finger. Wenn Du Dich auf Reise begibst, ziehe nicht so sehr die Trennung zwischen Innen und Außen, Realwelt und Phantasie-/Symbolwelt, sondern nimm beide Erfahrungshorizonte als Ausdruck einer Welt auf verschiedenen Ebenen wahr. Keine Ebene ist realer oder wertvoller als die andere. Die Sprache der Anderswelt ist das Symbol, die Stärke des Symbols liegt in seiner Unschärfe, in seiner Vielschichtigkeit. Wenn wir ein Symbol erklären, berauben wir es der Vielschichtigkeit und zerren es ausschließlich auf die Ebene des Verstandes.

In der Antike wurde die Lehre von Feuer, Wasser, Luft und Erde als grundlegende Elemente des Lebens vom griechischen Philosophen Empedokles in die Philosophie eingeführt. Mit den heute bekannten chemischen Elementen haben diese „philosophisch-spirituellen" Elemente natürlich nichts zu tun.

Die Tattwas können bereist werden, als Tor zu der „Welt" des jeweiligen Elementes verwendet werden. Hierzu ist es nötig, sich Tattwa-Tafeln anzufertigen. Die Tattwas sollten aus farbigem Papier ausgeschnitten und auf schwarze Pappe geklebt werden. Stelle die Tafel vor Dich, beleuchte ausschließlich die Tafel. Verwende zur Tattwa-Reise keine Kerze, da diese zu sehr flackert und die Konturen der geometrischen Tattwa-Form verwischt.

Beginne Deine Tattwa Reise wie eine normale Meditation, entspanne Dich durch Körperruhe und gleichmäßiges Atmen, verwende vielleicht ein Mantra. Du kannst auch mit der Dir mittlerweile bekannten Methode ein „Reise-Mantra" entwickeln, das Du ausschließlich für Tattwa-Reisen verwendest. So ein Mantra kann sich mit einiger Übung zu einer Art Schlüssel entwickeln, mit dem der Durchgang durch die Pforte zur Anderswelt immer leichter wird, je häufiger Du mit dem Mantra Deine Reise beginnst.

Dann öffne die Augen und blicke auf die Tattwa-Tafel des Elementes, das Du bereisen willst. Starre diese Tafel lange an. Die Dauer dieser Phase ist von Mensch zu Mensch unterschiedlich. Schließe dann die Augen, das Tattwa sollte nun vor Deinem inneren Auge erscheinen, allerdings in der Komplementärfarbe.

- Die Gegenfarbe des Tejas ist grün
- Die Gegenfarbe des Apas ist grau
- Die Gegenfarbe des Vayu ist orange
- Die Gegenfarbe des Prithivi ist violett
- Die Gegenfarbe des Akasha ist gelblich-bernsteinfarben

Nimm dieses negative Abbild des Tattwas als Tor und schreite hindurch in die Sphäre des Elementes. Dies kann auf sehr unterschiedliche Weise geschehen. Du kannst Dir vorstellen, dass Du Anlauf nimmst und mit einem großen Sprung hindurch springst. Oder Du stellst Dir vor, dass sich die Färbung des Tattwas mittig teilt, wie ein Vorhang im Theater, sich öffnet und Dir Einlass gewährt, Du kannst das innere Abbild des Tattwas aber auch zu Dir ziehen, immer größer werden lassen vor Deinem inneren Auge, bis es Dein Blickfeld vollständig ausfüllt und Du so hindurchgehen kannst. Du kannst Dir einen starken Magnetismus vorstellen, der von dem Tattwa ausgeht und Dich anzieht und hindurchzerrt. Du kann langsam vorgehen und mit einer Hand das Tattwa berühren, die Oberfläche als dünne Membran wahrnehmen, die sich durch die Berührung wölbt. Wenn Du hindurchgehst, öffnet sie sich, um sich hinter Dir wieder zu schließen. Oder die Oberfläche fühlt sich an wie fließendes Wasser, und Du gehst hindurch, wie man durch einen Wasserfall hindurchgehen kann.

Jeder Reisende ist anders. Nicht jeder hat mit der visuellen Wahrnehmung von Tattwas keine Probleme. Doch wenn Du nichts siehst, heißt das nicht, dass auch das Tattwa nicht da ist. Versuche es zu hören, zu fühlen, zu schmecken. Man kann ganze Tattwa-Reisen machen, ohne etwas zu sehen, da sich die Anderswelt auch auf andere Weise äußern kann.

Gleiches gilt für den Fall, dass Du das Tattwa zwar erfolgreich durchschritten hast, aber auf der anderen Seite nichts siehst. Da ist nie nichts. Versuche etwas wahrzunehmen. Wie tief ist das Schwarz, das Du siehst, gibt es einige Lichtpunkte oder andersfarbige Flecken in dem Schwarz? Hörst Du etwas? Riechst Du etwas? Schmeckst Du etwas? Fühlst Du etwas? Schaue an Dir herab, kannst Du Deine Füße erkennen, auf welchem Boden stehen sie? Stelle Dir vor, dass Du in die Hocke gehst und den Boden berührst, ist es Erde, sind es Steine, ist es Gras?

So kannst Du Dich von Wahrnehmung zu Wahrnehmung begeben, so langsam die Welt erfahren und Dein Bild von dieser Welt vervollständigen.

Es könnte sein, dass Du bei Deinen Tattwa-Reisen Menschen und Tiere triffst, die unglaubliche Dinge können und wissen. Begegne ihnen, wie Du auch in Deiner normalen Welt anderen Wesen begegnen würdest. Freundlich, aufgeschlossen, aber durchaus kritisch. Möglicherweise findest Du Seelenführer, Krafttiere oder Reiseleiter, Lehrer, erleuchtete Meister oder orakelnde Hohepriesterinnen in der Gestalt von Menschen,

Göttern, Dämonen, Teufeln, Fabelwesen, Tieren, Pflanzen, Steinen oder abstrakten Figuren. Es könnte sein, dass dies innere Instanzen Deines Unbewussten sind, die sich Dir in einer Form zeigen, die Du wahrnehmen kannst, damit sie endlich mit Dir kommunizieren können. Doch wenn ein solches Wesen auch erstaunliche Dinge weiß oder kann, Du musst und solltest nicht alles kritiklos glauben und tun, was diese inneren Instanzen Dir möglicherweise vorschlagen.

Versuche auch, die Tattwa-Reise mit der Stroboskop-Meditation zu verbinden, indem Du nicht entspannt in das aufblitzende Licht schaust, sondern mit dem Stroboskop die Tattwa-Tafel beleuchtest. Manchmal erleichtert diese Technik das Hindurchschreiten, jedoch sollte ein Helfer (oder eine Zeitschaltuhr) anwesend sein, die das Stroboskop ausschaltet, sobald das Tattwa erfolgreich durchschritten wurde und die Reise begonnen hat.

Es kann durchaus sein, dass uns die Feuer-Sphäre bei einer Reise gar nicht feurig erscheint, wir uns plötzlich in einem kühlen Meer wieder finden, wie wir mit Neptun und Meerjungfrauen den Fischschwärmen zuschauen und herumträumen, buchstäblich Luftschlösser bauen, und es ist überhaupt nichts Feuriges in Sicht. Das heißt nicht in jedem Fall, dass wir uns verlaufen haben und überhaupt nicht in der Feuer-Welt waren, sondern es kann durchaus sein, dass unser inneres Feuer durch Wasser und Luft dominiert wird, die Feueranteile zum Zeitpunkt der Reise also weitgehend brach liegen.

Man kann demnach als Faustregel annehmen, dass die Art und Weise, wie sich die Elementsphären darstellen, eine Art Spiegel unseres Innenlebens bilden. Hieraus kann sich direkter Handlungsbedarf ergeben. Wenn zum Beispiel die Feueranteile offensichtlich so sehr durcheinander geraten sind, können gezielte Reisen, in denen der Reisende zum Beispiel sein inneres Feuer oder einen inneren Begleiter, dem er zutraut, etwas zur Feuer-Sphäre zu sagen und zu helfen, herbeiruft. Bei einer solchen Feuer-Analyse kann es auch sehr hilfreich sein, wenn man die Liste zur Hand nimmt, in der die eigenen Feuer-Eigenschaften eingetragen sind. Was ist davon auszubauen, zu verfeinern, zu ergänzen? Was von unseren Luft- und Wassereigenschaften ist möglicherweise zu dominierend und in der Folgezeit etwas „zurückzuschrauben“? Ich plädiere hier für einen kreativen, mutigen Umgang mit den sich eröffnenden Möglichkeiten der Tattwa-Arbeit. So kann, um bei unserem Beispiel zu bleiben, das Wasser in unserer Feuersphäre mit Hilfe der heiß brennenden, feurigen Sonne verdampfen, wir könnten die Wasserdampf-Wolken mit unserer Willenskraft und vielleicht mit Hilfe eines inneren Führers aus der Feuersphäre herausschieben, damit sie bei der nächsten Reise in der Wasser-Welt abregnen können. Diese Reinigung der Feuer-Sphäre führt zu einer Harmonisierung des Innenlebens.

Doch ist es kennzeichnend für eine Tattwa-Reise, dass wir nicht wie zum Beispiel bei einer reinen Phantasiereise alles nach unseren Wünschen gestalten können, sondern sich wie im „normalen“ Leben Widerstände und Blockaden aufbauen können, so dass wir oftmals auf Hilfe angewiesen sind.

Nachbereitung: Notiere Deine Reiseberichte im Tagebuch. Mit der Zeit können aus den ersten Erkundungsreisen auch gezielte Reisen werden, zum Beispiel um neue Freunde in der Anderswelt aufzusuchen, um Rat zu bitten, zu spielen oder um eine Vision zu suchen.

Wie bei allen Meditationen kann es sinnvoll, amüsant und interessant sein, in der Gruppe zu meditieren. Der Austausch über die gemachten Erfahrungen kann den eigenen Horizont erheblich bereichern, des weiteren hat man oft eine höhere Motivation, wenn man gemeinsam meditiert. Bei den Reisen gibt es darüber hinaus die Möglichkeit, quasi als Reisgruppe gemeinsam zu reisen. Dabei bereisen alle Teilnehmer das gleiche Tattwa und versuchen, die anderen in der jeweiligen Welt zu treffen. Nach der Reise werden Übereinstimmungen und Differenzen in der Wahrnehmung der Reise gesucht. Bei einer weiteren Variante berichten sich die Teilnehmer fortlaufend, was sie sehen, dies vereinfacht gemeinsames Reisen erheblich.

Elementzyklus

Bei dieser Meditation benötigst Du wieder einige Vorbereitung und ein paar Hilfsmittel. Du solltest bereits Erfahrungen mit der Tattwa-Meditation, bzw. Tattwa-Reisen haben, um den Elementzyklus zu versuchen. Du benötigst einen Spirituskocher und einen Metalltopf, in dem Du Wasser gefroren hast. Entzünde den Spirituskocher, stelle den Topf mit dem gefrorenen Wasser darauf und eine oder mehrere Kerzen dahinter. Setze Dich ins Asana davor.

Visualisiere ein gelbes Quadrat und projektiere es auf den Eisblock im Topf. Das gelbe Quadrat ist das Symbol des Festen, Materiellen, der Erde.

Während das Eis langsam schmilzt, visualisiere langsam die silberne Mondsichel des Wassers, wie sie nach und nach das gelbe Quadrat der Erde überdeckt. Wenn das Eis vollständig geschmolzen ist, siehst Du nur noch die silberne Sichel, die Du auf das Wasser projektierst. Das Wasser erhitzt sich und beginnt ganz allmählich zu verdampfen. Das rote Dreieck überlagert langsam die silberne Mondsichel, wird kräftiger und deutlicher, bis die Sichel verschwunden ist und Du nur noch das rote Feuerdreieck auf dem kochenden Wasser siehst. Je mehr Wasser verdampft, desto stärker wird der hellblaue Kreis der Luft auf den Wasserdampf projektiert. Das rote Feuerdreieck verschwindet schließlich vollständig. Wenn kein Wasser mehr im Topf ist, das verdampfen könnte, projektiere das violette Ei des Äthers, die Quintessenz aller Elemente, in das Nichts über dem Topf vor Dir.

Behalte das violette Ei vor Deinem inneren Auge, während Du in tiefe Meditation gehst. Jetzt ist nicht der Moment, über die Elementenergien in Deinem Leben oder in der Welt nachzudenken, sondern beobachte einfach, unbeteiligt, nimm wahr, aber bewerte nicht.

Wenn Du noch immer so hartnäckig und diszipliniert dabei bist, dass Du nach wie vor pflichtbewusst ein Tagebuch führst, so wiederhole diese Meditation regelmäßig, notiere die Ergebnisse und vergleiche sie untereinander. Was verändert sich mit der Zeit in der Wahrnehmung, wie verändert sich die Meditationserfahrung? Nach wie viel „Sitzungen“ hast Du das Gefühl, dass sich die Meditationserfahrungen nicht mehr ändern, und worauf führst Du das zurück?

Die mittlere Säule

Bei dieser Meditation werden die fünf Chakren des tibetischen Systems, bei dem die unteren und die oberen Chakren jeweils zu einem Chakra verbunden werden, angesprochen, aktiviert und mit Elementenergie „gefüttert".

Nimm einen weißen Energiestrahl wahr, der durch Deine Fontanelle in Dich eindringt, die Energie erstrahlt in Deinem Dritten Auge und erhellt Deinen Kopf. Dem Dritten Auge oder dem Ajna-Chakra wird kein Element zugeordnet, da es jenseits der Materie existiert. Eigenverantwortlichkeit, bewusstes Sein und Intuition sind charakteristisch für das Ajna.

Die Energie fließt herab zu Deinem Kehl-Chakra, wo sie eine violette Farbe annimmt. Das Vishudda oder Kehl-Chakra wird mit Intelligenz und Kommunikation in Verbindung gebracht. Es ist dem Äther zugeordnet, stellt also eine Verbindung aus den Essenzen von Wasser, Feuer, Luft und Erde dar.

Als nächstes fließt die Energie aus dem Kehl-Chakra heraus in das Herz-Chakra, das Anahata-Chakra und das Sonnengeflecht. Hier nimmt die Energie eine goldene Farbe an. Das Anahata ist der Luft zugeordnet und ist eine Quelle der Lebensfreude und der Erkenntnis. Die Energie fließt weiter hinab in das Nabel-Chakra, das Hara. Dort nimmt die Energie eine blaue Farbe an. Das Hara besitzt feurige Energie, hier brennt die Flamme der eigenen Lebenskraft. Die Energie des Hara korrespondiert mit Aggression, Konfrontation, Durchsetzungskraft.

Schließlich fließt die Energie weiter hinab in das Sexual-Chakra, in dem die Energie eine rote Farbe bekommt. Es wird dem Wasser zugeordnet, der Kreativität und der Erotik.

Die Energie steigt nun wieder auf in das Nabel-Chakra, wo sie sich blau verfärbt, dann in das Herz-Chakra, wo sie golden erstrahlt, in das Kehl-Chakra, in dem sie eine violette Farbe annimmt, und schließlich gelangt die Energie zurück in das Ajna-Chakra, wo sie weiß erstrahlt. Dann beende die Meditation ohne die Energie durch die Fontanelle abzugeben.

Die Farbzuordnungen der Chakren weichen in der Fachliteratur sehr weit voneinander ab, ich habe hier eine Variante genommen, die eher ungewöhnlich ist (wer verbindet schon blau mit feuriger Energie), aber es hat sich herausgestellt, dass diese Farbzuordnung bei dieser Technik hervorragend funktioniert. Es steht Dir natürlich frei, andere traditionelle Zuordnungen zu wählen oder aber ganz mutig eigene Farbkombinationen auszuprobieren. Nimm die Variante, die für Dich am besten funktioniert. Hierbei bleibt natürlich anzumerken, dass es durchaus sinnvoll sein kann, zunächst mit „klassischen" Zuordnungen zu arbeiten, bis man einige Sicherheit im Umgang mit den Chakren gewonnen hat. Dann lässt sich eine viel fundiertere Auswahl der eigenen Ausgestaltungsmöglichkeiten treffen.

Als Alternative zur oben beschriebenen Chakra-Meditation probiere auch dies: Stelle Dich vor einen großen Spiegel, so dass Du Dich vollständig sehen kannst. Visualisiere nun, wie bereits geübt, dass ein weißer Energiestrahl in Deinen Kopf eintritt und das Dritte Auge mit weißem Licht erstrahlen lässt. Stelle Dir nun vor, dass ein weißer Lichtstrahl Deine Stirn mit der Stirn Deines Spiegelbildes verbindet und *auch* bei Deinem Spiegelbild das Dritte Auge weiß zu strahlen beginnt. Dann ziehe diese Energie wieder zurück in Dein Drittes Auge. Dann lasse die Energie in Dein Kehl-Chakra fließen, wo sie violett erstrahlt. Auch dort visualisiere einen violetten Lichtstrahl, der das Kehl-Chakra Deines Spiegelbildes trifft und zum Erstrahlen bringt. Nach einer Weile ziehe auch diese Energie wieder ganz zurück zu Dir, lasse die Energie tiefer in Dein Herz-Chakra fließen, wo sie eine goldene Farbe annimmt. Auch dort stelle die goldene Verbindung zu Deinem Spiegelbild her, lasse das Herz-Chakra bei Deinem Spiegelbild aufleuchten, ziehe die Energie zurück und lasse sie dann tiefer in Dein Nabel-Chakra gleiten. Dort wiederhole den Ablauf mit blauem Licht, im Sexual-Chakra schließlich mit rotem Licht. Dann lasse die Energie wieder zum Hara laufen, verbinde Dich erneut mit dem Spiegelbild, dann das Herz-Chakra, das Kehl-Chakra, schließlich wieder das Dritte Auge. Wenn Du die weiße Energie aus Deinem Spiegelbild wieder zu Dir zurückgezogen hast, beende die Meditation.

Bei einer weiteren Variante siehst Du, wie das weiße Licht in den Kopf Deines Spiegelbildes eindringt, dort das Dritte Auge zum Leuchten bringt. Vom Dritten Auge Deines Spiegelbildes aus kommt ein weißer Energiestrahl auf Dich zu, trifft Dein Drittes Auge, das weiß erstrahlt. Nach einer Weile wird die Energie zurück in Dein Spiegelbild gezogen, wo sie tiefer in das Kehl-Chakra gleitet. Dort verfärbt sie sich wieder violett, strahlt zu Dir herüber, trifft Dich und Dein Kehl-Chakra leuchtet auf. Im Prinzip ist dies die gleiche Übung wie zuvor, jedoch nimmst Du dieses Mal die Rolle des Spiegelbildes ein.

Die Buchläden sind voll von Büchern, die exakt darlegen, welche Wirkung bei dieser oder jener Übung *einzutreten hat*, hierbei wird dem Übenden allzu oft das private Weltbild, bzw. die Religion des Autoren aufgedrückt. Ich empfehle, alle drei Varianten auszuprobieren, die mittlerweile gut entwickelte Eigenwahrnehmung anzuschalten und in das Tagebuch die erzielten Wirkungen einzutragen. Dann lässt sich entscheiden, ob man diese Wirkungen erzielen möchte. Wenn dem so ist, dann fahre mit dieser Übung fort. Wenn Dich die Auswirkungen nicht überzeugen oder Dir ganz persönlich in Deiner jetzigen Lebenssituation nicht erstrebenswert erscheinen, dann lass es. Die Welt ist voll von Schülern, die eifrig üben, um irgendwann die ultimative erleuchtende Lichterfahrung bei einer für sie völlig ungeeigneten Technik zu machen, nur weil ihr Guru ihnen erzählt hat, dass dies eines Tages schon passieren würde. Es ist diese Gier nach dem von vorneherein bekannten, zu erzielenden Ergebnis, die den Erfolg schwierig, vielleicht sogar unmöglich macht.

Der Atem der Schlange

Setze Dich entweder in das Drachen-Asana oder in den Diamantsitz (in beiden Fällen auf den Fersen sitzen, beim Drachensitz die Knie zusammen, beim Diamantsitz die Knie leicht gespreizt). Achte darauf, dass Deine Wirbelsäule gestreckt ist und Du gerade sitzt.

Ziehe nun durch die Nase Luft in Deine Lungen, zähle dabei langsam bis Acht. Wenn Deine Lungen gefüllt sind, halte inne und zähle bis Vier. Beim Ausatmen zähle bis Sechzehn. Dann halte wieder die Luft an, während Du bis Vier zählst. Schließlich atme wieder ein und beginne den Atemkreislauf von neuem.

Nach einunddreißig Atemzyklen ändere den Ablauf: Nachdem Du tief in den Bauch eingeatmet hast, achte darauf, dass Dein Bauch sich nach vorn wölbt und ziehe die Brust leicht zurück. Während Du nun den Atem anhältst, drücke die Luft durch Einziehen des Bauches (die meisten Menschen können den Bauch besser einziehen als entspannen, dieses Zwangsverhalten angesichts des anderen Geschlechts beraubt sie leider einer gehörigen Portion Power) in den Brustbereich, der sich nun leicht nach vorn wölbt. Ziehe dann den Brustbereich wieder zusammen und drücke so die Luft zurück in den Bauch. Dann ziehe den Bauch wieder ein und lasse die Luft zurück in den Brustbereich fließen, schließlich zurück in den Bauch. Erst dann atme langsam aus, während Du bis Sechzehn zählst. Dann halte die Luft an, zähle bis Vier, atme wieder in den Bauch hinein und zähle dabei bis Acht. Wiederhole diese Abfolge mindestens einunddreißig Mal. Wenn Du es nicht schaffst, gewöhne Dir das Rauchen ab oder versuche es mal wieder mit Waldlauf.

Als dritten Atemzyklus atme ein und halte die Luft an wie zuvor beschrieben, beim Ausatmen drücke alle Energie, die sich in Dir befindet und die Du bewusst steuern kannst, an Deiner Wirbelsäule entlang nach unten in Dein Becken. Dort lässt Du sie, hältst kurz die Luft an wie bereits beschrieben und atmest erneut ein. Dabei sammelst Du neue Energie in Dir, die Du beim nächsten Ausatmen wiederum an Deiner Wirbelsäule (Sushumna) entlang hinabdrückst. Wiederhole auch diesen Atemzyklus einunddreißig Mal. Tipp: Lege die Handflächen auf Deine Oberschenkel und vereinfache das Mitzählen, indem Du nacheinander mit den Fingern leichten Druck ausübst. Das ist meditativer als ein Rechenschieber.

Schließlich löse den Atemrhythmus auf, es ist nun vollkommen egal, wie Du atmest. Es könnte sein, dass sich der bisherige Atemrhythmus so sehr verselbständigt hat, dass Du ihn automatisch beibehältst; genauso kann es jedoch auch sein, dass Du den Drang verspürst, vollkommen anders zu atmen. Drücke in jedem Fall weiter mit jedem Ausatmen Energie in Deinen Beckenbereich, neige nun Deine Wirbelsäule etwas nach vorn, finde eine bequeme Stellung in Deinem Asana. Beobachte, was geschieht.

Bei richtiger Ausführung und etwas Übung wird in den meisten Fällen folgendes geschehen:

1.) Das Becken wird sich erwärmen.

2.) Ein angenehmes, leichtes Glücksgefühl wird sich einstellen.

3.) Du wirst Lust verspüren.

4.) Aus dem Beckenbereich wird sich ein gewisser Gegendruck gegen Deine Versuche, Energie herabzudrücken, einstellen.

5.) In Dir werden Bilder von Drachen, Schlangen oder anderen Reptilien entstehen.

6.) Etwas wird in Deinem Beckenbereich erwachen und sich an Deiner Wirbelsäule entlang nach oben schlängeln.

7.) Es wird aus Deinem leicht nach vorn geneigten Rücken herausbrechen und sein Haupt über Deinen Kopf erheben.

Allerdings, wenn ich recht darüber nachdenke: Eigentlich geschieht all dies früher oder später auch ohne Übung und bei falscher Ausführung.

Warum das alles? Zum einen ermöglicht die Schlangenatmung ein berauschendes Glücksgefühl, ganz ohne körperfremde Drogen konsumieren zu müssen, zum anderen wird sie bei regelmäßigem Praktizieren eine lang anhaltende Wirkung auf Dein Wohlbefinden und Deine innere Balance haben. Ganz nebenbei wirst Du in vielen Situationen möglicherweise erheblich offensiver handeln, als dies bislang der Fall war.

Pranayama

Setze Dich in Dein bevorzugtes Asana. Die meisten Menschen, die ich kenne, kommen mit dem Drachensitz gut zurecht. Achte auf eine gerade, aufgerichtete Haltung, denn gerade diese Übung verleitet viele Übenden dazu, nach einer Weile „in sich zusammenzufallen“. Falte Deine Hände fest zusammen. Dann hebe beide Ringfinger an und lege die Fingerkuppen aneinander. Das gleiche tue mit dem Zeigefinger, aus Deinen gefalteten Händen „ragen“ nun Ring und Zeigefinger heraus. Dann spreize beide Daumen ab und legen die Fingerkuppen aufeinander, so dass zwischen Deinen Handinnenflächen ein Hohlraum entsteht. Die Form, die sich aus Zeigefingern und Daumen bildet, gleicht nun einer Ellipse. Hebe nun die Hände so gefaltet zur Stirn, dass die Zeigefinger an der Vorderseite des Kopfes anliegen. Lege den rechten Daumen auf das rechte Nasenloch, den linken Daumen auf das linke Nasenloch. Atme nun durch das linke Nasenloch ein, während Du das rechte Nasenloch mit dem rechten Daumen verschließt. Zähle dabei langsam bis Vier. Achte darauf, wie der Atem kühl in die Nasenlöcher einfließt. Dann verschließe beide Nasenflügel mit beiden Daumen und zähle genauso langsam bis Sechzehn. Öffne nun das rechte Nasenloch und atme langsam aus, während Du bis Acht zählst und beobachtest, wie die warme Atemluft an Deinen Nasenflügeln vorbeizieht. Wenn Du ausgeatmet hast, atme „verbunden“, das bedeutet, dass Du keine Pause machst zwischen Aus- und Einatmen, sondern sofort wieder beginnst, langsam einzuatmen, dieses mal jedoch durch das rechte Nasenloch, während Du das linke verschließt. Schließlich halte wieder die Luft an und verschließe beide Nasenlöcher. Öffne das linke Nasenloch und atme aus, bevor Du ebenfalls durch das linke Nasenloch wieder einatmest und so weiter. Solltest Du außer Atem kommen, sollte Dir schlecht werden oder das Herz zu rasen beginnen, höre mit dieser Übung sofort auf und verkürze die Atemperioden.

Shiva-Shakti

Dies ist die Beschreibung einer tantrischen Vereinigung. Tantra ist eine Form des Kundalini-Yoga, bei dem die im Muladhara-Chakra zusammengerollte Kundalini-Schlange durch spezielle Techniken des Yoga erweckt werden soll, um sich durch die Chakren zum Kopfscheitelpunkt zu erheben.

Die Kundalini wird meist als Schlange dargestellt, der Begriff „Kundalini“ entstammt dem Sanskrit und bedeutet soviel wie „Spirale“ oder auch „Schlange“. In einigen Überlieferungen wird die Kundalini mit Kali assoziiert, in anderen eher mit lichteren Aspekten der Gattin Shivas.

Kali ist die hinduistische Göttin der finsteren Kräfte. Nomen est omen, denn Kali ist ebenfalls Sanskrit und heißt „schwarz“. Die Göttin Kali bildet einen Aspekt des weiblichen Gegenpols zum Gott Shiva, sie trägt in vielen Darstellungen eine Kette aus Menschenschädeln um den Hals und wird meist schreckenerregend dargestellt. Auch Shiva wird auf Abbildungen ebenfalls vielmals als schauriger Finsterling dargestellt, gilt jedoch als gütiger und gnadenvoller Gott, der jedoch ebenso wie seine Shakti auch destruktive Züge haben kann. Aus der Vereinigung von Shiva und Shakti entsteht die manifestierte Welt. Tantriker sehen demnach die Welt als Spiel von Shiva und Shakti.

Da an dieser Stelle nicht näher auf die tantrischen Lehren eingegangen werden kann und soll, verweise ich auf die umfangreiche Fachliteratur, die zu diesem Thema existiert. Auf die genannten Tarot-Entsprechungen wird ab dem Kapitel „Wegbahnung“ näher eingegangen.

Wir bleiben beim praktischen Experiment und widmen uns im folgenden der rund einstündigen Shiva-Shakti-Meditation.

I

Setze Dich ins Drachen-Asana oder den Diamantsitz.

Konzentriere Dich auf den Solar-Plexus-Bereich. Visualisiere dort eine strahlende Sonne, eine goldene Kugel aus Wärme.

Lenke Deine Bewusstsein vollständig auf diesen Feuerball, verschmelze mit der inneren Sonne.

Verwende folgendes Mantra:

OM ADI OM

Mit diesem Mantra rufst Du die göttlichen Energien. Ganz nach Deiner persönlichen religiösen Ausrichtung rufst Du die göttlichen Kräfte in Dich oder aber Du rufst die

Kräfte, die ohnehin in Dir sind, zusammen in Deiner inneren Sonne aus Feuer. Wiederhole das Mantra beim Ausatmen mit kräftiger, nicht unbedingt lauter Stimme. Wenn Du feststellst, dass die innere Sonne auf den Klang des Mantras reagiert: Umso besser. Wenn Du durch den Mund einatmest, flüstere stimmlos das Mantra, bevor Du es wieder stimmvoll erklingen lässt. Wiederhole das Mantra insgesamt dreiundneunzig Mal.

II

Als Mann reise mit deinem Bewusstsein zu Shiva, als Frau zu Shakti. Shiva wohnt im Kehl-Chakra als das Bewusstsein der Kommunikation und im dritten Auge als das Bewusstsein der Intuition. Shakti wohnt im Wurzelchakra als Kraft der Existenz, die ins Dasein drängt, und im Sexual-Chakra als Kraft der Kreativität. Identifiziere dich mit Shiva, bzw. mit Shakti.

Anmerkung: Das Kehl-Chakra oder Vishudda ist dem Äther zugeordnet, also der Quintessenz der vier „klassischen" Elemente Wasser, Feuer, Erde und Luft. Tarotzuordnungen: Tod, Teufel, Kunst. Dem „Dritten Auge", dem Stirn-Chakra oder Ajna wird kein Element zugeordnet, da es jenseits der Materie existiert. Eigenverantwortlichkeit, bewusstes Sein und der „sechste Sinn" sind korrespondierende Stichworte. Das Wurzel-Chakra oder Muladhara wird der Erde zugeordnet. Dieser Bereich wird durch die (Kundalini-) Schlange symbolisiert. Tarotentsprechung: Die Hohepriesterin, die Herrscherin. Das Sexual-Chakra oder Svadisthana ist dem Wasser zugeordnet, dem zunehmenden Mond, der Tarotkarte „Die Liebenden", dem sinnlichen, erotischen Erleben und der Kreativität. Der Solar Plexus-Bereich schließlich oder das Anahata-Chakra ist der Luft, dem Tarot-Trumpf „Die Kraft", dem inneren Motor, der Lebensfreude und der Erkenntnis zugeordnet.

Intoniere die folgenden Mantren auf die bereits zuvor angewandte Weise beim Ein- und Ausatmen.

93 x Mantra für den Mann:

OM MAHA SHIVA

Lasse das Mantra im Kehl-Chakra und im dritten Auge vibrieren.

93 x Mantra für die Frau:

OM MAHA SHAKTI

Lasse das Mantra im Wurzel- und Sexual-Chakra vibrieren.
Identifiziere dich mit der Energie der jeweiligen Region (siehe Anmerkung).

III

Als Frau reist du nun in die Region von Shiva, als Mann in die Region von Shakti. Shiva begrüßt Shakti, Shakti begrüßt Shiva, die Sehnsucht nacheinander wird stärker.

93 x Mantra für den Mann:

OM NAHMA SHAKTIYA

So begrüßt, empfange Shakti und hole sie ab.

93 x Mantra für die Frau:

OM NAHMA SHIVAYA

So begrüßt, empfange Shiva und hole ihn ab.

IV

Gemeinsam gehen Shiva und Shakti ins Kronen-Chakra, wo sie sich vereinigen.

Anmerkung: Auch das Kronen-Chakra oder Sahasrara ist keinem Element zugeordnet, da es ebenfalls jenseits der Elemente existiert. Tarotentsprechung: „Das Universum".

93 x Mantra für Mann und Frau:

SATNAM SHIVA SATNAM SHAKTI

Beide reisen zurück ins Herz-Chakra. Shiva bringt Shakti in ihre Region, bzw. Shakti bringt Shiva in seinen Bereich, wo sie sich lösen und verabschieden, danach kehrt jeder an seinen Platz zurück. Dort löst sich das transformierte Selbst und kehrt als Frucht der Vereinigung in den Solar Plexus-Bereich zurück. Die gesamte Rückreise wird in Stille ausgeführt.

V

Abschließend konzentriere dich erneut auf die innere Sonne.

Verwende 93 x das Mantra:

OM SHANTI

Verschaffe Dir für diese Meditation und die Zeit danach ausreichend Freiraum und Freizeit, auf dass die gemachten Erfahrungen die Möglichkeit haben, in Dir zu wirken und nachzuschwingen.

Damiana

Bei der mexikanischen Pflanze Damiana (Turnera diffusa) handelt es sich um eine vollkommen legale, stimmungsaufhellende und aphrodisierende Droge, die in jeder Apotheke erhältlich ist und meines Wissens nach keine unangenehmen Nebenwirkungen hervorruft. In Mexiko wird diese Pflanze geraucht, als Räucherung in großen Mengen verwendet, als Tee getrunken oder eben auf Grundlage eines alkoholischen Auszugs in Likören und selbstgebrannten Schnäpsen verwendet. Damiana soll, in sehr großen Mengen geraucht, eine ähnliche Wirkung wie Marihuana besitzen. Dies kann ich jedoch nicht bestätigen und verwende dieses Zauberkraut lieber in Form von Tees oder als Likör. Der sehr spezielle Geschmack von Damiana besitzt einige Vorteile, die seine Verwendung bei Meditationssitzungen nahe legen:

- Der Geschmack und Geruch von Damiana ist uns weitgehend unbekannt und kommt in anderen Lebensmitteln, Rauchmischungen usw. nicht vor. Da wir uns mit Hilfe von Geschmacksnuancen selbst prägen können, bietet sich hier eine einmalige Chance. Bedenke z.B., was der Geschmack von Zimtsternen, Marzipankartoffeln, Glühwein und Eierpunsch und der Geruch von Tannennadeln in Dir auslöst. Wenn ein Whiskey-Liebhaber nach einem langen und erfolgreichen Arbeitstag sich in seinen Ledersessel sinken lässt und sich ein Glas seines Lieblings-Whiskeys gönnt, dann fühlt er sich rundum wohl in seiner Haut. Dies liegt jedoch sicher nicht an der physiologischen Wirkung des Whiskeys, sondern an dem, was der Genießer damit verbindet: „zur Ruhe kommen“, Zufriedenheit, Wertigkeit, Luxus, Belohnung, Gemütlichkeit, Zuhause usw. Sobald er auch nur zu „seiner“ Whiskeyflasche greift, stellt sich dieses heimelige Gefühl ein, und es verteilt sich in seinem ganzen Körper und Geist im Augenblick des ersten Schluckes. Sollte der Genießer jetzt dem Irrglauben verfallen, er könne dieses Gefühl erhalten, indem er jeden Tag morgens, mittags und abends ein Gläschen seines Glücks-Elixiers zu sich nimmt, so wird er dem Getränk das Besondere nehmen, die Prägung auflösen und möglicherweise als frustrierter Alkoholiker enden. Wenn wir mit Geschmacksrichtungen bereits vertraut sind, ist es schwierig, eine Umprägung herbeizuführen: Denke zum Beispiel an den Geschmack von Cola, die meisten Menschen kennen ihn aus allen Lebenssituationen, entspannte Momente, aber auch das hastige Mittagessen im Schnellrestaurant wird von Cola begleitet, so dass sich kaum jemand an eine spezifische Situation erinnert, wenn er Cola schmeckt. Anders bei Damiana: Verbinde den Geschmack mit Deinen Meditationen, jedoch nur, wenn Dir der Tee und der Likör schmecken. Sonst suche Dir etwas anderes. Nimm die Essenzen ausschließlich zu diesen Gelegenheiten zu Dir, und Du wirst damit erreichen, schon durch den Geruch Deines Damiana-Getränkes in eine angenehme Meditationsstimmung versetzt zu werden.

- Die Herstellung von Damiana-Likör ist zwar im Ablauf sehr simpel, benötigt jedoch einige Wochen Zeit. Dies vermindert die „Austauschbarkeit“ und stärkt das Gefühl, etwas Neues und Eigenes geschaffen zu haben.
- Damiana hat eine stimmungsaufhellende, aphrodisierende Wirkung, die alle Sinnesorgane feinfühliger zu machen vermag, ohne die Fähigkeiten des Geistes zu beschränken. Ein MEHR an Wahrnehmung ohne Rausch.

Grundsätzlich sei natürlich angemerkt, dass von regelmäßigem Alkoholkonsum auch in geringen Mengen abgesehen werden sollte und wir uns die Fähigkeit bewahren sollten, auch ohne Damiana zu meditieren. Die Verwendung dieser Substanz soll eine Hilfe darstellen, keine Abhängigkeit physischer oder psychischer Natur mit sich bringen. Daher meditiere in der Regel, ohne Damiana zu verwenden und hebe Dir den Gebrauch dieses Zauberkrautes für die besonderen Anlässe auf.

Damiana-Tee

Gebe zwei Teelöffel Damiana pro Tasse in ein Teesieb und übergieße es mit heißem Wasser. Lasse den Tee fünf Minuten ziehen und süße nach Belieben. Der Tee kann heiß getrunken werden, oder Du lässt ihn abkühlen und nimmst ihn gut gekühlt zu Dir. Versuche auch die Mischung mit einem handelsüblichen Medium Sherry im Verhältnis 1 Teil Sherry und 5 Teile Damiana-Tee.

Damiana-Likör

Weiche ca. 30 Gramm Damiana in einem halben Liter Wodka ein und lasse diese Mischung gut verschlossen eine Woche stehen. Dann filtere den Wodka zum Beispiel durch einen Tee- oder Kaffeefilter und fülle ihn in ein zweites Behältnis. Die im Filter aufgefangenen Damiana-Blätter gebe zurück in das erste Gefäß und fülle es mit einem halben Liter kohlensäurefreiem Mineralwasser auf. Lasse auch diese Mixtur ca. eine Woche ziehen. Nach Ablauf dieser Woche filtere die Damiana-Blätter erneut aus und erhitze den Wasserextrakt in einem Kochtopf auf 70°C. Gib nun sechzehn Esslöffel Bienenhonig dazu und löse diese durch ständiges Rühren in dem Sud auf. Lasse den Wasser-Honigextrakt etwas abkühlen und vermische ihn mit dem Wodkaextrakt. Lasse die Mixtur einen weiteren Monat lang ziehen. Mit der Zeit bildet sich ein völlig unschädlicher Bodensatz am Fuße des Behältnisses, der später problemlos mitgetrunken werden kann.

Verwende den fertigen Damiana-Likör sparsam und ausschließlich zu besonderen Gelegenheiten, wie auch normalerweise ein guter Champagner ausschließlich zu seltenen Anlässen gereicht wird.

Wegbahnung

Ebenso, wie Du die Tattwas als Tor in die Anderswelt benutzt, kannst Du auch die Großen Arkana des Tarot dafür verwenden. Empfehlenswert sind die wundervollen Karten von Lady Frieda Harris und Aleister Crowley. Blicke über einen langen Zeitraum entspannt auf eine Karte. Wenn Du das Gefühl hast, jede Farbkombination, jedes kleine Detail der Darstellung zu kennen, dann schließe die Augen und schreite in die Welt der Karte. Wie bei den Tattwas erwarte nicht, dass Du Dich zu Beginn in einer lebendigen Wunderwelt oder einem Spielfilm mit dem Titel des Tarot-Trumpfes wieder findest. Mühsam ernährt sich der Eichkater, und so solltest Du Dich von allzu großen Erwartungen zunächst trennen. Mit einiger Übung werden Deine Erwartungen jedoch übertroffen werden, da Du bemerken wirst, wie die Karten immer mehr an Leben, Ausdruck und Überraschung offenbaren werden. Im Anschluss an diese Zeilen werden verschiedene „Einstiegshilfen" vorgestellt.

Es ist hilfreich, die bereisten Karten nicht ständig zu wechseln, sondern sich eine längere Zeit mit der gleichen Karte zu beschäftigen. Lasse Dich bei Deinen freien Reisen nicht übermäßig von den diversen Deutungsbüchern beeinflussen, die Dir erzählen wollen, was Du zu sehen hast.

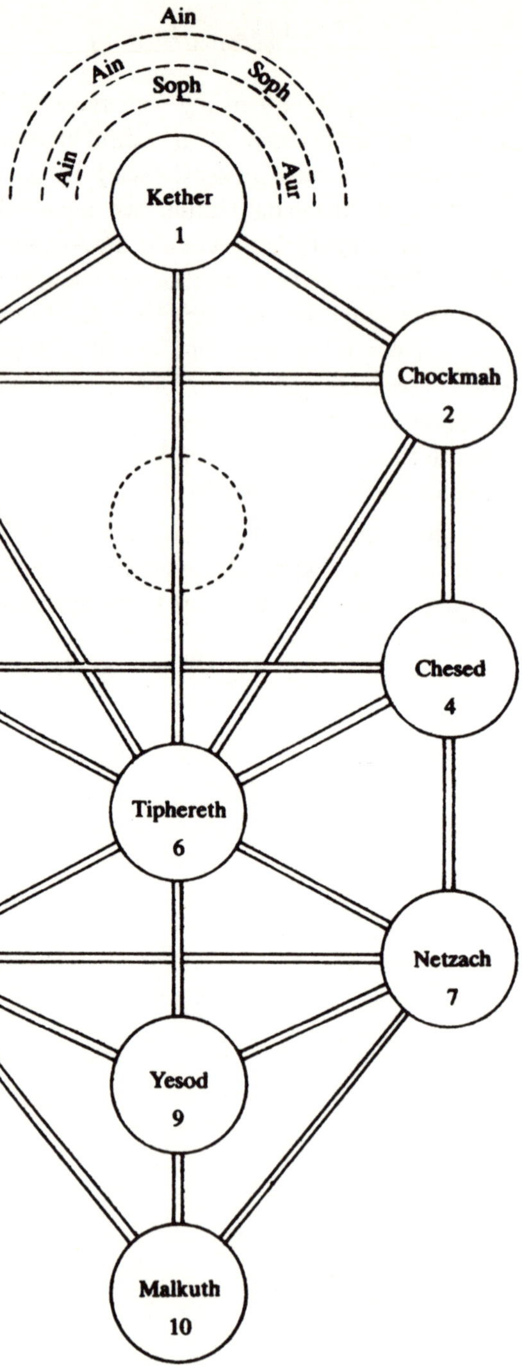

Der Baum des Lebens und die Pfade

Der Baum des Lebens

Das Bereisen der Tarotkarten ist auch als Wegbahnung oder als Aufsteigen durch die Ebenen bekannt. Dies beruht auf der Annahme, dass jede Große Arkana des Tarot den Pfad zwischen zwei Sephiroth des kabbalistischen Baums des Lebens bildet, also den Weg, um von einer dieser Ebenen oder Sphären in die nächste aufzusteigen. Der Baum des Lebens ist ein Hauptsymbol der jüdischen Geheimlehre der Kabbala. In ihm wird die Schöpfung der Welt aus formloser Energie über die Ideenwelt bis zur Manifestation dargestellt. Diese Schöpfung der Welt vollzieht sich in zehn Schritten, in zehn Ebenen oder Sphären, die Sephiroth genannt werden. Der Versuch, über die Ebenen aus der irdischen, materiellen Welt aufzusteigen, war demnach im ursprünglichen Kontext der Versuch, zurück zum ursprünglichen Sein zu gelangen, näher zu Gott. Für den Kabbalisten symbolisiert der Baum des Lebens, wie alle Kräfte miteinander in Verbindung stehen und keine Ebene des Lebens von der anderen unabhängig ist. Der Baum des Lebens ist in der heutigen „esoterischen" Landschaft ein vielverwendetes Symbol.

Die zehn Sephiroth sind durch zweiundzwanzig Pfade miteinander verbunden. Diese zweiundzwanzig Pfade entsprechen den zweiundzwanzig Großen Arkana des Tarot. Hierbei sei jedoch angemerkt, dass dies eine Ergänzung ist, die erst im 19. Jahrhundert vorgenommen wurde.

Die höchste, erste Sephiroth ist Kether, die Krone.

Die zweite auf der vom Betrachter aus rechten Seite des Baumes ist Chokmah, die Weisheit. Es folgen:

3. Binah, der Verstand,
4. Chesed, die Gnade,
5. Geburah, die Kraft,
6. Tiphareth, die Schönheit,
7. Netzach, der Sieg,
8. Hod, die Herrlichkeit,
9. Yesod, das Fundament,
10. Malkuth, das Königreich.

Auch die einzelnen Sephiroth sind auf ähnliche Weise zu bereisen, wie die Tarotkarten als Verbindungslinien zwischen ihnen. Exemplarisch werden wir hier einige Reisemöglichkeiten vorstellen, alle mit freier Kost und Logis; besondere Ausflüge zu den jeweiligen Sehenswürdigkeiten müssen bei der Reiseleitung gesondert gebucht werden, eventuelle Zwischenaufenthalte mit interessanten Verkaufsveranstaltungen sind nicht ausgeschlossen. Noch einmal: Es ist nicht wichtig, glänzende Visionen zu visualisieren, sondern letzten Endes geht es darum, diese Visionen mit dem täglichen Leben und seinen Alltagskonzepten in Verbindung zu bringen, und dies vermag keine Anleitung zu leisten. Ohne diese Verbindung sind und bleiben sie nette Ausflüge. Gegen solche Ablenkungen ist überhaupt nichts einzuwenden, nur sollten sie nicht mit einem wie auch immer gearteten spirituellen Weg verwechselt werden, der Dich wirklich weiterbringen kann.

Malkuth

Malkuth ist das Königreich, die irdische Welt und die zehnte Sephira. Malkuth ist allen vier Elementen, Feuer, Wasser, Erde und Luft zugeordnet, denn ihr Zusammenspiel macht die manifestierte Welt aus.

Yesod

Yesod ist das Fundament, ist eng verbunden mit dem Unterbewusstsein und ist das ausgleichende Ergebnis der Kräfte von Netzach und Hod. Yesod leitet als neunte Sephira die menschliche Seele, den Biorhythmus, die Gezeiten, die weibliche Periode. Yesod ist mit dem Mond verbunden, wenn Du Deine Füße auf die Erde Malkuths stellst und den Blick in Dein Inneres wagst, wird das erste, was Du siehst, ein Ausdruck der Kräfte Yesods sein.

Hod

Hod ist die achte Sephira und bedeutet „Herrlichkeit“. Dies ist die Sphäre der Kommunikation, deren Planet Merkur ist (der geflügelte Götterbote), der Logik und des analytischen Verstandes.

Netzach

Netzach ist die siebte Sephira der Leidenschaften, der Lust und der sinnlichen Vergnügungen. Die Venus ist folgerichtig Netzach zugeordnet, unter ihrem Einfluss stehen alle spontanen und intuitiven Entschlüsse, die zu emotionaler und körperlicher „Beglückung“ führen.

Tipharet

So, wie Yesod die Energien von Netzach und Hod ausbalanciert, wirkt Tiphareth als zentrale Sonnensephira für die sich ergänzenden Kräfte von Geburah und Chesed. Tiphareth ist die Emanation der strahlenden Schönheit, der Harmonie und bildet als sechste Sephira den Nabel des Lebensbaumes.

Geburah

Geburah ist die fünfte Sephira und ist mit dem Mars und damit mit allen „marsianischen“ Kräften im Bunde, wie Strenge, Zerstörung, Krieg, Gerechtigkeit und Willensstärke.

Chesed

Chesed ist die vierte Sephira und ist die Emanation der Gnade. Chesed ist den stabilisierenden Energien des Jupiters zugeordnet und steht für Schutz und starke Vaterfiguren, die ihre Schützlinge aufbauen, ihnen Sicherheit und (inneren) Reichtum geben.

Binah

Binah ist die große, dunkle See; die dritte Sephira des Verstehens und des Verstandes. Binah ist das große Gefäß, die ewige Nacht in der Stadt der Pyramiden, die saturnische Kraft der Begrenzung, die allen Dingen ihre Form gibt, und der Schoß der Urmutter. So liegt in der lichten und der dunklen Seite Binahs das Verständnis für den uralten Satz: „Die Sonne hat einen Mantel aus Gold und ein Herz aus Blei. Der Saturn hat einen Mantel aus Blei, aber ein Herz aus Gold.“

Chokmah

Chokmah ist die Weisheit, die ungerichtete Kraft Kethers wird männlich und richtet sich in Chokmah auf den weiblichen Schoß Binah. Aus der ursprünglichen Einheit sind zwei geworden, das Eine hat sich geteilt für die Möglichkeit der Vereinigung. Aus der Vereinigung von Chokmah und Binah entspringt der restliche Baum des Lebens. Chokmah ist die Energie, der Binah Form verleiht.

Kether

Kether ist die erste Sephira, die Einheit Gottes und die Einheit mit Gott, die erste Ursache aller Ursachen, die Krone des Lebensbaumes, in Kether ist die Essenz aller anderen Sephiroth enthalten. Kether ist der erste Stein, der in einer endlosen Reihe von Dominosteinen fällt und das ewige Spiel von Ursache und Wirkung in einer Kettenreaktion, einer Art kosmischen Domino-Day auslöst. Somit ist Kether nicht die erste Energie, nicht der Finger, der den ersten Dominostein ins Wanken bringt, sondern der Stein selbst.

Ain Soph Aur

Jenseits der Grenzen des durch Sprache Darstellbaren, und dies liegt ausnahmsweise nicht an meinem mangelhaften Wortschatz, findet sich Ain, das Nichts, welches sich verdichtet zu Ain Soph, dem grenzenlosen Nichts und schließlich zum Lichte des Ain Soph Aur wird. Ain Soph Aur bildet den Schleier der negativen Existenz, hier liegt die Quelle allen Daseins, jenseits von Idee und Form, in den östlichen Traditionen am ehesten mit Nirvana zu benennen.

Daath

Daath ist die verborgene elfte Sephira, die in den Werken zahlreicher Kabbalisten gar keine Erwähnung findet. Dies nehmen wir zum Anlass, darauf hinzuweisen, dass wir es in unserer Kurzbeschreibung mit einem sehr unvollständigen und kurzen Exzerpt über ein zentrales Symbol einer alten Überlieferung zu tun haben. All dies in einer Form, die sich in der zeitgenössischen Esoterik durchgesetzt hat, die jedoch manch einem traditionellen Kabbalisten, der in Jerusalem über einem Haufen staubiger Bücher brütet und auf Gottessuche ist, den Bart noch weißer als Schnee werden lassen würde. Solche Kurzbeschreibungen können nur die Funktion eines Fensters haben, durch die der geneigte Leser einen Blick werfen kann, doch er sollte nicht denken, dass er das Zimmer dahinter bereits betreten hätte; dies soll für unsere Zwecke jedoch vorerst genügen. Daath wird häufig als Übergang bezeichnet, als Brücke über den Abgrund, der die oberen drei Sephiroth von den unteren trennt. Daath repräsentiert das Wissen, das zur Überwindung dieses Abgrundes notwendig ist. Für manche Kabbalisten bildet Daath jedoch den Übergang zur Nachtseite des Baumes, denn jede Sephira hat eine negative Seite, so wie jede Münze eine Rückseite hat. Wir widmen uns hier jedoch ausschließlich der lichten Seite.

Der Mensch hat komplexe Symbolsysteme entwickelt, um das Unnennbare darstellen zu können, wenn er an jene Grenzen gelangt, an denen die Sprache versagt. Jene Grenzen, an denen weder der reine Glaube, auf dem seine Religionen beruhen, noch die Hoffnung, die ihn den sogenannten „sicheren Boden der Tatsachen“ (was immer das auch sein mag) verlassen lässt, ihm eine Stütze zu sein scheinen. Schließlich weisen die Symbole, Wegmarkierungen in einem unbekannten Land, den Wanderer nicht selten über seine Religion, seinen Glauben und seine Hoffnung selbst hinaus und führen ihn zu dem

Punkt, an dem sich die Systeme der verschiedenen, sich scheinbar widerstrebenden Religionen verbinden und der Wanderer schließlich das Ziel seiner Reise erreicht. Ja, es existieren Verbindungen zwischen dem Kundalini-Yoga, dem Aufsteigen der Schlange durch die Chakren und den Sephiroth des Lebensbaumes.

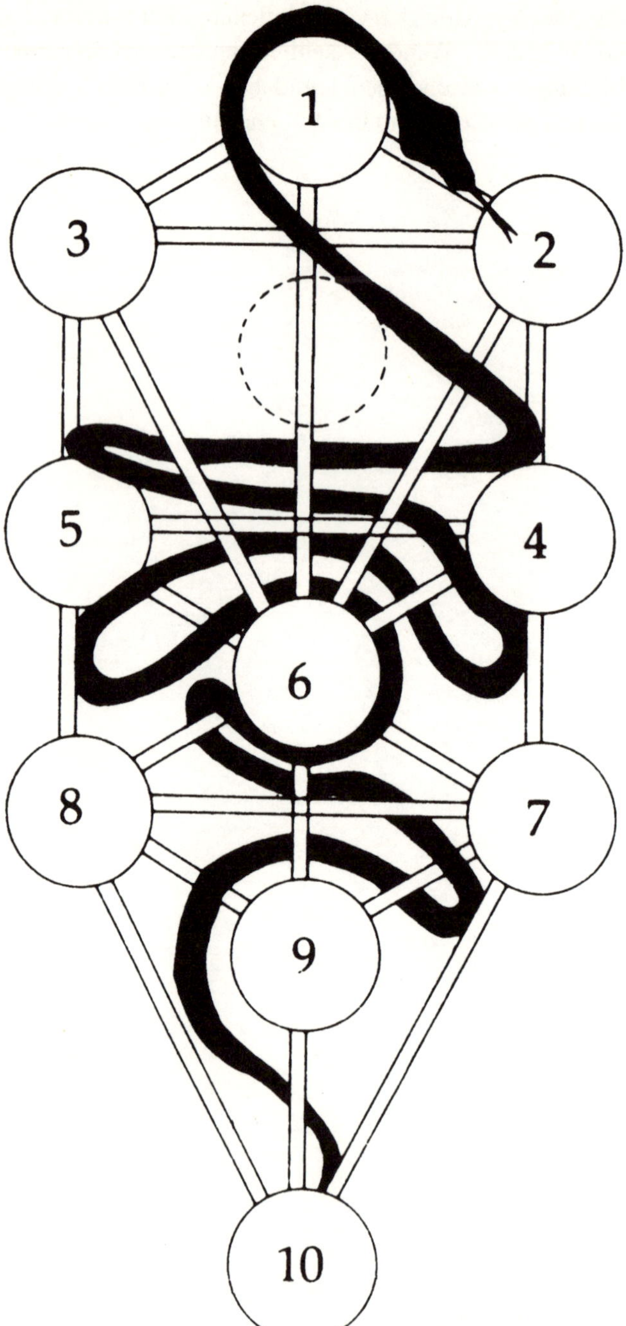

Das Aufsteigen der Schlange durch die Sephiroth

Die Energie - Übung des mittleren Pfeilers

Diese Übung entstammt in ihrer ursprünglichen Version den Techniken, die vom „Order of the Golden Dawn“ im vorletzten Jahrhundert entwickelt wurden und ist in anderer Form bereits in diesem Buch behandelt worden. Auch bei dieser Übung haben wir das Messer angesetzt und sie etwas kürzer geschnitten. Wer sich tiefergehend mit dieser Übung beschäftigen mag, der schaue in die Literaturhinweise im Anhang dieses Buches. Wie bei den Reisen in die Sephirot, haben wir auch hier die mit der Sphäre korrespondierenden Götternamen durch die übliche Bezeichnung der jeweiligen Sephira ersetzt. Farbentsprechungen und weitergehende Visualisierunganleitungen wurden fortgelassen, diesmal nicht, um es dem Praktizierenden einfacher zu machen, sondern um die unmittelbare Erfahrbarkeit der Sephiroth zu stärken. Erfahrungsgemäß sind die meisten Praktizierenden zu ungeduldig, um lange Zeit mit einer einzigen Übung zuzubringen, sofern sich nicht relativ schnell erste Erfolge zeigen. Dies kann man verurteilen, mit Missmut hinnehmen oder einfach wertneutral akzeptieren. Für die „ganz ernsthaften Adepten“ oder solche, die es werden wollen, gibt es weiterführende Literatur in großen Mengen. In dem Moment, in dem wir nur ein grobes Raster bieten, das der Übende mit eigenem Inhalt füllt, tritt der Erfolg bedeutend schneller ein, da alle Bilder, Empfindungen und Erfahrungen in der inneren Sprache und in dem Symbolgewand auftauchen, die der Praktizierende kennt und versteht. Als wahrer Erfolgsbeweis darf hier gelten, dass es sich bei den meisten derart spontan und intuitiv aufsteigenden Bildern und Empfindungen um Dinge handelt, die manch ein Studierender später in den einschlägigen Entsprechungstabellen wieder findet.

Der mittlere Pfeiler des Lebensbaumes besteht von unten nach oben aus den Sephiroth Malkuth, Yesod, Tipharet, Daath und schließlich Kether als Krone. Für diese Übung verlegen wir die Sephiroth des Baumes in den menschlichen Körper und sehen sie als das an, was sie ohnehin sind: Kraftzentren. Damit entsprechen sie in ihrer Lage weitgehend den fünf Chakren des tibetischen Systems.

- Malkuth liegt im Genitalbereich
- Yesod liegt ungefähr in Höhe des Bauchnabels
- Tiphareth liegt im Solarplexus
- Daath liegt in Höhe des Halses
- Kether liegt in Höhe des Kopfes
- Über dem Kopf liegen Ain Soph Aur, Ain Soph und Ain

Setze Dich ins Drachen-Asana, sitze auf den Fersen und schließe die Knie. Wiederhole wieder und wieder die Namen des grenzenlos leuchtenden Nichts, sprechend, flüsternd, singend oder vibrierend: „Ain – Ain Soph – Ain Soph Aur – Ain – Ain Soph – Ain Soph

Aur – Ain – Ain Soph – Ain Soph Aur – Ain – Ain Soph – Ain Soph Aur“ usw. Mit diesen Worten ziehst Du die formlose Energie durch Deine Fontanelle herab in Deinen Kopf.

Wenn sie dort vollständig angekommen ist, beginne rhythmisch „Kether“ zu wiederholen. Wenn Bilder vor Deinem inneren Auge auftauchen, dann lasse sie zu, höre jedoch nicht auf, „Kether“ zu wiederholen.

Dann lasse die Energie weiter hinabfließen in den Halsbereich. Wiederhole rhythmisch „Daath“.

Die Energie strömt in den Solarplexusbereich, und Du wiederholst „Tiphereth“.

Weiter fließt die Energie aus Tiphareth in Yesod, Du wiederholst rhythmisch den Namen dieser Sephira.

Schließlich erreicht die Energie den Genitalbereich, und Du wiederholst wieder und wieder „Malkuth“.

Von Malkuth ausgehend ziehst Du die Energie mit einem einzigen, tiefen Atemzug in Dir durch den mittleren Pfeiler wieder empor, und in Deinem Kopf angelangt schießt sie aus Deiner Fontanelle empor wie das Wasser aus einem Springbrunnen. Die Energie perlt an allen Seiten an Deinem Körper entlang nach unten. Sie sammelt sich schließlich wieder in Malkuth. Von dort aus ziehst Du sie wieder empor bis zum Scheitel, aus dem sie erneut wie bei einem Springbrunnen hervorschießt, um schließlich wieder an der Außenhaut Deines Körpers herabzufließen.

Wiederhole diesen Kreislauf der Energie so oft es Dir angenehm ist.

Vergiss nicht, die gewonnenen Erfahrungen in Deinem Tagebuch festzuhalten und genau zu prüfen, ob und in welchen Situationen Du die auf diese Art erzeugte Energie auch im täglichen Leben nutzen kannst.

Die Großen Arkana

Die Großen Arkana sind die zweiundzwanzig Trümpfe oder Bildkarten des Tarot und bilden somit das Herzstück des gesamten Kartensystems. Jede Karte der Großen Arkana ist durchnumeriert, diesen Zahlen kommt bei der Deutung und der Be-Deutung der Karten ein erheblicher Stellenwert zu. Darüber hinaus besitzt jede Karte einen Titel, ein hebräisches Schriftzeichen, und jeder Trumpf ist entweder einem der zwölf Tierkreiszeichen, einem Element oder einem Planeten zugeordnet. Im Anhang dieser Schrift finden sich zahlreiche Literaturempfehlungen zum Tarot, zur Kabbalah und zur Verbindung beider Systeme. Es ist hier unsere Aufgabe, den praktischen Zugang durch Meditation zu ermöglichen, nicht erschöpfend das eine oder andere System zu behandeln und schon gar nicht das Tarot als Divinations-System zu beschreiben. Wer zurzeit tatsächlich noch in dem beneidenswerten Zustand der Unwissenheit ist, und wer noch nicht den deutschen Buchhandel durch unmäßigen Kauf einschlägiger Literatur bereichert hat, dem sei gesagt: Dem Unwissenden stehen alle Tore offen. Es sei empfohlen, sich zunächst der praktischen Reise zu widmen, darüber Tagebuch zu führen und erst nach Beendigung eines Reisezyklus die entsprechende Fachliteratur zu konsultieren.

Zum einen wird dieses Vorgehen das Vertrauen in das System stärken, denn die archetypischen Kräfte, die Du in den Karten persönlich erfahren wirst, können hinterher mit Hilfe der Literatur analysiert und bewertet werden. Es ist faszinierend, dass andere Menschen sehr ähnliche Dinge auf ihrem Pfad durch den Baum des Lebens und die Tarot-Trümpfe erlebt haben, wie man selbst. Es wächst die Erkenntnis, dass die Karten möglicherweise doch mehr sind, als lediglich ein netter Anlass zum Tagträumen. Zum anderen wirst Du die Bücher mit anderer Bewusstheit studieren, mit anderen Augen sehen und möglicherweise die eine oder andere Behauptung des Autors hinterfragen können. Stelle Dir vor, Du schaust Dir einen Bildband über Ägypten an. Du siehst Mumien, Pyramiden, den Nil, einen Markt, alles ganz nett fotografiert, Du bekommst ein bisschen Fernweh. Nun stelle Dir vor, Du hast soeben einen vierwöchigen Ägyptenurlaub beendet und schaust Dir den gleichen Bildband an. Du siehst den Marktplatz und hörst sofort die Händler rufen, schmeckst die mannigfaltigen Gerüche, die Dir der leichte, warme Wind zuträgt, spürst die Sonne auf Deiner Haut, erinnerst Dich, wie es sich anfühlte, auf dem Steinboden des Marktes zu stehen. Du schaust das Foto an und findest Dich mitten im Bild wieder.

Diese Gelegenheit hast nur Du, und Du hast sie auch nur jetzt. Also: Ein Harris/ Crowley-Tarot kaufen, ausprobieren, reisen, Tagebuch führen.

Der Weg der Schlange

Durch die Verbindung des Lebensbaumes, der hebräischen Buchstaben und der Tarot-Trümpfe entsteht ein multidimensionales Modell des Lebens, welches wir aus Forschungsgründen bereisen können, jedoch auch um sofortige, spürbare Veränderungen unserer Lebensumstände herbeizuführen. Erinnern wir uns: Meditation kann etwas sehr Praktisches sein und nicht unbedingt etwas, was uns auf einen wie auch immer gearteten, entrückten, seligen Zustand vorbereitet. Finden wir uns zum Beispiel in einer Situation, in der wir Opfer unserer eigenen Leidenschaften werden, die uns daran hindern, einen klaren Gedanken zu fassen und Übersicht über unsere Lebenssituation zu bekommen, empfiehlt es sich, den Weg von Netzach, der Sephira der Leidenschaften, zu Malkuth, der Basis, einzuschlagen über den Tarot-Trumpf XVIII, der Mond. Auf diesem Weg werden wir mit der Schattenseite unserer Triebe konfrontiert. Alternativ können wir auch den Weg zu Yesod wählen, um unsere Situation zu reflektieren oder auch den Weg der Zerstörung durch die Karte XVI, den Turm, auf dem uns die Augen geöffnet werden zur Sephira Hod, dem Verstand und der Fähigkeit, (neu) Struktur in unser Leben zu bringen. Und somit ist der Weg der Schlange ein Erkenntnisweg, der uns die Veränderungen in der Welt anhand eines universalen Symbols verstehen lässt und damit Veränderung in uns selbst fördert und fordert.

Traditionellerweise wird den Reisen eine Art Mantra-Meditation vorausgeschickt mit den Gottesnamen, Erzengeln und/oder Engelsnamen. Da dies jedoch ein Meditationsbuch ist, das sich exemplarisch und stark vereinfachend eines kabbalistischen Modells bedient, wollen wir den Zugang auch für jene geöffnet halten, die nur ungern Jehovah Zebaoth, den Herrn der Heerscharen, gemeinsam mit Sandalphon und den Beni Elohim, den Söhnen Gottes rufen wollen. Aus diesem Grund beschränken wir uns bei den Pfaden auf die hebräische Glyphe und bei den Sephiroth auf den Namen der jeweiligen Sphäre, um die religiösen Implikationen, wie zuvor bei den hinduistisch oder buddhistisch geprägten Meditationen, möglichst gering zu halten. So erhält der Übende ein stabiles Meditationsgefäß, in das er nach Belieben Religion füllen kann, er erhält ein funktionierendes Fahrzeug, welches er hernach in die Selbsterkenntnis, direkt zu Gott oder meinetwegen auch auf den *Highway to Hell* steuern kann.

Wem die hier skizzierten Reisen zu vorgekaut sind, der erschaffe sich eigene.

Dies ist ohnehin mehr als nur eine Empfehlung, auch wenn es nicht schaden kann, seine *eigenen* Eindrücke auf den Pfaden, die ein *anderer* Mensch angelegt hat, zu sammeln. Oder teerst Du jede Straße selbst, auf der Du fährst?

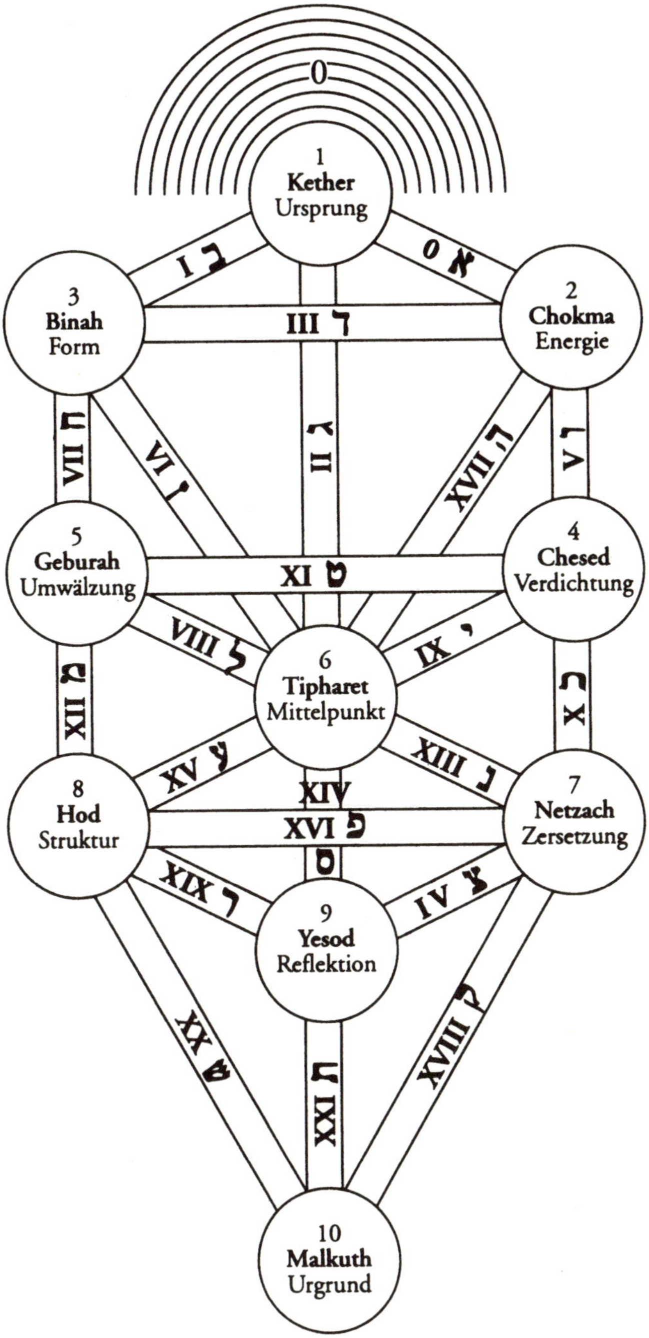

Die Pfade und die Tarot-Trümpfe auf dem Lebensbaum

Das Einrichten des Tempels

In Bollingen stand der Turm des berühmten Psychologen Carl Gustav Jung, in den er sich zurückzog, wenn er allein sein wollte. Möglicherweise entwickelte er hier seinen Zugang zur Spiritualität, seine Lehre der Archetypen, seine Auseinandersetzung mit den Theorien Freuds. Eigentlich weiß niemand so genau, ob es diesen Turm jemals wirklich gegeben hat. Vielleicht existierte er lediglich in der Phantasie Jungs, ein seelischer Schlupfwinkel. Viele große Magier, Mystiker und Kabbalisten aller Jahrhunderte waren in der Lage, ihren Tempel, die Wohnstätte ihrer Spiritualität, der Ort, an dem sie ihren Gottesdienst verrichteten, über die Grenzen von Zeit und Raum mit sich zu nehmen. Es handelte sich nicht in allen Fällen um Kirchen, Kapellen und Tempel aus Stein, sondern um die innere Vorstellung derselben. In der Meditation haben wir die Möglichkeit, diesen inneren Raum der Kraft zu betreten oder uns dorthin zurückzuziehen, wenn wir dies wünschen. Bevor Du eine neue Wohnung beziehst, wirst Du sie wahrscheinlich zunächst einmal anmieten, gründlich renovieren, Dir Gedanken machen, wie Du sie am besten und am schönsten einrichtest - und sie schließlich mit einem Haufen Plunder voll stopfen, den Du schon in der alten Wohnung nicht wirklich benötigst hast. Im Prinzip ist das Einrichten dieses inneren Raumes nichts anderes, nur hat dieser den Vorteil, dass Du ihn mitnehmen kannst, wohin auch immer Du gehst, und ihn, wenn Du dies möchtest, vor anderen Menschen geheim halten kannst. Er ist in der Regel vollkommen einbruchsicher, hier kannst Du die Dinge und Erinnerungen aufbewahren, die es Deiner Ansicht nach wert sind, über die Zeit „gerettet" zu werden. An diesem Ort herrschen Deine Gesetze, so musst Du zum Beispiel bei der Einrichtung keine Rücksicht auf oftmals störende Nebensächlichkeiten wie die Schwerkraft nehmen. Wenn Du Deinen Lieblingssessel unter der Decke haben möchtest und Du gerne kopfüber sitzt, bitte sehr.

Im folgenden ein Beispiel eines möglichen, einfachen, inneren Meditationsraumes, der Ausgangspunkt für Deine Reisen und Meditationen werden kann. Er ist immer nur eine Tür weiter, ganz gleich, wo Du Dich gerade befindest. Er ist jederzeit zu verändern und umzugestalten. Wenn Du diesen Raum eines Tages satt hast, so reiße Dein Gedankengebäude bis auf die Grundmauern ein und errichte ein passenderes, neues, schöneres. Keine Angst, da ist nichts Heiliges an diesem inneren Tempel, bis auf den Gedanken, in dem Du ihn errichtet hast und dem Ziel, dem Du ihn geweiht hast. Beides Ideen, die unabhängig sind von Bausteinen, unabhängig davon, ob diese psychischer oder physischer Natur sind.

Setze Dich in Dein Asana. Schließe die Augen. Bereite Dich mit den Dir bekannten Techniken vor. Zentriere Deinen Geist, entspanne Deinen Körper, beruhige Deine Gedanken und Deine Atmung. Stelle Dir nun vor, dass Du Dich hinstellst. Du blickst an Dir herab und siehst Deinen meditierenden Körper unter Dir nach wie vor im Asana sitzen, Du selbst jedoch kannst nun einen Schritt nach vorn machen, Dich umdrehen und Deinem meditierenden Körper nun gegenüberstehen. Du beobachtest, wie Dein Körper die Augen geschlossen hat und in Meditation versunken ruhig atmet. Als nächstes blickst Du an Dir selbst herunter. Du gleichst Deinem physischen Körper exakt, trägst die gleiche Kleidung und kannst all das tun, was Du auch in Deinem „normalen“ Körper tun kannst. Nun schau Dich in Deinem Meditationsraum um. Betrachte alles genau, Du findest es genauso vor, als wenn Du in Deinem Körper stecken würdest und die Augen geöffnet hättest. Orientiere Dich so eine Weile. Wenn Du soweit bist, gehe zur Zimmertür. Strecke die Hand aus und drücke die Türklinke herunter. Du spürst das kühle Metall in Deiner Hand. Dann öffne die Tür. Was Du jetzt siehst, ist nicht das Bild, was Dir normalerweise hinter dieser Tür vertraut ist. Du siehst einen großen, schönen Raum mit weißen Wänden, einem schneeweißen, glatten Fußboden. Es gibt keine Fenster und trotzdem ist er hell und freundlich. Auf der gegenüberliegenden Seite des Raumes befindet sich eine weitere Tür. Du gehst in den Raum hinein und siehst Dich erst mal gründlich um. Dann verlasse den Raum wieder durch die gleiche Tür, durch die Du gekommen bist, gehe in den Raum, in dem Deine kleine Reise ihren Anfang nahm, verschließe die Tür hinter Dir. Du siehst nun wieder Deinen Körper vor Dir auf dem Boden sitzen. Stelle Dich in Deinen Körper und setze Dich so hin, dass Du wieder deckungsgleich bist mit Deinem Leib. Schließlich beende den kleinen Spaziergang, atme tief durch, strecke Dich und öffne die Augen. Du hast nun soeben Deinen inneren Tempel besichtigt, noch im Rohbau, aber bereits Dein eigen. Mache es nun genau so, als wenn Du Deine zukünftige Wohnung das erste Mal gesehen hättest. Fertige einen Grundriss an, stelle Dir vor, welche Farbe Wände und Decke bekommen sollen, aus welchem Material und in welcher Farbe der Fußboden gestaltet werden wird. Möchtest Du den Tempel eher spartanisch halten oder prachtvoll einrichten? Goldene Säulen und Schreine angefüllt mit edlen Kostbarkeiten oder ganz schlicht ein kleines Meditationskissen in der Mitte des Raumes?

Nach einer Weile reise auf die gleiche Weise erneut in Deinen Tempel und richte ihn so ein, wie Du es geplant hast. Wenn Du möchtest, gib ihm einen Namen. Mein Tempel zum Beispiel heißt... nein, das geht Dich nun wirklich nichts an...

Von diesem Ort aus kannst Du alle Meditationen durchführen, es ist nichts speziell hermetisches oder kabbalistisches an dieser Idee.

Im folgenden werden wir mögliche passive und aktive Reiserouten auf dem kabbalistischen Lebensbaum vorstellen bis zum Schleier „Paroketh“, der in der kabbalistischen Lehre die unteren vier Sphären Malkuth, Yesod, Hod und Netzach von der solaren Wiedergeburt in Tiphareth trennt. Dieser Schleier ist ein Schutz des Baumes vor allzu forschen Wanderern, aber auch ein Schutz für Wanderer vor dem Baum. Es ist ohne weiteres möglich für jeden Ungeübten, in den Mittelgebirgen Deutschlands herumzukraxeln. Dies sollte jedoch auch tatsächlich getan werden, bevor (!) der Schweizurlaub gebucht wird und auf ein paar tausend Metern der Pilatusgipfel erklommen werden soll. Der Schleier Paroketh trennt also die Mittelgebirge von den

Alpen. Die oberen drei Sephiroth werden von den unteren nicht nur durch einen Schleier, sondern einen ausgewachsenen Abgrund getrennt. Dies ist die Trennlinie, um im Bild zu bleiben, zwischen den Schweizer Alpen und den schneebedeckten Gipfeln des Himalaya. Jeder Wanderer, der weiterlaufen möchte, als bis zum Schleier, sei explizit ermutigt und angehalten, eigene Pfade zu erkunden und sich aufgrund der Erfahrungen in den *Passiven Reisen*, die Grundlagen der geleiteten *Aktiven Reisen* zu schaffen und diese selbst zu verfassen.

Die Sephira Malkuth

Passive Malkuth-Reise

0

Setze Dich in Dein bevorzugtes Asana. Wenn Du magst, lege Dich auf den Rücken und lege die Beine auf einen Stuhl, strecke sie an einer Wand empor oder lege Dir ein Meditationskissen unter die Knie und die Waden, damit diese erhöht liegen. Bereite Dich mit den Dir bekannten Techniken auf die Reise vor. Zentriere Deinen Geist, entspanne Deinen Körper, beruhige Deine Gedanken und Deine Atmung. Betritt auf die zuvor beschriebene Art und Weise Deinen inneren Tempel und setze Dich dort ins Asana, das logischerweise nicht mit Deinem Asana in der äußeren Welt übereinstimmen muss.

I

Atme ruhig und gleichmäßig ein. Beim Einatmen flüstere ein stimmloses *„Malkuth"*, halte kurz die Luft an, dann atme aus und intoniere, während die Luft Deine Lungen verlässt, erneut leise, aber mit kräftiger Stimme: *„Malkuth"*. Halte kurz inne, bevor Du Deine Lungen wieder mit Luft füllst und das stimmlose *„Malkuth"* erklingen lässt. Auf diese Weise „schwingst" Du Dich auf die entsprechende Sephira ein, ohne sie visualisieren zu müssen. Wiederhole diesen Atemzyklus mindestens fünfzig Mal.

II

Erhebe Dich nun in Deinem inneren Tempel und öffne die Augen. Die zweite Tür des Raumes ist nun von rotbrauner Farbe, und in großen Lettern steht *Malkuth* auf ihr geschrieben. Du öffnest diese Tür, gehst hindurch und schließt die Tür hinter Dir. Du stehst nun inmitten der Landschaft von Malkuth, dem Königreich, der irdischen Welt. Erinnere Dich: Malkuth ist allen vier Elementen, Feuer, Wasser, Erde und Luft, zugeordnet, denn ihr Zusammenspiel macht die manifestierte Welt aus. Lasse diese Landschaft langsam vor Dir auftauchen.

Mache Dir keine Sorgen, wenn Du zunächst scheinbar nichts siehst. Es gibt keinen Grund SCHWARZ zu sehen. Da ist nie nichts und nie nur schwarz. Versuche etwas wahrzunehmen. Wie tief ist das Schwarz, das Du siehst, gibt es einige Lichtpunkte oder andersfarbige Flecken in dem Schwarz? Hörst Du etwas? Riechst Du etwas? Schmeckst Du etwas? Fühlst Du etwas? Schaue an Dir herab, kannst Du Deine Füße erkennen, auf welchem Boden stehen sie? Stelle Dir vor, dass Du in die Hocke gehst und den Boden berührst, ist es Erde, sind es Steine, ist es Gras?

So kannst Du Dich von Wahrnehmung zu Wahrnehmung begeben, so langsam die Welt erfahren und Dein Bild von dieser Welt vervollständigen.

Es könnte sein, dass Du bei Deiner Reise Menschen und Tiere triffst, die unglaubliche Dinge können und wissen. Begegne ihnen, wie Du auch in Deiner normalen Welt anderen Wesen begegnen würdest. Freundlich, aufgeschlossen, aber durchaus kritisch. Möglicherweise findest Du Seelenführer, Krafttiere oder Reiseleiter, Lehrer, erleuchtete Meister oder orakelnde Hohepriesterinnen in der Gestalt von Menschen, Göttern, Dämonen, Teufeln, Fabelwesen, Tieren, Pflanzen, Steinen oder abstrakten Figuren. Es *könnte* sein, dass dies innere Instanzen Deines Unbewussten sind, die sich Dir in einer Form zeigen, die Du wahrnehmen kannst, damit sie endlich mit Dir kommunizieren können. Doch wenn ein solches Wesen auch erstaunliche Dinge weiß oder kann, Du musst und solltest nicht alles kritiklos glauben und tun, was diese inneren Instanzen Dir möglicherweise vorschlagen.

Wenn sich die Landschaft um Dich herum gebildet hat, blicke Dich noch einmal um und schau auf die Tür zu Deinem Tempel, die sich hinter Dir befindet und dort auf Deine Rückkehr wartet. Blicke an Dir herab und sieh die Sandalen, die vor Dir auf dem Boden liegen. Wechsle Dein Schuhwerk, ziehe die Sandalen an und mache Dich nun auf den Weg und suche den Altar der gekrönten Königin der Natur. Es ist kennzeichnend für eine solche Reise, dass wir nicht wie zum Beispiel bei einer reinen Phantasiereise alles nach unseren Wünschen gestalten können, sondern sich wie im „normalen" Leben Widerstände und Blockaden aufbauen können, so dass wir oftmals auf Hilfe angewiesen sind. Nimm auf Deiner Reise also ruhig auch Hilfe in Anspruch, wenn Dir Wesen begegnen.

III

Schließlich gehe zurück zur Tür Deines inneren Tempels.

Habe keine Furcht, dass Du den Weg vergessen könntest. Dein Geist kennt den Weg zurück zu Deinem Körper sehr gut. Es ist das Geschwätz männlicher und weiblicher Waschweiber, dass sich ein Reisender in der Anderswelt verirren kann und für immer dort bleiben könnte. Im Fall aller Fälle rufe die Tür einfach und sie wird vor Dir erscheinen. Sei jedoch achtsam bei der Verwendung von Drogen und bei vorliegenden psychischen Erkrankungen. Erstgenanntes lass vollständig bleiben vor oder bei Reisen, bei letztgenanntem frage vorher Deinen Arzt bezüglich eventueller Komplikationen.

Schließlich öffne die Tür, gehe zurück in Deinen Tempel, schließe die Tür gut und setze Dich in Dein Asana zurück. Intoniere dreißig Mal *„Malkuth"* oder, noch besser, Dein persönliches Mantra. Schaue Dir hierzu noch einmal das Kapitel „Mantra" an. Dann erhebe Dich, verlasse den Tempel und betritt den Raum, in dem Deine Reise ihren Anfang nahm. Du siehst nun wieder Deinen Körper vor Dir auf dem Boden sitzen. Stelle Dich in Deinen Körper und setze Dich so hin, dass Du wieder deckungsgleich bist mit Deinem Leib. Schließlich atme tief durch, strecke Dich und öffne die Augen.

IV

Notiere Deine Reiseberichte im Tagebuch. Mit der Zeit können aus den ersten Erkundungsreisen auch gezielte Reisen werden, zum Beispiel, um neue Freunde in der Anderswelt aufzusuchen, um nach Rat zu fragen, zu spielen oder um eine Vision zu suchen.

Anmerkung: Wie bei fast allen Meditationen kann es sinnvoll, amüsant und interessant sein, in der Gruppe zu meditieren. Der Austausch über die gemachten Erfahrungen kann den eigenen Horizont erheblich erweitern, des weiteren hat man oft eine höhere Motivation, wenn man gemeinsam meditiert. Bei den Reisen gibt es darüber hinaus die Möglichkeit, quasi als Reisegruppe gemeinsam zu reisen. Dabei versuchen alle Teilnehmer, die anderen in der jeweiligen Welt zu treffen. Nach der Reise werden Übereinstimmungen und Differenzen in der Wahrnehmung der Reise gesucht. Bei einer weiteren Variante berichten sich die Teilnehmer fortlaufend, was sie sehen, dies vereinfacht gemeinsames Reisen erheblich.

Aktive Malkuth-Reise

0

Bei der aktiven Malkuth-Reise handelt sich um eine geführte Meditation. Wenn Du magst, sprichdie folgende Reise wie auch die anderen aktiven Reisen, die noch folgen werden, auf Tonband und spiele Sie ab, nachdem Du die Mantraübung unter Punkt I durchgeführt hast. Genauso ist es jedoch auch möglich, dass Du Dir die wichtigsten Stationen der Reise als Orientierungspunkte merkst und relativ frei reist.

Setze Dich in Dein bevorzugtes Asana. Zentriere Deinen Geist, entspanne Deinen Körper, beruhige Deine Gedanken und Deine Atmung. Betritt auf die zuvor beschriebene Art und Weise Deinen inneren Tempel und setze Dich dort ins Asana, das logischerweise nicht mit Deinem Asana in der äußeren Welt übereinstimmen muss.

I

Atme ruhig und gleichmäßig ein. Beim Einatmen flüstere ein stimmloses *„Malkuth“*, halte kurz die Luft an, dann atme aus und intoniere, während die Luft Deine Lungen verlässt, erneut leise, aber mit kräftiger Stimme: *„Malkuth“*. Halte kurz inne, bevor Du Deine Lungen wieder mit Luft füllst und das stimmlose *„Malkuth“* erklingen lässt. Auf diese Weise „schwingst“ Du Dich auf die entsprechende Sephira ein, ohne sie visualisieren zu müssen. Wiederhole diesen Atemzyklus mindestens fünfzig Mal.

II

Erhebe Dich nun in Deinem inneren Tempel und öffne die Augen. Schaue an Dir herab. Du trägst einen schwarzen Umhang, der Dich vollständig einhüllt, unter diesem Umhang trägst Du nichts. Der Stoff, aus dem der Umhang gefertigt wurde, ist grob und schwer. Deine Füße sind nackt.

Die zweite Tür des Raumes ist nun von rotbrauner Farbe und in großen Lettern steht *Malkuth* auf ihr geschrieben. Du öffnest diese Tür, gehst hindurch in die Nacht von Malkuth und schließt die Tür hinter Dir. Du stehst nun inmitten der dunklen Landschaft von Malkuth, dem Königreich, der irdischen Welt.

Deine nackten Füße stehen auf dunkelbraunem, festem Lehm. Du blickst Dich um. Soweit Du bei der Dunkelheit blicken kannst, siehst Du nur eine ebene Fläche aus diesem braunen, rissigen Lehm. Du fühlst Dich, als wenn Dich eine unbekannte Hand inmitten einer endlosen Wüste ausgesetzt hätte. Vorsichtshalber blickst Du Dich um und vergewisserst Dich, dass die Tür zu Deinem Tempel noch immer hinter Dir ist. Nun richtest Du Deinen Blick auf den Nachthimmel über Dir. Der volle Mond steht direkt über Dir und taucht die Szenerie in kaltes, weißes Licht. Dichte Wolkenberge werden vom leichten, kühlen Wind langsam an der weißen Mondkugel vorbeigeschoben, nur vereinzelt sind Sterne zu beobachten.

Mache Dich nun auf den Weg, wähle eine Himmelsrichtung und gehe los.

Du marschierst eine Weile auf diese Weise, ohne dass Du auch nur die geringste Veränderung an der Landschaft um dich herum feststellen kannst. Deine Fußsohlen sind kalt geworden durch den ständigen Kontakt mit dem kühlen, festen Lehm. Du setzt Deinen Weg unbeirrt fort, in dem Wissen, ein Ziel zu haben in dieser Nacht auf der Erde, ohne genau zu wissen, wo dieses liegt und wie es aussehen könnte. Plötzlich bewegt sich etwas am Boden vor Dir. Ein Feuersalamander kreuzt keine zwei Schritte von Dir entfernt Deinen Weg. Seine schwarze und gelbe Färbung schimmert, und seine glänzende Haut reflektiert das fahle Mondlicht. Du folgst seinem Weg, doch er ist flink und schnell, Du beginnst zu laufen und hast einige Mühe, in Sichtweite zu bleiben. Schließlich verschwindet der Salamander in der Dunkelheit, Du suchst kurz nach ihm und gibst die Suche schlussendlich auf. Du bist etwas außer Atem, und Dein Herz klopft wie eine innere Trommel den Rhythmus Deiner Reise. Langsam atmest Du ein, und Dir fällt auf, dass ein angenehmer Geruch von feuchtem Gras und Holz vom Wind zu Dir geweht wird. Die Trommelschläge Deines Herzens verlangsamen sich, und Du lauschst dem Wind, der über Dein Gesicht streicht, und das Gluckern eines Bachlaufes zu Dir trägt. Der Salamander hat Dich also doch an Dein Ziel gebracht.

Du folgst den Geräuschen und gehst in die Richtung des feinen, kaum wahrnehmbaren Geruches der Vegetation. Das Sprudeln und Gluckern des Baches wird allmählich lauter. Schließlich siehst Du ihn, wie er gleich einem silbernen Band die karge, wüstenähnliche Landschaft, die Du durchwandert hast, von einem grünen Streifen Gras und Farn trennt.

Hinter dieser Uferzone ragen wie eine dunkle, hölzerne Mauer riesige Bäume in den Nachthimmel und versperren den Blick. Du stehst nun direkt vor dem Bach, er ist gerade so breit, dass Du ihn überspringen kannst. Du gehst einige Schritte zurück, nimmst Anlauf, überspringst ihn mit einem gewaltigen Satz und landest auf der anderen Seite im feuchten Gras und schaust zurück auf die Seite des Bachlaufes, von der Du gekommen bist. Am Horizont steht der Vollmond, doch das fahle, kalte Licht des Mondes bekommt Gesellschaft durch die ersten Sonnenstrahlen des neuen Tages. Ohne, dass der Mond am Horizont versinkt, erhebt sich hinter ihm die Sonne und überstrahlt ihn. Dir wird bewusst, dass Du nun sowohl die Sephira Yesod, als auch die Sephira Tiphareth von diesem Platz aus sehen kannst. Die Wärme der Sonnenstrahlen macht Dir erst bewusst, wie ausgekühlt Dein Körper ist nach dem Marsch durch die Nacht der Erde. Du stehst auf und gehst zwischen den dichten Bäumen hindurch in den Wald. Die Sonne scheint durch die Bäume und taucht den Wald in ein faszinierendes Spiel aus goldenem Licht und Schatten. Du streifst eine Zeitlang durch den Wald.

Dann siehst Du vor Dir einen großen, grasbewachsenen Hügel, auf dem sich nur ein einziger Baum befindet. Der Baum ist viel größer als die anderen, und die Wurzeln durchbrechen den Erdboden des Hügels an vielen Stellen, durchziehen ihn wie Adern, umklammern ihn wie die Finger einer knochigen Hand. Du gehst hinauf, doch schon nach wenigen Schritten hältst Du inne. Du hast nicht das Gefühl, dass der Baum größer wird, je näher Du ihm kommst, sondern dass Du selbst immer kleiner wirst. Du gehst weiter auf den Baum zu, und mit jedem Schritt kommt Dein Kopf dem Erdboden näher. Wieder hältst Du inne, drehst Dich um, siehst hinter Dir die anderen Bäume des Waldes gewaltig emporragen. Tatsächlich: Jeder Schritt auf diesen Baum zu macht Dich ein gehöriges Stück kleiner. Du wendest Deinen Blick wieder dem Baum zu und an der Stelle, an der die Wurzeln des Stammes beginnen, in den Boden zu kriechen, siehst Du einen kleinen Eingang wie in eine hölzerne Höhle. Noch vor wenigen Schritten hast Du ihn lediglich für einen kleinen schwarzen Schatten gehalten. Du gehst weiter, und der Baum wächst und wächst, und mit ihm wird auch das schwarze Loch im Stamm immer größer, bis es genauso groß ist wie Du selbst. Ein kühler Wind kommt Dir entgegen aus der hölzernen Dunkelheit. Du nimmst all Deinen Mut zusammen und verlässt die wärmenden Sonnenstrahlen und den Wald und betrittst das Innere des Baumes. Du befindest Dich in einem kleinen, fast kreisrunden Raum, in den nur wenig Licht von draußen fällt. Du siehst Dich in Ruhe um und entdeckst in einer Nische eine hölzerne Tür. Sie lässt sich leicht öffnen. Hinter der Tür führt ein schmaler Gang in das Erdreich hinab. Du gehst hinein, durch die geöffnete Tür dringt zunächst noch etwas Licht zu Dir, schließlich umgibt Dich nur noch Dunkelheit. Langsam und sehr vorsichtig tastest Du Dich an der Wand lang und setzt einen Fuß behutsam vor den anderen. Dann hörst Du plötzlich den dumpfen Klang von entfernten Trommeln, die tausendfach von den hölzernen Wänden widerklingen. Du gehst weiter, und allmählich werden die Trommeln lauter, während sich der Gang tiefer und tiefer ins Reich der Wurzeln hinabschlängelt. Flackerndes Licht kriecht Dir an den Wänden entgegen, und Du weißt nun, dass irgendwo hinter einer der nächsten Wegbiegungen ein Feuer brennen wird. Das Licht, welches die Wände flackernd und zuckend erhellt, wird immer wieder durch umherspringende Schatten unterbrochen.

Dann endlich mündet der Gang in einen großen, wild von knorrigem Holz umschlungenen Hohlraum, tief unter dem Baum verborgen. In der Mitte des Raumes brennt ein großes Feuer, um das zehn seltsame Gestalten tanzen und Handtrommeln schlagen. Es sind kleine, nackte Männer und Frauen, die über und über mit Lehm und Schlamm bedeckt sind. Sie winken Dir zu und fordern Dich auf, sich ihnen anzuschließen. Nach kurzem Zögern lässt Du Deinen schwarzen Umhang fallen und stellst Dich neben das Feuer. Zwei der Gestalten kommen auf Dich zu, ein Mann und eine Frau. Sie grinsen Dich an und beginnen, Deinen ganzen Körper mit warmem, dunkelbraunem Lehm und tiefschwarzem Schlamm einzuschmieren. Du spürst ihre Hände und den warmen Schlamm auf Deiner Haut. Du hörst das rhythmische Schlagen der Trommeln, freust Dich bereits darauf, mit den anderen Wesen zu tanzen. Dann ist es endlich soweit, die beiden Gestalten geben Dich frei, und Du reihst Dich ein in den Tanz um das große Feuer.

Nach einer ganzen Weile, in der Du gelacht und getanzt hast, verstummen die Trommeln urplötzlich. Eine Seite des Raumes ist jetzt in olivgrünes Licht getaucht. Erst jetzt erkennst Du den hölzernen Altar, der in der Ecke des Raumes steht. Der Altar ist über und über mit Erde bedeckt und kleine Blumen in allen Farben sprießen aus ihr. In der Mitte des Altares steht ein silberner Kelch. Das olivgrüne Licht breitet sich allmählich aus im Raum, es erhellt nun auch die schlammbedeckten Gestalten, mit denen Du noch vor wenigen Augenblicken getanzt hast. Du blickst Dich gemeinsam mit ihnen um und siehst eine Königin in grünen Gewändern und mit goldener Krone den Raum durchqueren. Sie stellt sich hinter den Altar und erhebt den silbernen Kelch hoch über ihren Kopf. Schweigend geht jedes der Erdgeschöpfe im Raum einzeln nach vorne und trinkt einen ganzen Kelch, der offenbar niemals leer zu werden scheint. Als letztes bist Du an der Reihe. Du gehst nach vorn, schaust der Königin in das stolze Gesicht und empfängst den Kelch von ihr. Du nimmst den ersten Schluck und schmeckst, dass es reines, klares Quellwasser ist, das Deine Kehle kühlt. Du nimmst den zweiten Schluck und spürst, wie die Klarheit des Wassers Dich selbst und Deinen Geist mit Klarheit erfüllt. Beim dritten Schluck hast Du das Gefühl, dass Dein ganzer Körper bis in den letzten Winkel von diesem Wasser gereinigt wird. Beim vierten Schluck erinnerst Du Dich an die Reise durch die karge Landschaft, durch die Du an diesen Quell des Lebens gelangt bist. Beim fünften Schluck denkst Du an den Feuersalamander. Beim sechsten Schluck an die Sonne hinter dem Mond. Beim siebten Schluck an den Wald und die ersten, wärmenden Sonnenstrahlen. Beim achten Schluck siehst Du vor Dir wieder den großen, wundersamen Baum, unter dem Du Dich gerade befindest. Beim neunten Schluck erinnere Dich an den Tanz mit den Erdgeschöpfen. Beim zehnten

Schluck sei ganz und gar bei der Königin dieses Reiches. Dankbar reichst Du der Königin den Kelch zurück. Dann breitet sich ein freundliches, wissendes und warmherziges Lächeln auf ihrem stolzen Gesicht aus, ihre Lippen öffnen sich und sie spricht ein einziges Wort zu Dir: „Geh."

Du drehst Dich langsam um, denn eigentlich möchtest Du noch nicht fort von diesem Ort voller Rhythmus, Schweigen und des einen Wortes, „geh". Dann gehst Du langsam zu Deinem Umhang und wunderst Dich, dass neben ihm nun ein paar Sandalen auf Dich warten. Du erinnerst Dich jedoch gut daran, dass Deine Füße auf dem Weg über den rissigen, kühlen Lehmboden in der Einöde geschmerzt haben und bist dankbar für dieses Geschenk der Bewohner des Erdreiches. Du hüllst Dich in Deinen Umhang, ziehst die Sandalen an, und ohne Dich noch einmal umzudrehen, machst Du Dich auf den Rückweg durch den Gang. Schließlich erreichst Du wieder die Tür und den oberen, kleinen Raum. Du schließt die hölzerne Tür hinter Dir, durchquerst den Raum und schreitest ins Freie. Während Du den grasbewachsenen Hügel hinabläufst, bemerkst Du, wie Du nach und nach wieder zu Deiner normalen Größe heranwächst. Am Fuße des Hügels rufe die Tür zu Deinem Tempel. Wenn Sie nicht sofort erscheint, rufe Dein persönliches Mantra oder Deinen Namen.

III

Schließlich öffne die Tür, gehe zurück in Deinen Tempel, schließe die Tür gut und setze Dich in Dein Asana zurück. Intoniere dreißig Mal *„Malkuth"* oder, noch besser, Dein persönliches Mantra. Dann erhebe Dich, verlasse den Tempel und betritt den Raum, in dem Deine Reise ihren Anfang nahm. Du siehst nun wieder Deinen Körper vor Dir auf dem Boden sitzen. Stelle Dich in Deinen Körper und setze Dich so hin, dass Du wieder deckungsgleich bist mit Deinem Leib. Schließlich atme tief durch, strecke Dich und öffne die Augen.

IV

Notiere Deine Reiseberichte im Tagebuch.

Pfad XXI, das Universum

0

Setze Dich in Dein Asana. Bereite Dich mit den Dir bekannten Techniken auf die Reise vor. Zentriere Deinen Geist, entspanne Deinen Körper, beruhige Deine Gedanken und Deine Atmung. Stelle vor Dich den Tarot-Trumpf XXI, das Universum, und zwischen Dich und die Karte eine Kerze, jedoch so, dass das Kerzenlicht nicht störende Reflektionen auf der Karte bildet. Wenn Du magst, fertige eine DIN A4-Farbkopie von der Karte und ziehe diese auf Karton, das vereinfacht die Wahrnehmung der Details und auch ganz allgemein die Konzentration auf die Karte. Schaue Dir die Karte genau an, speichere vor Deinem inneren Auge möglichst viele Details. Schließe zwischenzeitlich immer mal wieder die Augen und versuche, einzelne Elemente der Karte oder auch das gesamte Bild vor Deinem inneren Auge abzubilden. Erst wenn Du den Tarot-Trumpf weitgehend aus der Erinnerung abrufen kannst, gehe weiter. Lasse also im Zweifelsfall einige Sitzungen vergehen, bis Du mit dem nächsten Punkt voranschreitest.

Schließlich betritt auf die bekannte Art und Weise Deinen inneren Tempel und setze Dich auch dort ins Asana.

I

Atme ruhig und gleichmäßig ein. Beim Einatmen flüstere ein stimmloses *„Tau"*, halte kurz die Luft an, dann atme aus und intoniere, während die Luft Deine Lungen verlässt, erneut leise, aber mit kräftiger Stimme: *„Tau"*. Halte kurz inne, bevor Du Deine Lungen wieder mit Luft füllst und das stimmlose *„Tau"* erklingen lässt. Auf diese Weise „schwingst" Du Dich auf den Pfad XXI ein. Wiederhole diesen Atemzyklus einundzwanzig Mal.

II

Erhebe Dich nun in Deinem inneren Tempel und öffne die Augen. Schaue an Dir herab. Du trägst einen schwarzen Umhang, der Dich vollständig einhüllt, unter diesem Umhang trägst Du nichts. Deine Füße sind nackt.

Dort, wo sich zuvor die zweite Tür des Raumes befunden hat, ist nun in gleicher Größe ein exaktes Abbild der Tarotkarte XXI zu sehen. Mit jedem Schritt, den Du auf die Karte zugehst, wird diese lebendiger. Schließlich machst Du den entscheidenden Schritt aus Deinem inneren Tempel heraus und in die Karte hinein. Die Welt des Pfades XXI umgibt Dich nun vollends. Deine Reise beginnt.

Korrespondenzen zum Pfad XXI, die möglicherweise in Deiner Reise einen Platz einnehmen werden: Tau ist der entsprechende hebräische Buchstabe zum Pfad XXI und dem Tarot-Trumpf „Das Universum" zwischen Malkuth und Yesod. Aleister Crowley schreibt: *„Das Universum ist die Ergänzung des Narren („Aleph"). Sie ist dem Buchstaben „Tau" zugeordnet. Diese beiden Karten bilden demgemäß das Wort „Ath", das Essenz bedeutet. Die gesamte Wirklichkeit ist infolgedessen in der Reihe zusammengefasst, von der diese zwei Buchstaben den Anfang und das Ende bilden. Dieser Anfang war das Nichts, das Ende muss somit auch das Nichts sein, jedoch das Nichts in seiner vollständigsten Ausfaltung."* Stichworte sind: Vollendung, Erlösung, kosmische Vereinigung, Schlange, Lebensfreude, Todesgewissheit, Gesamtheit, Tanzen angesichts der Erkenntnis. Der Planet Saturn ist diesem Pfad zugeordnet. Alles Übrige sollte sich aus der Darstellung auf der Karte von selbst ergeben.

Versuche auch folgendes: Gebe Deiner ansonsten sehr frei durchgeführten Reise ein Mindestmaß an Struktur. Nachdem Du Deinen inneren Tempel verlassen hast, befindest Du Dich in einem großen Kreis auf dem Boden, auf dem das Wort: *„Malkuth"* geschrieben steht. Vor Dir erstreckt sich zwischen diesem Kreis und einem weiteren, sehr weit entfernten Kreis, der mit *„Yesod"* beschriftet ist, eine riesige Brücke. Du machst Dich auf den Weg und betrittst auf diese Weise den Pfad XXI, der direkt über die Brücke führt. Auf dieser Brücke können Dir die Darstellungen des Tarot-Trumpfes begegnen, auf diesem Weg zwischen den Sphären ist alles möglich.

III

Schließlich nimm den gleichen Weg zurück zur Tür Deines inneren Tempels. Öffne die Tür, gehe zurück in Deinen Tempel, schließe die Tür gut und setze Dich in Dein Asana zurück. Intoniere einundzwanzig Mal „*Tau*“ oder Dein persönliches Mantra. Dann erhebe Dich, verlasse den Tempel und betritt den Raum, in dem Deine Reise ihren Anfang nahm. Du siehst nun wieder Deinen Körper vor Dir auf dem Boden sitzen. Stelle Dich in Deinen Körper und setze Dich so hin, dass Du wieder deckungsgleich bist mit Deinem Leib. Schließlich atme tief durch, strecke Dich und öffne die Augen.

IV

Notiere Deine Reiseberichte im Tagebuch.

Die Sephira Yesod

Passive Yesod-Reise

0

Setze Dich in Dein Asana. Bereite Dich mit den Dir bekannten Techniken auf die Reise vor. Zentriere Deinen Geist, entspanne Deinen Körper, beruhige Deine Gedanken und Deine Atmung. Betritt auf die bekannte Art und Weise Deinen inneren Tempel und setze Dich auch dort ins Asana.

I

Atme ruhig und gleichmäßig ein. Beim Einatmen flüstere ein stimmloses *„Yesod"*, halte kurz die Luft an, dann atme aus und intoniere, während die Luft Deine Lungen verlässt, erneut leise, aber mit kräftiger Stimme: *„Yesod"*. Halte kurz inne, bevor Du Deine Lungen wieder mit Luft füllst und das stimmlose *„Yesod"* erklingen lässt. Auf diese Weise „schwingst" Du Dich auf die entsprechende Sephira ein. Wiederhole diesen Atemzyklus mindestens fünfzig Mal.

II

Erhebe Dich nun in Deinem inneren Tempel und öffne die Augen. Schaue an Dir herab. Du trägst einen blauen Umhang, der Dich vollständig einhüllt, unter diesem Umhang trägst Du nichts. Der Stoff, aus dem der Umhang gefertigt wurde, ist grob und schwer. Deine Füße sind nackt.

Die zweite Tür des Raumes ist nun von violett-blauer Farbe und in großen Lettern steht *Yesod* auf ihr geschrieben. Du öffnest diese Tür, gehst hindurch und schließt sie hinter Dir. Du stehst nun inmitten der Landschaft von Yesod.

Korrespondenzen zu Yesod, die möglicherweise in Deiner Reise einen Platz einnehmen werden: Ein Kelch, ein Spiegel, violett-blaue Farbe, ein nackter und kräftiger Mann. Erinnere Dich: Yesod ist das Fundament und ist eng verbunden mit dem Unterbewusstsein. Yesod leitet als neunte Sephira die menschliche Seele, den Biorhythmus, die Gezeiten, die weibliche Periode. Yesod ist mit dem Mond verbunden, wenn Du Deine Füße auf die Erde Malkuths stellst und den Blick in Dein Inneres wagst, wird das erste, was Du siehst, ein Ausdruck der Kräfte Yesods sein.

III

Schließlich gehe zurück zur Tür Deines inneren Tempels.

Wenn Du „abkürzen“ möchtest, dann rufe die Tür einfach und sie wird vor Dir erscheinen. Schließlich öffne die Tür, gehe zurück in Deinen Tempel, schließe die Tür gut und setze Dich in Dein Asana zurück. Intoniere dreißig Mal *„Yesod“* oder Dein persönliches Mantra. Dann erhebe Dich, verlasse den Tempel und betritt den Raum, in dem Deine Reise ihren Anfang nahm. Du siehst nun wieder Deinen Körper vor Dir auf dem Boden sitzen. Stelle Dich in Deinen Körper und setze Dich so hin, dass Du wieder deckungsgleich bist mit ihm. Schließlich atme tief durch, strecke Dich und öffne die Augen.

IV

Notiere Deine Reiseberichte im Tagebuch.

Aktive Yesod-Reise

0

Setze Dich in Dein bevorzugtes Asana. Zentriere Deinen Geist, entspanne Deinen Körper, beruhige Deine Gedanken und Deine Atmung. Betritt auf die zuvor beschriebene Art und Weise Deinen inneren Tempel und setze Dich dort ins Asana.

I

Atme ruhig und gleichmäßig ein. Beim Einatmen flüstere ein stimmloses *„Yesod“*, halte kurz die Luft an, dann atme aus und intoniere, während die Luft Deine Lungen verlässt, erneut leise, aber mit kräftiger Stimme: *„Yesod“*. Halte kurz inne, bevor Du Deine Lungen wieder mit Luft füllst und das stimmlose *„Yesod“* erklingen lässt. Auf diese Weise „schwingst“ Du Dich auf die entsprechende Sephira ein. Wiederhole diesen Atemzyklus mindestens fünfzig Mal.

II

Erhebe Dich nun in Deinem inneren Tempel und öffne die Augen. Schaue an Dir herab. Du trägst einen blauen Umhang, der Dich vollständig einhüllt, unter diesem Umhang trägst Du nichts. Der Stoff, aus dem der Umhang gefertigt wurde, ist grob und schwer. Deine Füße sind nackt.

Die zweite Tür des Raumes ist nun von violett-blauer Farbe und in großen Lettern steht *Yesod* auf ihr geschrieben. Du öffnest diese Tür, gehst hindurch in die Sphäre Yesod.

Ein kühler Nachtwind weht Dir entgegen. Du machst den ersten Schritt hinaus in die kühle Dunkelheit der Sphäre Yesods und findest Dich auf einer großen Waldlichtung wieder. Schließe die Tür zu Deinem Tempel hinter Dir und wende Dich wieder der Landschaft zu, die Dich umgibt.

Über Dir wölbt sich der sternenklare Nachthimmel, in dem eintausend Sterne wie kleine Nadelstiche im Mantel der Nacht funkeln. Am Horizont steht die Mondsichel des zunehmenden Mondes über den Baumkronen. Blicke an Dir herab: Deine nackten Füße stehen auf feuchtem, kühlem Gras, das auf der großen Waldlichtung wächst. Wie Soldaten, die einen Feind eingekreist haben, stehen die mächtigen Stämme der Bäume des Waldes um die Lichtung herum. Dunkel, bedrohlich, scheinbar undurchdringlich, Stamm an Stamm. Die Baumkronen wiegen sich im Wind, als wenn die riesigen, hölzernen Soldaten ihre Köpfe hin und her wiegen, noch nicht schlüssig, wie sie mit ihrem eingekreisten Gefangenen verfahren sollen. Das Holz knirscht leise, wenn sich die Baumkronen im Wind bewegen und die Blätter rauschen flüsternd, tuschelnd. Manchmal hast Du das Gefühl, dass es tatsächlich Worte sind, die von Baumsoldat zu Baumsoldat geflüstert werden. Während Du lauschst und versuchst, Worte zu erkennen, schlagen die mächtigen Äste zweier Bäume krachend aneinander, und das leise Flüstern und Knirschen wird abrupt und laut wie durch einen Gewehrschuss durchschnitten.

Dein Umhang weht im Nachtwind, Du erhebst beide Arme empor zu den Sternen und rufst:

„Große Göttin des undurchdringlichen Waldes, der Gezeiten des Meeres, des Mondes und Herrin über die Bilder meines Geistes, die kommen und entschwinden wie die Ebbe und die Flut. Sei mit mir bei dieser Reise in die Ungewissheit, sei Teil von mir auf meinem Weg in die Tiefe meiner Seele.

Wie die Tiere des Waldes erfreue ich mich am unmittelbaren Erleben:

Wenn meine Hände den Boden unter mir berühren, dann berühren Sie den Boden.

Nichts sonst.

Wenn meine Augen die Sterne erblicken, dann erblicken sie die Sterne.

Da ist nicht mehr.

Wenn ich das feuchte Unterholz des Waldes rieche, dann rieche ich das Unterholz.

Nichts anderes.

Wenn meine Füße mich durch Deine Wildnis aus Bäumen tragen, dann tragen sie mich durch den Wald und nicht von hier nach dort.

Wenn ich Hunger verspüre, dann sättige ich mich.

Wenn ich durstig bin, dann trinke ich.

Wenn ich traurig bin, dann weine ich.

Wenn ich fröhlich bin, dann lache ich.

Nichts sonst.

Da, wo ich bin, bin ich ganz das Kind der großen Göttin des Waldes. Da, wo ich bin, ist niemand anderes, und das ist gut.

Ich bin ein Wesen des Waldes, ich atme von der gleichen Luft, wie die Hirsche.

Ich sehe die gleichen Bäume, die ein Fuchs erblickt.

Ich spüre das Gras unter meinen Füßen, auf dem auch die Rehe sich betten.

Ich höre die Eule rufen, wie jede Feldmaus und jedes andere Tier sie hört.

Ich schmecke das Wasser der Bäche, wie das trinkende Wildschwein es zu schmecken vermag.

Ich stamme nicht aus der Natur und gehe nicht zurück in die Natur: Ich bin die Natur, ich bin der uralte Wald, ich bin die Göttin, die Jägerin und das Wild.

Große Göttin des undurchdringlichen Waldes, der Gezeiten des Meeres, des Mondes und Herrin über die Bilder meines Geistes. Sei mit mir bei dieser Reise in die Ungewissheit, sei Teil von mir auf meinem Weg in die Tiefe meiner Seele."

Schaue hinauf zum Mond, der Deinen Worten über den Baumwipfeln thronend gelauscht hat. Ein silbernes Band aus Licht entströmt der Mondsichel und fließt auf Dich zu, trifft Dich schließlich in der Höhe des Dritten Auges, auf der Stirn zwischen Deinen Augenbrauen. Ein kühles Kribbeln entsteht dort, wie durch schwache Elektrizität, dieses energetisierende Kribbeln des silbernen Lichtes breitet sich augenblicklich in Deinem gesamten Körper aus. Es erfüllt Deinen Kopf, Deinen Hals, Deinen Brustkorb, den Bauch, den Genitalbereich, fließt herab in die Beine bis in die Füße, in die Zehen, durchfließt die Schultern und die Arme bis zu den Händen und hinein in die Fingerspitzen. Du bist nun ganz von lebendigem, fließendem, sich wandelndem und silbern schimmerndem Mondlicht erfüllt.

Mit neuem Mut machst Du Dich auf den Weg, lenkst Deine Schritte fort von der Lichtung und hinein in den dunklen Wald. Es erscheint Dir, als wenn die Baumsoldaten ihren Schulterschluss lockern, je näher Du ihnen kommst. Schließlich scheint es so, als wenn sie Dir den Weg freimachen. Du gehst in den Wald, hinein in das Herz der Wildnis des Waldes. Die Baumreihen hinter Dir schließen sich wieder, und so wirst Du Teil ihres Reiches. Weiter und weiter gehst Du durch den Wald, ziellos, wach, aufmerksam, beobachtend, die Umgebung erkundend. Aus manchen Baumrinden scheinen Dir Gesichter entgegen zu schauen, unsicher bemerkst Du, wie Dich aus einem Astloch ein Auge beobachtet und jeden Deiner Schritte aufmerksam verfolgt. Knacken im Unterholz lässt Dich zusammenfahren, drei Rehe stürmen aufgeschreckt durch Deine Anwesenheit davon. Du bleibst stehen und blickst nach oben: Wie die Pylonen und Tempelsäulen des alten Ägyptens recken sich die mächtigen Baumstämme scheinbar endlos in den Himmel, aus dem Dir unzählige Sterne golden entgegenfunkeln. Du setzt Deinen Marsch fort durch dichte Baumreihen, der Weg wird von Zeit zu Zeit durch das Mondlicht erhellt, das kalt und silbern einen Weg durch die Bäume gefunden hat.

Schließlich öffnen sich die dichten Baumreihen, werden lichter, mehr und mehr Mondlicht dringt zu Dir herab. Die Bäume geben die Sicht frei auf einen kleinen Waldsee. Du gehst auf den See zu, das Mondlicht bricht sich im sanft vom Wind gestreichelten Wasser. Am Ufer stehend blickst Du in den See. Er spiegelt die Pracht des Sternenhimmels, den Mond und auch Dein Gesicht. Es ist, als wenn Du Dir selbst aus den Tiefen des Waldsees entgegenblickst.

Du kniest Dich an das Ufer, formst mit Deinen Händen eine Schale und tauchst Sie in das eiskalte Wasser. Die Kälte kriecht an Deinen Unterarmen empor. Du schöpfst mit Deinen Händen etwas Wasser aus dem See, um es danach langsam zwischen Deinen Fingern zurück fließen zu lassen. Der letzte Tropfen fällt zurück und verschwindet in der sanft bewegten Oberfläche des Wassers. Wieder tauchst Du Deine Hände in den See und schöpfst etwas Wasser. Und wieder lässt Du es durch deine Hände zurücktropfen in den tiefen See. Auf der Oberfläche bilden sich Ringe, die auseinander wachsen, sobald ein Tropfen zurückfällt in sein nasses Reich. Erneut tauchst Du Deine Hände in das Wasser, um es dann wieder zurückzugeben. Dann schließlich schöpfe ein viertes Mal das Wasser des Sees und trinke einen Schluck. Einen einzigen, kleinen Schluck. Wenn es möglich wäre, Glück zu trinken, dann hast Du es gerade getan. Es erfüllt Dich eine unaussprechliche Zufriedenheit mit Dir, mit Deiner Situation und dem Leben selbst.

Es ist schön, jetzt in diesem einzigartigen Moment, in diesem Augenblick an diesem Ort zu sein, geborgen und doch frei.

Du legst Dich an das Ufer und blickst in den Sternenhimmel über dem See. Deine Arme liegen entspannt neben Dir, die Handflächen weisen nach oben. Entspannt atmest Du ein ... und aus. Ein ... und aus. Ein ... und aus. Du riechst den Wald. Ein ... und aus. Du spürst die silberne Kraft des Mondes in Dir, ruhig, sanft, aber machtvoll. Ein ... und aus. Du atmest ein ... und aus. Ein ... und aus. Es ist, als wenn die Sterne Dich langsam zu sich ziehen wollten, denn Du spürst die Erde unter Dir nicht mehr, leichter und leichter wirst Du. Ein ... und aus. Du atmest ein ... und aus. Die Sterne fesseln Deinen Blick, doch nicht, wie ein Gefangener gefesselt wird, sondern wie sich zwei Liebende tief in die Augen schauen. Die Sterne über Dir ziehen Dich näher zu sich. Näher und näher kommst Du ihnen, schneller und schneller gleitest Du durch die Nacht.

Dann bist Du mitten unter ihnen, fliegst zwischen ihnen hindurch. Dann siehst Du die ferne Mondsichel. Du gleitest auf sie zu, näher und näher kommt sie und wächst dabei zu immer imposanterer Größe an. Nach und nach nimmt ihr silbernes Strahlen mehr und mehr Deines Blickfeldes ein, bis sie es schließlich gänzlich ausfüllt. Du siehst nichts anderes mehr, als strahlendes Silber. Die Oberfläche des Mondes kommt auf Dich zu, jeden Moment kann es geschehen, dass Du sie erreichst. Du ergibst Dich Deinem Schicksal und schließt die Augen. Bereit für alles und wirklich für alles, was geschehen mag, lässt Du nun vollkommen los. Dann triffst Du aus vollem Flug auf die Oberfläche des Mondes. Doch es ist kein Aufprall auf hartem Mondgestein, sondern wie das Eintauchen in einen kühlen See. Du zerteilst die Oberfläche des Mondes mit Deinem Körper und schnellst hinein in das flüssige Silber, das sich um Deinen Leib schmiegt. Die silberne Kraft in Dir beginnt wieder aktiver zu werden, fängt an zu pulsieren, wie silbernes Quecksilber durchzieht sie Deinen Körper und erfüllt dein Inneres mit dem gleichen silbernen Strahlen, mit der gleichen silbernen Flüssigkeit, die Dich inmitten des Mondes umgibt. Schließlich verschenkst Du Dich und die letzten Reste Deiner Kontrolle an das beglückende Gefühl, nicht mehr zu wissen, wo Du aufhörst und der Mond anfängt. Da ist keine Stelle mehr, an der das Innen auf das Außen trifft. Da ist nur noch die berauschende Wonne des Mondes. Du bist der Mond.

(....................Lange Pause....................)

Langsam spürst Du, wie sich das silberne Strahlen in Dir wieder zurückzieht, wie Dein Körper sich wieder abgrenzt von seiner silbern-flüssigen Umgebung. Dann kommt es Dir vor, als wenn Dich eine unsichtbare Hand emporhebt.

Langsam taucht Dein Gesicht aus den silbernen Fluten auf, und Du spürst die Kühle des Windes, wie er über Deine Haut streicht. Nach dem Kopf wird Dein gesamter Körper dem silbernen Wasser enthoben und sanft auf die Erde gelegt. Jetzt öffnest Du die Augen und wirst gewahr, dass Du wieder neben dem Waldsee am Ufer liegst und die Reise in den Sternenhimmel und in die Mitte des Mondes hier ihren Ausgang genommen hat.

Du bleibst noch eine Weile am Rand des Waldsees liegen und spürst dem Erlebten nach.

Dann erhebe Dich, wirf einen letzten Blick auf diesen wundervollen Ort. Drehe Dich um und gehe zurück in die Dunkelheit des Waldes.

Nach einigen Schritten bleibe im Wald stehen und rufe die Tür Deines inneren Tempels. Wenn Sie nicht sofort sichtbar wird, rufe Dein persönliches Mantra oder Deinen Namen.

Die Tür erscheint vor Dir inmitten des Waldes. Öffne sie und betritt Deinen Tempel. Verschließe die Tür sorgfältig hinter Dir.

III

In Deinem Tempel angekommen, setze Dich in Dein Asana zurück. Intoniere dreißig Mal „*Yesod*" oder Dein persönliches Mantra. Dann erhebe Dich, verlasse den Tempel und betritt den Raum, in dem Deine Reise ihren Anfang nahm. Du siehst nun wieder

Deinen Körper vor Dir auf dem Boden sitzen. Stelle Dich in Deinen Körper und setze Dich so hin, dass Du wieder deckungsgleich bist mit Deinem Leib. Schließlich atme tief durch, strecke Dich und öffne die Augen.

IV

Notiere Deine Reiseberichte im Tagebuch.

Pfad XX, das Äon

Orientiere Dich bei den Punkten 0, I, II, III und IV an der vorangegangenen Pfadreise XXI.

Zu Punkt I & III: Verwende die Glyphe „Shin“ jeweils zwanzig Mal als Mantra.

Zu Punkt II: Du bist wieder bekleidet mit Deinem schwarzen Umhang. Dort, wo sich zuvor die zweite Tür des Raumes befunden hat, ist nun in gleicher Größe ein exaktes Abbild der Tarotkarte XX zu sehen. Der Pfad XX erstreckt sich zwischen Malkuth und Hod, er korrespondiert mit der hebräischen Glyphe „Shin“ und dem Tarot-Trumpf „Das Äon“, er ist dem Element Feuer zugeordnet, der Reinigung und Erneuerung, Neu- und Wiedergeburt, der Transformation und Entwicklung, dem sagenhaften Feuervogel Phönix, der sich aus der eigenen Asche erhebt. Stichworte sind: Selbstfindung, Einweihung, Schweigen.

Die Sephira Hod

Passive Hod-Reise

Orientiere Dich bei den Punkten 0, I, III und IV an den vorangegangenen *Passiven Reisen* in die Welten von Malkuth und Yesod.

II

Erhebe Dich nun in Deinem inneren Tempel und öffne die Augen. Schaue an Dir herab. Du trägst einen gelben Umhang, der Dich vollständig einhüllt, unter diesem Umhang trägst Du nichts. Der Stoff, aus dem der Umhang gefertigt wurde, ist leicht und fein. Deine Füße sind nackt.

Die zweite Tür des Raumes ist nun von orange-gelber Farbe und in großen Lettern steht *Hod* auf ihr geschrieben. Du öffnest diese Tür, gehst hindurch und schließt die Tür hinter Dir. Du stehst nun inmitten der Landschaft von Hod.

Korrespondenzen zu Hod, die möglicherweise in Deiner Reise einen Platz einnehmen werden:

Der Stab des Hermes (Caduceus), Schlangen, orange-gelbe Farbe, ein Hermaphrodit. Erinnere Dich: Hod bedeutet „Herrlichkeit“. Dies ist die Sphäre der Kommunikation, deren Planet Merkur ist (der geflügelte Götterbote), das Reich der Logik und des analytischen Verstandes.

Aktive Hod-Reise

0

Setze Dich in Dein bevorzugtes Asana. Zentriere Deinen Geist, entspanne Deinen Körper, beruhige Deine Gedanken und Deine Atmung. Betritt auf die zuvor beschriebene Art und Weise Deinen inneren Tempel und setze Dich dort ins Asana.

I

Atme ruhig und gleichmäßig ein. Beim Einatmen flüstere ein stimmloses *„Hod“*, halte kurz die Luft an, dann atme aus und intoniere, während die Luft Deine Lungen verlässt, erneut leise, aber mit kräftiger Stimme: *„Hod“*. Halte kurz inne, bevor Du Deine Lungen wieder mit Luft füllst und das stimmlose *„Hod“* erklingen lässt. Auf diese Weise „schwingst“ Du Dich auf die entsprechende Sephira ein. Wiederhole diesen Atemzyklus mindestens fünfzig Mal.

II

Erhebe Dich nun in Deinem inneren Tempel und öffne die Augen. Schaue an Dir herab. Du trägst einen gelben Umhang, der Dich vollständig einhüllt, unter diesem Umhang trägst Du nichts. Der Stoff, aus dem der Umhang gefertigt wurde, ist sehr fein und leicht. Deine Füße sind nackt.

Die zweite Tür des Raumes ist nun von orange-gelber Farbe und in großen Lettern steht *Hod* auf ihr geschrieben. Du öffnest diese Tür und trittst hinaus in die Welt von Hod.

Schließe die Tür hinter Dir. Du befindest Dich auf einem riesigen, leeren Schachbrett, die schwarzen und weißen Felder erstrecken sich in jede Richtung bis zum Horizont. Jedes Feld ist ungefähr einen Meter im Quadrat groß und Du stehst nun auf einem weißen Feld. Der Himmel über dem Spielfeld leuchtet taghell in orange-gelber Farbe und ist vollkommen wolkenlos und frei von Gestirnen. Eine glatte, unstrukturierte orange-gelbe Fläche, die am Horizont auf die schwarzen und weißen Kästchen des Schachbretts trifft. Du gehst los und mit fast jedem großen Schritt erreichst Du ein neues Feld, ein schwarzes, dann wieder ein weißes. Weiter und weiter gehst Du auf dem Schachbrett.

Ein kleiner, schwarzer Punkt erscheint am Horizont und wird rasend schnell größer. Ein Läufer, der aussieht, als sei eine alte griechische Statue zum Leben erwacht, kommt in Windeseile auf Dich zugelaufen. Doch je näher er kommt, desto besser siehst Du die Details seiner Erscheinung: Seine Füße stecken in Schuhen mit kleinen Flügeln, und sie berühren nicht den Boden, sondern bei jedem Schritt sieht es so aus, als wenn sie sich auf einem unsichtbaren, weichen Luftpolster abstoßen und den Läufer ein gewaltiges Stück nach vorn bringen. Während Du mühsam mit großen Schritten das nächste Feld erreichst, überspringt der Läufer mal acht, mal neun Felder und setzt scheinbar federleicht zum nächsten, gewaltigen Satz an. In seiner rechten Hand trägt er einen großen Stab, um den sich zwei aus Holz geschnitzte Schlangen winden. Auf seinem Gesicht liegt ein verschmitztes Lächeln, doch sein gesamter Ausdruck hat nur wenig freundliches, denn seine Augen sind aufmerksam, aber eiskalt, obschon offensichtlich eine sprühende Intelligenz hinter ihnen glüht. Da Du nicht weißt, ob diese flinke Gestalt eine Botschaft für Dich hat, entschließt Du Dich, ihn anzuhalten und zu fragen, wer er sei und ob er eine Nachricht für Dich habe. Du hebst den Arm, um ihm zu signalisieren, dass er seinen Lauf kurz unterbrechen soll. Doch der Läufer verlangsamt sein Tempo keineswegs. Als er nur noch rund fünfzig Felder von Dir entfernt ist, stellst Du Dich direkt in seinen Weg. Unbeirrt hält er seinen Kurs direkt auf Dich zu, offenbar in dem Vorhaben, Dich einfach umzurennen. In dem Moment, in dem Du Dich entschließt, Dich in Sicherheit zu bringen und zur Seite zu springen, ist er auch schon direkt vor Dir, im nächsten Moment über Dir, dann hinter Dir. Er hat Dich einfach übersprungen! Du rappelst Dich wieder auf und rufst der sich entfernenden Gestalt hinterher: *„Wer* *bist Du und wohin willst Du?"* Im vollen Lauf blickt er über seine Schulter, öffnet den Mund, und was Du mit seiner Stimme hörst, klingt wie ein Echo Deiner eigenen Worte: *„Wer bist Du und wohin willst Du?"* Im selben Moment wird aus der rasenden Gestalt ein entfliehender schwarzer Punkt, der schließlich vom Horizont verschluckt wird.

Du senkst Deinen Blick und entdeckst, dass die Gestalt ihren Stab beim Sprung über Deinen Kopf verloren hat. Du hebst ihn auf und betrachtest ihn aufmerksam, drehst ihn in Deinen Händen, um jedes Detail zu erfassen. Die beiden hölzernen Schlangen, die sich um den Stab winden, sind äußerst fein herausgearbeitet, und Dir fällt erst jetzt auf, wie leicht der Stab eigentlich ist. Leicht wie eine Feder. So hat der unbekannte Läufer wohl ungewollt doch etwas für Dich gehabt. Du nimmst den Stab an Dich, wenn Du dieser flinken Gestalt noch einmal begegnen solltest, kannst Du ihr den Stab zurückgeben.

Dann setzt Du Deinen Weg fort, nicht ohne noch einmal über Deine Schulter zu schauen und erstaunt inne zu halten. Siehst Du doch am Horizont hinter Dir erneut einen kleinen, schwarzen Punkt auftauchen, der rasch größer wird. Wahrscheinlich der Läufer, der seinen Stab zurückholen will, denkst Du bei Dir. Doch die Silhouette, die aus dem schwarzen Punkt entsteht, ist größer, als der schnelle Mann von gerade. Jetzt, da die Gestalt näher gekommen ist, erkennst Du, dass es ein schwarzes Pferd ist, das auf Dich zugaloppiert kommt. Jetzt hörst Du auch das Klappern der Hufeisen auf dem Schachbrett. Da Du aufgrund Deiner Erfahrung mit dem Läufer vorsichtig geworden bist und Dich dem Pferd lieber nicht in den Weg stellen möchtest, schaust Du ihm einfach zu, wie es näher kommt. Schließlich bleibt es direkt neben Dir stehen, schnaubt durch die Nüstern und schaut Dich an. Offensichtlich erwartet es, dass Du Dich auf seinen Rücken schwingst und Deinen Weg mit dem Tier gemeinsam fortsetzt. Du nimmst all Deinen Mut zusammen und steigst auf den Rücken des Tieres, das sofort seinen Weg fortsetzt, und zwar in einer galoppierenden Geschwindigkeit, so dass Du zeitweise Mühe hast, auf seinem Rücken zu bleiben und Dich an der wehenden Mähne festhalten musst.

Am Horizont vor Euch erscheint erneut ein kleines schwarzes Gebilde, das rasch größer wird, je näher Ihr kommt. Dann teilt es sich und beide Teile wachsen weiter. Jetzt erkennst Du, dass es zwei große, steinerne Türme sind, wie die mächtigen Ecktürme einer mittelalterlichen Festung, doch diese beiden Türme stehen allein. Direkt zwischen den Türmen macht das Pferd halt und Du gleitest von seinem Rücken herab. Im gleichen Moment, in dem Deine Füße den Boden erreicht haben und Du das Tier losgelassen hast, springt es auch schon auf und davon.

Am Fuße beider Türme befindet sich jeweils eine hölzerne Pforte. Du zögerst einen Augenblick, unsicher, ob Du es überhaupt wagen sollst, einen der Türme zu betreten. Du atmest tief ein, fasst Dir ein Herz und gehst auf die Pforte des linken Turmes zu. Die Tür lässt sich zu Deiner Verwunderung ohne Schwierigkeiten nach innen aufdrücken.

Vor Dir windet sich eine eng geschlungene Wendeltreppe in dem Turm empor, an den roh belassenen, steinernen Wänden befinden sich eiserne Fackelhalter mit brennenden Fackeln, deren flackerndes Licht das Innere des Turmes erhellt. Während die Tür hinter Dir mit einem lauten Krachen zurück ins Schloss fällt, beginnst Du Deinen Aufstieg über die steinernen Stufen der Wendeltreppe.

Die Stufen münden in einem kreisrunden Raum, in dessen Mitte ein Mensch auf einem goldenen Thron sitzt. Der Thron wird umstanden von vier Feuerschalen, in denen große Flammen den Raum erhellen. Die Gestalt auf dem Thron trägt einen roten, bodenlangen Mantel und eine Krone auf dem Haupt. Du bist unsicher, ob es sich um einen Mann oder eine Frau handelt, sind doch die Gesichtszüge der Gestalt sehr weich und weiblich, doch dann erhebt sie die Stimme, die eher einem Mann entstammen wird, Du bist Dir jedoch nach wir vor nicht sicher. Die Gestalt spricht:

„Wanderer in *den Zweigen des Weltenbaumes, ich habe Dich erwartet.*

Ich bin der König dieser Sphäre, und meine Königin spricht aus mir.

Nun höre meine Worte: Das Universum ist dem Wandel unterworfen. Leben und Tod sind lediglich Windungen im Dasein des Schlangenlebens. Überall auf dieser Welt findet sich Fortschritt und Rückschritt, Flut und Ebbe lösen sich ab, auf das Wachstum folgt der Verfall.

Du hast Deine Lektion im Reich des Mondes gelernt, nun wende Deine Erkenntnisse über die Prozesse, die zu Ansteigen und Abschwellen, zu Wachstum und Verfall führen, an.

Wenn Du einen Willen hast, dann bist Du nun nicht länger der Gnade des launischen Schicksals unterworfen.

Der Landmann weiß, wann das Getreide herangereift ist und die Erntezeit naht. Er wartet nicht, bis es am Halm fault.

Nutze die richtige Zeit, die richtige Gelegenheit und fertige einen Plan, der zu Deinem Vorhaben führt.

Wirf einen Blick aus dem Fenster.“

Du tust, wie Dir geheißen und gehst zum Fenster. Dort angekommen schaust Du hinaus und siehst, dass sich das Schachspiel nicht, wie Du noch vor wenigen Augenblicken dachtest, endlos zu allen Seiten hin erstreckt, sondern dass es durchaus begrenzt ist und von einem tiefblauen Ozean umspült wird. Du siehst dort unten den Läufer, wie er über die Felder spurtet, das Pferd, auf dem Du zum Turm geritten bist, in weiter Ferne stehen weitere Türme, dort galoppieren Pferde, spazieren Menschen. Hinter Dir räuspert sich der seltsame König, und Du wendest Dich ihm wieder zu, und er spricht weiter:

„Wenn Du in Deinem Leben verstrickt bist, ist es unmöglich, eine Strategie zu entwickeln, wie Du am erfolgreichsten nach Deinem Ziel strebst, da Du von

Deinem Standort immer nur wenige Felder überblicken hast. Somit kann kein Bauer, kein Springer, kein Läufer das Schachspiel gewinnen, sondern immer nur der Spieler, der den Überblick über die genaue Position von Freund und Feind hat.

Gewinner kannst Du nur werden, wenn Du die Fähigkeit entwickelst, Dich von Zeit zu Zeit aus den Wirren des täglichen Kampfes zu entfernen und einen Aussichtspunkt wie diesen zu besteigen. Dies ist das ganze Geheimnis des Sieges und der Strategie.

Schreite voran in Deinem Plan, im Rhythmus der Gezeiten nutze Deine Chancen. Ernte zur Erntezeit, ruhe zur Ruhezeit, kämpfe zur Kampfeszeit, nutze den Wandel und berücksichtige Deine Kenntnis des Wandels bei Deinen Plänen.

Dann wird Dir der Erfolg beschieden sein.

Nun gehe fort von mir.“

Du dankst dem seltsamen König und gehst zurück zur Wendeltreppe, die Du hinabsteigst. Unten angekommen, ziehst Du die hölzerne Pforte auf und gehst zurück ins Freie. Du überlegst kurz, ob Du den zweiten Turm betreten sollst und gehst dann auf die hölzerne Pforte des anderen Turmes zu. Auch diese Tür lässt sich zu Deiner Verwunderung ohne Schwierigkeiten nach innen aufdrücken. Vor Dir windet sich eine weitere, eng geschlungene Wendeltreppe in dem Turm empor, an den roh belassenen, steinernen Wänden befinden sich auch in diesem Turm eiserne Fackelhalter mit brennenden Fackeln, deren flackerndes Licht das Innere des Turmes erhellt. Während die Tür hinter Dir zurück ins Schloss fällt, beginnst Du Deinen Aufstieg über die steinernen Stufen der Wendeltreppe.

Die Stufen münden in einen weiteren kreisrunden Raum, in dessen Mitte ein anderer Mensch auf einem goldenen Thron sitzt. Auch um diesen Thron stehen vier Feuerschalen, die den Raum erhellen. Wie im ersten Turm trägt auch diese Gestalt auf dem Thron einen roten, bodenlangen Mantel und eine Krone auf dem Haupt. Wieder bist Du Dir unsicher, ob es sich um einen Mann oder eine Frau handelt, sind doch die Gesichtszüge der Gestalt sehr hart und männlich, jedoch von langen, goldenen Locken umspielt. Dann erhebt das Wesen die Stimme, die Dich eher an die Stimme einer Frau erinnert. Die Gestalt spricht:

„Wanderer in den Zweigen des Weltenbaumes, ich habe Dich erwartet.

Ich bin die Königin dieser Sphäre und mein König spricht aus mir.

Nun höre meine Worte: Dein Weg ist klug gewählt, wenn er frei ist von Leidenschaft und der Glut der Hingabe.

Nur durch nüchterne Berechnung gelingt wirklich Großes.

Tue Deinen Willen schnell und genau gemäß Deinem Plan, denn er ist eine notwendige Pflicht und kein Zeitvertreib.

Ein solider Beginn Deines Werkes mag aufgrund der Träume Deines unausgefüllten Geistes geschaffen worden sein. Doch nur fundiertes Wissen um Weg und Ziel und die Wahrnehmung günstiger Gelegenheiten führen zu dauerhaftem Erfolg.

Du kommst nur dann nicht von Deinem Weg ab, wenn Du Dein Ziel im Auge behältst, wenn jedoch alles, was Du siehst, entstellt und ins Gegenteil verkehrt ist, Trugbilder Deines ewig plappernden Geistes, so tritt die Täuschung an die Stelle, die der Wahrheit gebührt, und Du gelangst in schlimmes Unheil.

Die Wahnbilder jedoch werden entschwinden, wie sich eine giftige Wolke auflöst, wenn ein frischer Wind in sie fährt, wenn Du Deinen Plan und Deinen Weg an den Gezeiten des Lebens ausrichtest.

Atme ein, wenn die Welt einatmet, halte inne, wenn die Welt aufhört, sich zu drehen.

Jedes Fortkommen auf Deinem Weg geht zu Lasten des Bestehenden. Lasse los Deine Besitztümer, wenn die Zeit gekommen ist, lasse los Deine Erinnerungen, wenn ihre Stunde schlägt.

Ziehe Dich zurück in den Zeiten der Ebbe, und in den Zeiten der Flut da stürme voran.

Ja, in den Zeiten der Flut da stürme voran!

Nun gehe fort von mir.“

Du dankst der seltsamen Königin und gehst zurück zur Wendeltreppe, die Du hinabsteigst. Unten angekommen, ziehst Du die hölzerne Pforte auf und gehst zurück ins Freie. Dort wartet bereits das Pferd auf Dich, das Dich zu diesem Ort getragen hat. Du schwingst Dich auf den Rücken des Tieres und gemächlich setzt es sich in Gang. Keine Spur mehr von der anfänglichen Eile und Hektik.

Während es so vor sich hin trottet, spricht es Dich an: *„Hat der Hermaphrodit wieder auf die Macht der Disziplin gepocht?“* Du wunderst Dich weniger, dass Dein Reittier sprechen kann, schließlich ist dies eine Reise, die Du von Deinem inneren Tempel aus unternommen hast, und bei diesen Reisen ist einiges möglich. Vielmehr wunderst Du Dich, dass es erst jetzt seine Stimme an Dich richtet. Du gibst dem Tier recht, die Worte des seltsam zweigeschlechtlichen Paares klangen doch sehr berechnend und lieblos. Wieder spricht das Tier und unterbricht damit Deine Gedanken: *„Dort ist Deine Tempeltür.“* Tatsächlich: Direkt vor der Tür stoppt das Pferd und lässt Dich absteigen. Du bedankst Dich und schaust dem jetzt wieder eilig in den Horizont davonstürmenden Tier hinterher.

Dann öffnest Du die Tür und gehst zurück in Deinen Tempel, nicht ohne die Tür hinter Dir gut zu verschließen.

III

In Deinem Tempel angekommen, setze Dich in Dein Asana zurück. Intoniere dreißig Mal *„Hod“* oder Dein persönliches Mantra. Dann erhebe Dich, verlasse den Tempel und betritt den Raum, in dem Deine Reise ihren Anfang nahm. Du siehst nun wieder Deinen Körper vor Dir auf dem Boden sitzen. Stelle Dich in Deinen Körper und setze Dich so hin, dass Du wieder deckungsgleich bist mit Deinem Leib. Schließlich atme tief durch, strecke Dich und öffne die Augen.

IV

Notiere Deine Reiseberichte im Tagebuch.

Pfad XVIII, der Mond

Orientiere Dich bei den Punkten 0, I, II, III und IV an der vorangegangenen Pfadreise XXI.

Zu Punkt I & III: Verwende die Glyphe „Koph“ jeweils achtzehn Mal als Mantra.

Zu Punkt II: Du bist wieder bekleidet mit Deinem schwarzen Umhang. Dort, wo sich zuvor die zweite Tür des Raumes befunden hat, ist nun in gleicher Größe ein exaktes Abbild der Tarotkarte XVIII zu sehen. Der Pfad XVIII erstreckt sich zwischen Malkuth und Netzach und bildet diese Verbindung durch die Tarotkarte „Der Mond“. Seine Glyphe ist Koph („Hinterkopf“) und beschreibt das Verborgene, die Intuition und die dunklen Abgründe der Seele. Eine Reise auf diesem Pfad ist oftmals ein Abstieg in die „eigene“ Unterwelt, eine Begegnung mit den eigenen Ängsten, den eigenen Abgründen, aber auch den eigenen (noch unmanifestierten) Träumen. Er korrespondiert mit dem ägyptischen Gott Chephra, dem mythischen Skarabäus, der die Mitternachtssonne aus der Finsternis einem neuen Morgen entgegenrollt.

Die Sephira Netzach

Passive Netzach-Reise

Orientiere Dich bei den Punkten 0, I, III und IV an den vorangegangenen *Passiven Reisen* in die Welten von Malkuth und Yesod.

II

Erhebe Dich nun in Deinem inneren Tempel und öffne die Augen. Schaue an Dir herab. Du trägst einen smaragdgrünen Umhang, der Dich vollständig einhüllt, unter diesem Umhang trägst Du nichts. Der Stoff, aus dem der Umhang gefertigt wurde, ist leicht und fein. Deine Füße sind nackt.

Die zweite Tür des Raumes ist nun ebenfalls von smaragdgrüner Farbe, und in großen Lettern steht *Netzach* auf ihr geschrieben. Du öffnest diese Tür, gehst hindurch und schließt die Tür hinter Dir. Du stehst nun inmitten der Landschaft von Netzach.

Korrespondenzen zu Netzach, die möglicherweise in Deiner Reise einen Platz einnehmen werden:

Ein Gürtel, ein siebenstrahliger Stern, eine schöne nackte Frau, Venus, der Morgenstern. Die Venus wird in der Astrologie als Benefizplanet gesehen, der mit zwischengeschlechtlicher Zuneigung, Harmonie und Liebe in Verbindung steht. Erinnere Dich: Netzach bedeutet Leidenschaft, Lust und sinnliche Vergnügungen, spontane und intuitive Entschlüsse, die zu emotionaler und körperlicher „Beglückung“ führen. Netzach ist die Sephira der Kreativität, der Subjektivität und Emotionalität und steht damit im klaren Gegensatz zu Hod. Netzach steht somit nicht nur mit dem Planeten Venus, sondern auch mit der römischen Göttin gleichen Namens in Verbindung, die in ihren wesentlichen Merkmalen der griechischen Aphrodite entspricht, also für Fruchtbarkeit, Glück, Wohlstand und sexuelle Freuden steht.

Aktive Netzach-Reise

0

Setze Dich in Dein bevorzugtes Asana. Zentriere Deinen Geist, entspanne Deinen Körper, beruhige Deine Gedanken und Deine Atmung. Betritt auf die zuvor beschriebene Art und Weise Deinen inneren Tempel und setze Dich dort ins Asana.

I

Atme ruhig und gleichmäßig ein. Beim Einatmen flüstere ein stimmloses *„Netzach"*, halte kurz die Luft an, dann atme aus und intoniere, während die Luft Deine Lungen verlässt, erneut leise, aber mit kräftiger Stimme: *„Netzach"*. Halte kurz inne, bevor Du Deine Lungen wieder mit Luft füllst und das stimmlose *„Netzach"* erklingen lässt. Auf diese Weise „schwingst" Du Dich auf die entsprechende Sephira ein. Wiederhole diesen Atemzyklus mindestens fünfzig Mal.

II

Erhebe Dich nun in Deinem inneren Tempel und öffne die Augen. Schaue an Dir herab. Du trägst einen smaragdgrünen Umhang, der Dich vollständig einhüllt, unter diesem Umhang trägst Du nichts. Der Stoff, aus dem der Umhang gefertigt wurde, ist sehr fein und leicht. Deine Füße sind nackt. Die zweite Tür des Raumes ist von smaragdgrüner Farbe und in großen Lettern steht *Netzach* auf ihr geschrieben. Du öffnest diese Tür und trittst hinaus in die helle und klare Welt von Netzach.

Schließe die Tür hinter Dir. Du stehst auf einer großen, blühenden Blumenwiese am Fuße eines Tempelberges. Die hohen römischen Säulen der Bauwerke, die dort oben zu Ehren der Göttin stehen, scheinen in den blauen Himmel hinaufzuragen. Du nimmst das Zwitschern der Vögel wahr, die sich, wie auch Du selbst, an diesem warmen Frühjahrsmorgen erfreuen. In die Gesänge der Vögel mischen sich nun auch Gesprächsfetzen, entferntes Kinderjubeln und Lachen. Du lenkst Deine Schritte in die Richtung, aus der die Geräusche kommen und gelangst zu einer breiten, steinernen Treppe, die bereits von zahlreichen in weiß und grün gewandeten Gestalten bevölkert wird, die den Tempelberg hinansteigen. Gespannt auf das, was Dich erwarten mag, mischst Du Dich unter die Menschen und lässt Dich von der Menge mitnehmen, die Treppe hinauf. Du blickst über die Köpfe der Menschen vor Dir hinweg den Berg hinan und siehst über einer säulengetragenen Tempelhalle eine kleine Fahne im Wind flattern. Sie zeigt den siebenstrahligen, goldenen Stern der Göttin auf smaragdgrünem Grund. Weiter und weiter lässt Du Dich von den Pilgern den Berg hinaufschieben. Schließlich erreichst Du ein steingepflastertes Plateau. Vor Dir erheben sich nun die imposanten Fassaden der verschiedenen Tempelbauten, Du drehst Dich um und blickst zurück ins Tal: Grüne Wiesen, wilde Blumen, in der Ferne ein kleines Dorf, Rauch steigt aus den

Schornsteinen der Häuser, die von Deinem Aussichtspunkt aussehen, wie Spielzeug, so winzig sind sie. Auf einer kleinen Straße, die vom Dorf bis zum Fuße der Treppe führt, über die Du selbst soeben das Plateau erreicht hast, tummeln sich Hunderte von Pilgern. Jemand zupft Dir am Ärmel. Du blickst Dich um und siehst einen kleinen Jungen, der genau wie Du in eine smaragdgrüne Robe gehüllt ist. Der Junge grinst Dich an, spricht jedoch kein Wort. Er winkt mit der Hand, dass Du ihm folgen sollst, dann verschwindet er mit schnellen Schritten in der Menschenmenge. Sofort folgst Du ihm und siehst gerade noch, wie er hinter einer Ecke verschwindet. Du läufst hinter ihm her und siehst ihn schließlich, wie er in dem Eingang zu einem Tempelinnenhof verschwindet. Als Du den Tempelinnenhof betrittst, verlangsamst Du Deine Schritte auf ein dem Ort angemessenes Mass. Erst jetzt siehst Du Dich um: Es ist wunderschön hier, ein kleiner Teich mit einem Springbrunnen befindet sich in der Mitte eines menschenleeren, großen Gartens. Eine schöne, nackte Frau mit langen, blondgelockten Haaren tritt plötzlich hinter einer Säule hervor und lächelt Dich an. Hinter einer anderen Säule schaut ein nackter, junger Mann hervor und lächelt Dir zu. Zu Deinem Erstaunen bemerkst Du, dass Dich augenblicklich ein tiefes Vertrauen in die beiden erfüllt, und so lässt Du es auch geschehen, dass sie Dich Deines Umhanges entledigen, bis Du nackt wie sie in dem Garten stehst. Es ist warm, und eine leichte Windbrise streicht über Deine Haut. Obwohl Du nicht weißt, was die beiden im Schilde führen, fühlst Du Dich rundum wohl. Schweigend und lächelnd bitten Sie Dich, nur durch Handzeichen, Dich auf die grüne Wiese zu legen. Du legst Dich auf den Rücken auf die von der Morgensonne bereits gut gewärmte Wiese. Vollkommen sicher und ruhig fühlst Du Dich an diesem stillen Ort, fernab der Heerscharen der Pilger. Ruhig und gleichmäßig gleitet Dein Atem in Dich und aus Dir heraus, wie das Heranrollen kleiner Wellen auf dem unendlichen Ozean. Du blickst in den blauen Himmel, in dem sich einige wenige kleine, schneeweiße Wolken vom Wind umhertreiben lassen. Das helle Licht des Morgens blendet Dich etwas, so dass Du blinzeln musst. Dennoch ist der Anblick des Himmels so ergreifend schön, dass Du die Augen dennoch nicht schließt.

Nun richtest Du Deine Aufmerksamkeit wieder auf die beiden sympathischen Menschen neben Dir, der Mann kniet nun zu Deiner Rechten im Gras, die Frau auf Deiner linken Seite. Vorsichtig streicht Sie mit den Händen über Deine Stirn, dann sanft über Deine Augen, die sich augenblicklich schließen, ihre Hand gleitet nun zart an Deinen Wangen entlang. Schließlich spürst Du ihren Finger an Deinen Lippen, am Kinn, dann streichen sie langsam an Deinem Hals herab. Der Mann zu Deiner Rechten lässt seine Hände über Deine Füße und Waden streichen, erst ganz sanft, dann mit etwas Druck. Beide beginnen nun, Deinen ganzen Körper zu streicheln und zu massieren. Das Gefühl von unendlicher Geborgenheit und des Wohlgenusses breitet sich in Dir aus.

Du lässt jeden Gedanken los und bist nun nur noch ein einziges Gefühl: Genuss.

Du nimmst nur noch zwei Dinge außerhalb von Dir wahr: Harmonie und unendliche Schönheit.

(....................Lange Pause....................)

Schließlich öffnest Du vorsichtig die Augen und blinzelst in den Himmel über Dir. Die vier sanften Hände massieren und streicheln Dich noch immer am ganzen Körper. Du bist überrascht, da Du vollkommen die Zeit verloren haben musst. Es ist dunkel geworden um Dich herum. Der Tempelberg ist nach wie vor absolut still, das neben Dir kniende Paar hat Dich offensichtlich bis tief in die Nacht hinein umsorgt. Aber was ist dort so hell über Dir: Ein siebenstrahliger, hell leuchtender Stern befindet sich direkt über Dir, viel größer als alle anderen Sterne, so groß, dass Du einen Moment denkst, dass Du eingeschlafen sein musst und womöglich träumst. Schließlich entscheidest Du, dass es vollkommen gleichgültig ist, ob Du träumst oder nicht, und lässt das wohlige Gefühl wieder überhand gewinnen, schließt die Augen in dem Bewusstsein, dass der siebenstrahlige Stern der Göttin über Dir steht.

(....................Lange Pause....................)

Es ist, als ob Du durch Deine geschlossenen Augen die durchdringende Helligkeit des Sterns über Dir wahrnehmen kannst. Schließlich erscheint es Dir, als ob dieses warme Sternenlicht heller und heller wird, als ob der Stern näher und näher kommt, seinen Platz im Himmel verlassen hat und herabgleitet durch die Nacht, immer weiter auf Dich zu. Du hältst die Augen geschlossen und bemerkst erst jetzt, dass Dich keine Hände mehr berühren. Das Licht kommt näher, es wird heller über Dir, direkt über Dir, dann fließt das helle, warme Sternenlicht durch Deine Stirn in Deinen Kopf, durch Deinen Hals in Deine Brust, in die Arme, Hände, in den Bauch, den Unterleib, die Beine und bis in die Füße. Um Dich herum wird es nun langsam wieder dunkel, doch in Dir strahlt der Stern der Göttin. Spüre dem Licht nach, wie es wie ein wogendes Meer in Dir umherfließt. Du bist der Morgenstern, der vom neuen Tag kündet. Da ist kein Teil an Dir, der nicht vom Licht der Göttin beseelt ist. Da ist keine Göttin außerhalb von Dir, und da ist kein Morgen ohne Dein Licht. Ein Lächeln breitet sich aus auf Deinen Lippen, dann strahlt Dein ganzes Gesicht, als wenn sich das innere Licht auf diese Weise einen Weg gesucht hätte, nach außen zu strahlen.

Es wird langsam hell um Dich herum, die Vögel, die so lange verstummt waren, beginnen wieder zu singen. Es wird Tag. Nach einer schier endlosen Zeit öffnest Du die Augen und findest Dich noch immer auf dem Rücken liegend inmitten des Gartens im Innenhof der Tempelanlage wieder. Von weitem hörst Du bereits das nahende Geplapper der Pilger. Irgendwo singt eine Frau eine zarte Melodie. Du atmest tief ein, dann stehst Du langsam auf. Dann ziehst Du Deinen smaragdgrünen Umhang wieder über und entdeckst, dass neben dem Umhang ein mit Edelsteinen besetzter Gürtel im Gras liegt. Du legst ihn um und machst Dich wieder auf den Weg.

Du gehst auf die Stimmen der Pilger zu, heraus aus dem Tempelhof. Dort draußen ist bereits eine große Menschenmenge wieder auf den Beinen an diesem frühen Morgen, Du mischst Dich unter sie und strahlst, wie nur der hellste Stern dies kann. Die Menschen, die Dir auf Deinem Weg begegnen, lächeln Dir ins Gesicht, suchen den Augenkontakt mit Dir, erfreuen sich an Deinem lächelnden Gesicht. Einige blicken wissend, stecken die Köpfe zusammen und tuscheln, was Dir wohl widerfahren sein wird in dieser Nacht.

Nun erreichst Du wieder das Plateau, von dem aus Du wieder die Aussicht genießt, die Dich schon am Tag zuvor erfreute. Dein Blick gleitet an den vom Tempelberg hinabführenden Stufen entlang, und am Fuße der Treppe siehst Du die Pforte zu Deinem inneren Tempel. Du machst Dich auf den Weg und gehst vorsichtig und langsam die Stufen hinab, das Licht des Sterns in Dir bewahrend, wie einen besonderen Schatz unermesslichen Wertes.

Dann erreichst Du die Tür, öffnest sie und betrittst wieder Deinen inneren Tempel. Schließe die Pforte gut hinter Dir. Spüre, dass Du das innere Licht mit in Deinen eigenen inneren Tempel genommen hast.

III

In Deinem Tempel angekommen, setze Dich in Dein Asana zurück. Intoniere dreißig Mal „*Netzach*“ oder Dein persönliches Mantra. Dann erhebe Dich, verlasse den Tempel und betritt den Raum, in dem Deine Reise ihren Anfang nahm. Du siehst nun wieder Deinen Körper vor Dir auf dem Boden sitzen. Stelle Dich in Deinen Körper und setze Dich so hin, dass Du wieder deckungsgleich bist mit Deinem Leib. Schließlich atme tief durch, strecke Dich und öffne die Augen.

IV

Notiere Deine Reiseberichte im Tagebuch.

Pfad XIX, die Sonne

Orientiere Dich bei den Punkten 0, I, II, III und IV an der vorangegangenen Pfadreise XXI.

Zu Punkt I & III: Verwende die Glyphe „Resh“ jeweils neunzehn Mal als Mantra.

Zu Punkt II: Du bist wieder bekleidet mit Deinem schwarzen Umhang. Dort, wo sich zuvor die zweite Tür des Raumes befunden hat, ist nun in gleicher Größe ein exaktes Abbild der Tarotkarte XIX zu sehen. Der Pfad XIX, die Sonne, bildet die Verbindung zwischen Yesod und Hod. Die Sonne wird aus der Nacht geboren und taucht die Welt in goldenes Licht. Der hebräische Buchstabe des Pfades ist Resh („Kopf“), die Sonne, das Licht der Bewusstheit in Ergänzung zu Koph, dem Hinterkopf, dem Unbewussten des Pfades XVIII. Korrespondierende Stichworte sind: Aussöhnung des Lichtes mit der Finsternis, Vitalität, Lebensbejahung, Selbstvertrauen, Freude, Überwindung von Gegensätzen, Zuversicht. Wie der Pfad XX zur Selbstfindung führen kann, so bietet der Pfad XIX Wege, dieses Selbst zur Entfaltung zu bringen, wie eine Rose aufblüht im Licht der Sonne.

Pfad IV, der Kaiser

Orientiere Dich bei den Punkten 0, I, II, III und IV an der vorangegangenen Pfadreise XXI.

Zu Punkt I & III: Verwende die Glyphe „Tzaddy“ jeweils vier Mal als Mantra.

Zu Punkt II: Du bist wieder bekleidet mit Deinem schwarzen Umhang. Dort, wo sich zuvor die zweite Tür des Raumes befunden hat, ist nun in gleicher Größe ein exaktes Abbild der Tarotkarte IV zu sehen. Der Pfad IV entspricht der Tarotkarte „Der Kaiser“ und verbindet Netzach mit Yesod. Er ist dem hebräischen Buchstaben „Tzaddy“ zugeordnet, der Struktur des Lebens, den vier Elementen, der Ordnung und der Herrschaft über diese Strukturen. Korrespondierende Stichworte sind: Stabilität, Vaterschaft, Objektivität, Wissenschaft, Realismus, Vernunft, Verantwortungsbewusstsein, Mut, Autorität, Macht, Wille, Durchsetzungskraft, Pragmatismus.

Aleister Crowleys Kommentar zum Baum des Lebens:

„Diese *Form muss sehr sorgfältig studiert werden, denn sie ist die Grundlage des gesamten Systems, auf dem der Tarot basiert. Es ist unmöglich, eine vollständige Erklärung dieser Form zu geben, denn sie ist universal. Deswegen kann sie für eine Person nicht das gleiche bedeuten wie für eine andere. A's Universum ist nicht B's Universum. Wenn sich A und B an einem Tisch gegenübersitzen, sieht A die rechte Seite des Hummers und B die linke. Wenn sie Seite an Seite einen Stern anschauen, ist der Winkel verschieden, obwohl der Unterschied unendlich klein ist, besteht er aber. Der Tarot ist auf die gleiche Art derselbe für alle, wie irgendeine wissenschaftliche Tatsache oder Formel die gleiche für alle ist. Es ist sehr wichtig, sich daran zu erinnern, dass die Tatsachen der Wissenschaft, obwohl im Abstrakten universal richtig, immer noch nicht für jeden Beobachter der genauen Wahrheit entsprechen; denn selbst wenn die Beobachtung irgendeines Gegenstandes von zwei Menschen mit identischen Sinnesreaktionen vom gleichen Ort aus vorgenommen wird, so kann dies nicht unmittelbar zur gleichen Zeit geschehen – und selbst der kleinste Sekundenbruchteil ist ausreichend, um sowohl den Gegenstand wie den Beobachter im Raum zu bewegen. Diese Tatsache muss hervorgehoben werden, denn man darf den Lebensbaum nicht als eine leblose, feststehende Formel ansehen. In einem gewissen Sinne ist er ein ewiges Muster des Universums, denn er ist unendlich elastisch; und er soll als ein Instrument eingesetzt werden, um die Natur und ihre Kräfte zu erforschen. Er sollte nicht als Entschuldigung zum Dogmatismus Verwendung finden.“*

(aus dem „Buch Thoth“)

Relax

„Gegangen, gegangen, hinübergegangen,
ganz und gar hinübergegangen,
welch ein Erwachen!“
(Aus dem Mahaprajnaparamita-Hridaya-Sutra)

Nach soviel anstrengenden Visualisierungsübungen und verbissenem Wandern in den Zweigen des Lebensbaumes, wird es Dir jetzt vielleicht gelegen kommen, dass wir dieses Kapitel nutzen, um eine kleine, einfache Entspannungsmeditation vorzustellen. Nimm Dir etwas Zeit, suche einen ruhigen Ort auf, den Störenfriede nur selten finden, lege Dich auf den Fußboden, die Beine liegen nebeneinander, die Hände links und rechts entspannt an Deinem Körper ausgestreckt. Vielleicht rollst Du eine Decke oder ein Kissen so zusammen, dass Du es unter die Lendenwirbelsäule schieben kannst, so dass Du bequem liegst. Auch ein kleines Kissen unter dem Kopf ist erlaubt, wenn es Deine Entspannung unterstützt. Solltest Du bei dieser Meditation einschlafen: Prima, das spart das Schäfchenzählen (übrigens auch eine wirkungsvolle Form der Meditation. Die coolsten Zen-Mönche sind allerdings in ihren Fähigkeiten soweit fortgeschritten, dass sie nicht mehr vor dem Einschlafen die Schäfchen zählen müssen, sondern die Schafe Japans zählen vor dem Einschlafen bevorzugt kleine Zen-Mönche, die über Steingärten hopsen). Wenn Du dies möchtest, kannst Du Dir diese kleine Meditation auf Tonband sprechen und nach Deinen Vorstellungen erweitern und ergänzen. Wenn es Deine technische Ausrüstung zulässt, sprich den einleitenden Text auf jeweils einen Stereokanal, die anschließende kleine Meditation zeitgleich auf beide Kanäle. Dies hat einen überraschenden Effekt. Nimmt die Einleitung durch die Zeitversetzung von rechtem Ohr zum linken Ohr unsere Aufmerksamkeit gefangen, fließt diese bei der anschließenden Meditation zusammen, wie durch einen Trichter, der schließlich alles Bewusstsein bündelt, damit es durch den schmalen Flaschenhals absoluter Entspannung passt. Wenn Du mit dieser kleinen Hilfestellung gute Erfolge erzielst, nutze sie auch bei anderen Meditationen. Sollte dies zum Beispiel aus technischen Gründen nicht möglich sein, sprichden Text ganz normal auf Band und ignoriere die Zeitversetzung.

Linker Kanal

Du kannst jetzt ruhig werden, ruhig und entspannt.
Es gibt nun nichts für Dich zu tun.
Nur ruhig und entspannt sein und
einfach liegen bleiben.
Und atmen.
Langsam.
Gleichmäßig.
Du spürst Deinen Körper.
Er ist schon entspannter und
ruhiger geworden.
Du liegst da und wartest,
und fühlst,
und atmest
und wirst ruhig.
Du bist schon entspannter
und ruhiger geworden, seit Du so daliegst.
Du bist nun in einem Zustand,
indem man nichts tun möchte,
als einfach nur dazuliegen
und seinen Gedanken
freien Lauf zu lassen.
Deine Gedanken sind wie die Wolken
an einem strahlend blauen Himmel.
Sie ziehen auf und Du kannst beobachten,
wie sie langsam vorbeiziehen.
Es werden immer weniger Wölkchen,
die aufziehen
und sie werden langsamer.
Und langsamer.
Nur noch vereinzelt kommt eine kleine Gedankenwolke,
aber sie interessiert Dich nicht mehr.
Du schaust ihr nur noch ruhig
und entspannt nach.
Es ist so angenehm,
einfach dazuliegen,
entspannt und ruhig,

Rechter Kanal

Du wirst ruhig
Und entspannt,
Du kannst jetzt ruhig werden
und einfach ruhig atmen.
Und daliegen,
Und langsam
atmen.
Langsam
und ruhig
Du liegst einfach da und wartest
und fühlst.
Dein Körper ist entspannt
und fühlt
und atmet
und wird ruhig.
Du bist schon entspannter
und ruhiger
und entspannter
und ruhiger.
Nichts tun,
als einfach daliegen
und seinen Gedanken
freien Lauf lassen.
Gedanken sind Wolken.
Sie ziehen vorbei.
Und sind entschwunden.
Gedanken sind Wolken.
Sie sind frei.
Und gleiten über den Himmel.
Langsam.

Einfach daliegen
Ist so angenehm.
Entspannt und ruhig.

sich einfach mal fallen zu lassen
und nichts zu tun.
Du spürst Deinen Körper,
wie er warm und entspannt daliegt
und atmet.
Du spürst das Leben in Dir,
Deine Existenz,
rhythmisch und gleichmäßig
und langsam
und ruhig
schlägt Dein Herz den beruhigenden Takt
des Lebens.
Du hast soviel gelesen und probiert
und Dich so bemüht
und plötzlich spürst Du etwas
um Dich herum,
an dass Du nun angeschlossen bist.
Du bist nun damit verbunden,
ohne dass Du irgendetwas dafür
getan hast.
Es ist einfach geschehen.
Es umgibt Dich,
Du bist ein Teil davon.
Du kennst seinen Namen nicht,
doch Du spürst es deutlich.
Es ist friedvoll
und einfach da.
Du spürst es
ruhig und entspannt
und Du bist glücklich, dass es da ist,
wo auch Du bist.
Richte Dein Bewusstsein nun
auf den Atem,
der wie die Wellen des Meeres heranrollt
und sich wieder mit dem unendlichen
Ozean vermischt, wenn Du ausatmest.
Dein Atem ist das Rauschen des Meeres.
Rhythmisch.
Entspannend.
Ruhig.

Fallen lassen.
Warm
und entspannt,
entspannt
und warm.
Einfach atmen.
Rhythmisch und gleichmäßig
und ruhig
und langsam,
langsam,
ruhig.

Es umgibt Dich.
Es ist einfach geschehen.
Du spürst es,
warm,
ruhig,
entspannt,
friedvoll.

Ruhig und entspannt.

Richte Dein Bewusstsein auf Deinen
Atem.

Wie die Wellen des Meeres
Vermischt sich ein Atem
Mit dem Ozean
des Himmels.
Rhythmisch.

Du liegst an einem großen,
menschenleeren, weißen Sandstrand.
Spüre den von der Sonne angenehm
erwärmten Sand, wie er sich weich
unter Dir an Dich schmiegt.

Entspannend.
Ruhig.

Du spürst Deinen Körper.

Die Handflächen Deiner Hände liegen auf
dem warmen, feinkörnigen Sand.

Mit der rechten Hand greifst Du langsam
hinein und spürst, wie der Sand zwischen
Deinen Fingern wieder herausrieselt.

Du bist ruhig und entspannt

an diesem schönen Ort.
Du hörst das Rauschen der Wellen

...und das leise Flüstern des Windes,

spürst die wärmende Sonne
auf Deiner Haut,

und den weichen Sand unter Dir.
Warm und weich.

Entspannt blickst Du
in den blauen Himmel.
Eine Möwe zieht ihre Bahn an einem einzigen, verloren wirkenden
schneeweißen Wolkenfetzen vorbei

...und gleitet aus Deinem Blickfeld.

Du bist viel zu müde und entspannt,
um ihr nachzuschauen.
So blickst Du einfach weiter in den
unendlich blauen Himmel über Dir.
Du hast nun bei jedem Ausatmen
das Gefühl, dass Dein Körper leichter und
leichter wird, unnützer Ballast
wird einfach ausgeatmet.
Mit jedem Ausatmen wirst Du leicht.
Der Druck, den Dein Körper auf den Sand
ausübt, verringert sich von mal zu mal.
Nun spürst Du den Sand unter Dir
kaum noch,
dann gar nicht mehr.
Du scheinst nun langsam und leicht in den
blauen Himmel hineinzuschweben.
Langsam verliert Dein Körper

Leichter und leichter
wirst Du,
und entspannt.
Es ist so angenehm,
leicht
und frei,

nichts zu tun

nur schweben,

gleiten,

die Konturen,
Du löst Dich,
während Du höher und höher steigst,
langsam in dem blauen Himmel auf.
Du löst Dich,
während Du höher und höher steigst,
langsam in dem blauen Himmel auf.

auflösen,
aufsteigen.

Du löst Dich,
während Du höher und höher steigst,
langsam in dem blauen Himmel auf.

Du löst Dich,
während Du höher und höher steigst,
langsam in dem blauen Himmel auf.
Da ist nichts in Dir
und nichts außerhalb von Dir,
was nicht blauer, unendlich blauer Himmel ist.

Du bist frei
und schwebst voller Frieden
durch Deinen eigenen Himmel.
Du bist frei und voller Frieden und Glück.
Frei wie der Wind.

Da ist nichts in Dir
und nichts außerhalb von Dir,
was nicht blauer, unendlich blauer Himmel ist.

(....................Lange Pause....................)

Schließlich kehre in Deinen schwebenden Körper zurück,
der nun mit jedem Atemzug wieder an Leichtigkeit verliert,
ganz langsam
schwerer und schwerer wird
und herabsinkt
an den schönen, weißen Strand unter Dir.

Schwerer
und schwerer wirst Du.
Du sinkst tiefer,
bis Du wieder die feste Stabilität
des weißen Sandes unter Dir spürst.
Lege Deine Handflächen auf den warmen Sand
und atme tief und entspannt ein
...und aus.

Dann spüre wieder den festen Boden Deines Zimmers unter Dir.
Du bist nun zuhause angekommen.

Wenn Du magst, öffne nun die Augen.
Strecke Dich langsam
...und setze Dich wieder auf.

Feuer-Meditation

„Nicht ein guter Mensch, sondern Gott zu werden, das ist das Ziel.“
(Plotin)

Blättere in diesem Buch zurück zum Kapitel über Tattwa-Reisen und die Elemente. Dort findest Du auch die Grundlagen für die nun folgenden Elemente-Meditationen. Wenn dies Deinem Willen entspricht, kannst Du die Feuer-Meditation in Deinem inneren Tempel durchführen.

Dann setze Dich in Dein Asana. Schließe die Augen. Bereite Dich mit den Dir bekannten Techniken vor. Zentriere Deinen Geist, entspanne Deinen Körper, beruhige Deine Gedanken und Deine Atmung. Stelle Dir nun vor, dass Du Dich hinstellst. Du blickst an Dir herab und siehst Deinen meditierenden Körper unter Dir nach wie vor im Asana sitzen, Du selbst jedoch kannst nun einen Schritt nach vorn machen, Dich umdrehen und Deinem meditierenden Körper nun gegenüberstehen. Du beobachtest, wie Dein Körper die Augen geschlossen hat und in Meditation versunken ruhig atmet. Als nächstes blickst Du an Dir selbst herunter. Du gleichst Deinem physischen Körper exakt, trägst die gleiche Kleidung und kannst all das tun, was Du auch in Deinem „normalen“ Körper tun kannst. Nun schau Dich in Deinem Meditationsraum um. Betrachte alles genau, Du findest es genauso vor, als wenn Du in Deinem Körper stecken würdest und die Augen geöffnet hättest. Orientiere Dich so eine Weile. Wenn Du soweit bist, gehe zur Zimmertür. Strecke die Hand aus und drücke die Türklinke herunter. Du spürst das kühle Metall in Deiner Hand. Dann öffne die Tür. Was Du jetzt siehst, ist nicht das Bild, was Dir normalerweise hinter dieser Tür vertraut ist, sondern Dein ureigener, innerer Tempel (siehe das Kapitel über das Einrichten des inneren Tempels), den Du nun betrittst. Schließe die Tür hinter Dir.

Visualisiere nun, wie ein großer Feuerkreis inmitten des Tempels entsteht. Es ist unwichtig und Deiner Vorstellungskraft überlassen, ob es sich um im Kreis aufgestellte rote Kerzen handelt oder frei und wild schlagende Flammen, die einen Kreis in der Mitte des Tempels freilassen. Das schöne an derartigen Experimenten im inneren Tempel ist, dass er nicht so schnell abbrennt und somit der astrale Notruf sehr zum Leidwesen einer gewissen Dion Fortune nur sehr selten gewählt wird. Der Flammenkreis hat eine kleine Öffnung im Süden, durch die Du ihn nun betrittst. Unmittelbar hinter Dir schließen sich die Flammen (oder, wer es etwas sparsamer mag: Die restlichen Kerzen werden entzündet). Setze Dich nun ins Drachen-Asana mit Blick in Richtung Süden und schaue eine Weile in die Flammen vor Dir. Dann stelle Dir vor, dass sich zwischen Deinen Augen ein drittes Auge öffnet, mit dem Du ebenfalls in das Feuer blickst. Wenn Du das Gefühl hast, dass Du mit diesem dritten Auge ebensoviel (oder mehr?) wahrnehmen kannst, wie mit den anderen beiden, dann schließe Deine beiden Augen und lasse lediglich das dritte Auge weit geöffnet. Du hast das Gefühl, dass Du mit diesem Auge nicht nur die Flammen vor Dir sehen kannst, sondern den gesamten Feuerring, der Dich umschließt, im Blick hast. Wenn Du willst, beginne nun mit der Feuer-Atmung, das bedeutet, Du atmest so schnell es geht durch die Nase ein und aus. Da dieses willentlich herbeigeführte Hyperventilieren bei einigen Praktizierenden bis zur Ohnmacht führen kann, probiere Deine Reaktion auf diese Atemtechnik zunächst im Beisein eines vertrauten Menschen aus. Solltest Du mit der Feuer-Atmung nicht klarkommen oder sollten sich Angstzustände einstellen, so lasse diese Technik einfach weg.

Aus den Flammen um Dich herum steigen nun kleine Feuerbälle auf und rasen zischend auf Dich zu. Durch das dritte Auge ziehst Du sie in Deinen Körper. Du verbrennst Dich nicht, spürst jedoch, wie die feurige Energie sich zunächst in Deinem Kopf verteilt und dann wie flüssige Lava an Deiner Wirbelsäule entlang fließt, im Beckenbereich teilt sie sich und kriecht kochend an beiden Körperseiten wieder nach oben, bevor sie über die Schultern und den Hals sich mit der neu einströmenden Lava verbindet und erneut an der Wirbelsäule hinab fließt. Diesem Kreislauf des Feuers wird immer weiter feurige Energie aus den durch Dein drittes Auge eintretenden Feuerbällen zugeführt. Du spürst, wie sich Dein gesamter Körper durch die heftigen Energieströme erneuert. Wenn Du willst, verbrenne in diesem inneren Feuer unnützen Ballast, störende Gedanken, Hindernisse, Krankheiten, traurige Erinnerungen, quälende Gedanken, körperliche Gebrechen, Dinge, die besser nie passiert wären. Der persönlichen Vorstellungskraft und den aufkeimenden Allmachtsphantasien sind hier keine Grenzen gesetzt. Jedoch möchte ich diese Stelle kurz nutzen, um darauf hinzuweisen, dass es durchaus unangenehme Vorfälle gibt in unseren Lebensläufen, die ihren Sinn haben. Das ist soweit eine häufig dahergeplapperte allgemeine Weisheit. Da es meine Aufgabe ist, diese Technik vorzustellen, möchte ich dennoch noch einmal auf eine Tatsache verweisen: Diese Technik funktioniert und kann damit wie jede funktionierende Technik schöpferisch oder destruktiv eingesetzt werden, wobei der Leser hier davor gewarnt sei, allzu schnell ethische Gleichungen aufzustellen und „destruktiv" als Synonym für „böse" anzusehen. Die menschliche Reife des werten Lesers zu beurteilen oder gar sicherzustellen, gehört jedoch – allen Göttern sei Dank – nicht zu meinen Aufgaben.

Das Feuer des Südens vermag Gedanken, Absichten und den Körper zu reinigen, verstaubten, sich selbst überlebten Ballast zu zerstören, dem individuellen Willen die Energie zuzuführen, die ihn zur Verwirklichung treibt, zu vitalisieren, Mut und Kreativität gegen Furcht und Zweifel zu setzen.

Schließlich schließe das dritte Auge und beruhige durch Deine Atmung den Feuerkreislauf in Dir. Dann öffne Deine beiden Augen wieder und erhebe Dich nach einer Weile, teile den Feuerkreis im Süden und verlasse den Kreis. Beobachte nun, wie der gesamte Kreis aus Feuer langsam verschwindet. Drehe Dich wieder zur Tempeltür und verlasse Deinen inneren Tempel, gehe in den Raum, in dem Deine Feuer-Meditation ihren Anfang nahm, verschließe die Tür hinter Dir. Du siehst nun wieder Deinen Körper vor Dir auf dem Boden sitzen. Stelle Dich in Deinen Körper und setze Dich so hin, dass Du wieder deckungsgleich bist mit ihm. Atme tief durch, strecke Dich und öffne die Augen.

"Ich preise das Feuer der Bewusstheit, allen Dingen vorangestellt,
den Gott des heiligen Rituals, mit den Jahreszeiten erscheinend.
Er ruft die Götter herbei und ist selbst das Beste, der den Schatz öffnet.

Die Flamme ist die Stimme, der Wille das Sehenden.
Die mannigfache Erkenntnis der Wahrheit,
göttlich kommt sie einher mit allen göttlichen Kräften."

(Rigveda I.I.1,5)

Wasser-Meditation

„Die unwandelbare Wirklichkeit wohnt im Herzinneren.
Sie strahlt aus sich selbst.
Wie könnte sie einer beschreiben?
In der Mitte des Herzlotos, erhaben wie das Absolute,
existiert die unmittelbare Wahrnehmung des reinen Ich.
Es leuchtet im Wesen des Selbst.
Gehe ein ins Herz, tauche in deinen Geist und deine Gedanken
Oder indem du den Atem beherrschst.
Sei einer, der im Selbst zuhause ist."
(Ramana Maharshi, Muktatrayam)

Betritt wie zuvor bei der Feuer-Meditation beschrieben Deinen inneren Tempel. Selbstverständlich kannst Du die Wasser-Meditation wie alle anderen hier vorgestellten Meditationen auch durchführen, ohne den inneren Tempel zu betreten.

Visualisiere nun, wie direkt vor Dir ein Kreis aus Wasser entsteht, inmitten Deines Tempels. Auch hier ist vollkommen unerheblich und dem persönlichen Geschmack überlassen, ob sich Dein Tempel so sehr erweitert, dass er einen gewaltigen Ozean beherbergen kann, oder ob sich ein kleiner Bachlauf kreisrund durch Deinen Tempel windet. Im Westen ist dieser Wasserlauf unterbrochen, das Wasser entschwindet im Tempelboden, um wenig später wieder aus dem Boden hervorzuquellen. Durch diesen westlichen Eingang kannst Du nun den Wasserkreis betreten. Hinter Dir schließt sich der Wasserkreis und umgibt Dich nun vollends. Setze Dich in die Mitte des Kreises in Dein Asana und schaue nach Westen. Dann stelle Dir vor, dass sich zwischen Deinen Augen ein drittes Auge öffnet, mit dem Du ebenfalls in das Wasser blickst. Wenn Du das Gefühl hast, dass Du mit diesem dritten Auge ebensoviel wahrnehmen kannst, wie mit den anderen beiden, dann schließe Deine beiden Augen und lasse lediglich das dritte Auge weit geöffnet. Du hast das Gefühl, dass Du mit diesem Auge nicht nur das Wasser vor Dir sehen kannst, sondern den gesamten Wasserring, der Dich umschließt, im Blick hast. Wenn Du willst, beginne nun mit der Wasser-Atmung, das bedeutet, Du atmest langsam durch die Nase ein und durch den Mund aus. Solltest Du mit der Wasser-Atmung nicht klarkommen, so lasse diese Technik einfach weg.

Das Wasser strömt nun an allen Seiten zeitgleich aus dem Wasserkreis heraus auf einen Punkt zu, der sich ungefähr dreißig Zentimeter über Deinem Scheitel befindet. Immer mehr Wasser wird dem Wasserlauf entzogen, der Dich umgibt, bildet einen Wasserkegel um Dich herum und sammelt sich in einer gewaltigen Wassersäule direkt über Dir.

Dann fällt dieses Wasser hernieder, durch Deine Fontanelle in Deinen Kopf und durchspült kalt und klar Deinen gesamten Körper. Das klare Wasser dieses „ätherischen Einlaufes“ spült alles Unerwünschte und Hinderliche aus Deinem Körper heraus und reinigt nicht nur Deinen Körper, sondern klärt auch Deinen Geist. Genieße die Wasserkraft, die Deinen Körper durchströmt. Spüre die Erneuerung, die erfrischende Kraft in jedem Winkel Deines Körpers, Deines Geistes und Deiner Seele, wenn Dein Weltbild die Existenz einer solchen erlaubt.

Schließlich schließe das dritte Auge und beruhige durch Deine Atmung den Wasserfluss in Dir. Dann öffne Deine beiden Augen wieder und erhebe Dich nach einer Weile, teile den Wasserkreis im Westen und verlasse den Kreis. Beobachte nun, wie der gesamte Kreis aus Wasser langsam verschwindet. Drehe Dich wieder zur Tempeltür und verlasse Deinen inneren Tempel, gehe in den Raum, in dem Deine Wasser-Meditation ihren Anfang nahm, verschließe die Tür hinter Dir. Du siehst nun wieder Deinen Körper vor Dir auf dem Boden sitzen. Stelle Dich in Deinen Körper und setze Dich so hin, dass Du wieder deckungsgleich bist mit ihm. Atme tief durch, strecke Dich und öffne die Augen.

Luft-Meditation

„Yoga ist die Aufhebung des aus Gedanken zusammengesetzten Geistes. Dann verweilt der Seher in seinem eigenen Wesen.“
(Patanjali: Yoga-Sutras I, 2-3)

Betrete, wenn Du dies wünscht, Deinen inneren Tempel.

Visualisiere, wie ein Wirbelsturm Deinen Tempel erfüllt. Die wild wirbelnden Lüfte bilden einen Kreis um einen ruhenden, absolut windstillen Punkt in ihrer Mitte. Der Sturm teilt sich im Osten. Durch diesen Eingang gelangst Du in den Mittelpunkt, in das Auge des Wirbelsturmes. Sobald Du den Kreis betreten hast, schließt er sich hinter Dir. Du setzt Dich in Dein Asana und blickst nach Osten und beobachtest das stürmende Chaos vor Dir. Dann stelle Dir vor, dass sich zwischen Deinen Augen ein drittes Auge öffnet, mit dem Du ebenfalls in den Sturm blickst. Wenn Du das Gefühl hast, dass Du mit diesem dritten Auge ebensoviel wahrnehmen kannst, wie mit den anderen beiden, dann schließe Deine beiden Augen und lasse lediglich das dritte Auge weit geöffnet. Du hast das Gefühl, dass Du mit diesem Auge nicht nur den Sturm vor Dir sehen kannst, sondern dass Du den gesamten Wirbelsturm, der Dich umschließt, im Blick hast. Wenn Du willst, beginne nun mit der Luft-Atmung, das bedeutet, Du atmest so schnell Du kannst durch den Mund ein und wieder aus. Hierbei gelten die gleichen Vorsichtsmaßnahmen, die bereits bei der Feuer-Atmung Erwähnung fanden. Solltest Du mit der Luft-Atmung nicht klarkommen, so lasse diese Technik weg. Visualisiere nun, wie der Radius des Wirbelsturmes immer enger wird, wie er sich näher und näher an Deinen Körper heranschiebt. Schließlich spürst Du die gewaltigen Kräfte der Luft an Deiner Haut, durch Deine Atmung ziehst Du die Kraft des Sturmes durch die gesamte Oberfläche Deiner Haut in Dich und stößt sie beim Ausatmen wieder aus Dir heraus. Der Sturm fährt durch Dich hindurch, wie ein Novembersturm durch das Geäst eines allein stehenden Baumes. Der Sturm reinigt Dich, er pumpt Dich voll mit rasender, belebender Energie, mit Gedankenfetzen, die umherfliegen, mit neuen, nie gedachten Ideen und mit der Urkraft der Winde.

Dann bemerkst Du, wie sich das Auge des Wirbelsturmes wieder vergrößert und die ekstatisch tanzenden Winde Abstand nehmen von Deinem Körper. Schließlich sind sie wieder so weit von Dir entfernt, wie zu Beginn der Arbeit. Nun schließe das dritte Auge und beruhige Deine Atmung. Dann öffne Deine beiden Augen wieder und erhebe Dich nach einer Weile, teile den Sturm im Osten und verlasse den Kreis. Beobachte nun, wie der gesamte Wirbelsturm sich auflöst und langsam verschwindet. Drehe Dich wieder zur Tempeltür und verlasse Deinen inneren Tempel, gehe in den Raum, in dem Deine Luft-Meditation ihren Anfang nahm, verschließe die Tür hinter Dir. Du siehst nun wieder Deinen Körper vor Dir auf dem Boden sitzen. Stelle Dich in Deinen Körper und setze Dich so hin, dass Du wieder deckungsgleich bist mit ihm. Atme tief durch, strecke Dich und öffne die Augen.

Erd-Meditation

„Protonen Elektronen Neutronen
Atome
Elemente
- Stein

Geologisch
Kristallographisch
Chemisch-physikalisch
- Stein

Schwer
Hart
Rau
- Stein

Lautetiketten klassifizieren das Erscheinende

Lautetiketten verschweigen das Erscheinende

Es ist da, wie es ist
Es ist für sich da, wie es für mich ist
Es schweigt mir zu:

Ich bin der Abgrund“

(J. Kemmer: Der Stein)

Bei dieser Erd-Meditation wird weniger der mütterliche und wachstumsfördernde Erdaspekt berücksichtigt, als jene Eigenschaften, die wir eher einem großen Felsen zuschreiben würden. So kann diese Arbeit vor allem in luftdominierten Zeiten für die nötige Festigkeit sorgen und uns dazu verhelfen, auch im Alltagsleben den nötigen „Stand“ zu beweisen.

Betritt also nun Deinen inneren Tempel, wenn Du dies wünschst.

Visualisiere in Deinem Tempel einen großen Steinkreis, der im Norden geöffnet ist. Auch hier ist es Deiner Phantasie überlassen, ob Du einen Kreis aus Kieselsteinen verwendest oder eher die Proportionen von Stonehenge vorziehst. Gehe hinein, beobachte, wie sich der Kreis hinter Dir durch große Felsen schließt. Dann setze Dich ins Asana mit Blickrichtung Norden. Dann stelle Dir vor, dass sich zwischen Deinen Augen ein drittes Auge öffnet, mit dem Du ebenfalls in den Norden blickst. Wenn Du das Gefühl hast, dass Du mit diesem dritten Auge ebensoviel wahrnehmen kannst, wie mit den anderen beiden, dann schließe Deine beiden Augen und lasse lediglich das dritte Auge weit geöffnet. Du hast das Gefühl, dass Du mit diesem Auge nicht nur die Felsen vor Dir sehen kannst, sondern dass Du den gesamten Steinkreis, der Dich umschließt, im Blick hast. Wenn Du willst, beginne nun mit der Erd-Atmung, das bedeutet, Du atmest langsam durch den Mund ein und ebenso langsam durch die Nase wieder aus. Solltest Du mit der Erd-Atmung nicht klarkommen, so lasse diese Technik einfach weg. Spüre, wie sich unter der Erde feine Kraftlinien bilden, die von den Steinen, die Dich umgeben, unter Deinen Körper führen. Durch diese grau-grünen Energiekanäle fließt nun die Festigkeit und Stabilität der Steine durch Dein Muladhara-Chakra in Dich hinein, so wirst Du selbst nach und nach zum Steinwesen. Kalt, hart, fest, stark, geschützt. Dann schließe das dritte Auge und bringe die Erdenergie in Dir wieder zum Fließen. Dann öffne Deine beiden Augen wieder und erhebe Dich nach einer Weile, teile den Steinkreis im Norden und verlasse den Kreis. Beobachte nun, wie der gesamte Steinkreis sich auflöst und langsam verschwindet. Drehe Dich wieder zur Tempeltür und verlasse Deinen inneren Tempel, gehe in den Raum, in dem Deine Erd-Meditation ihren Anfang nahm, verschließe die Tür hinter Dir. Du siehst nun wieder Deinen Körper vor Dir auf dem Boden sitzen. Stelle Dich in Deinen Körper und setze Dich so hin, dass Du wieder deckungsgleich bist mit ihm. Atme tief durch, strecke Dich und öffne die Augen.

Morgen-Meditation

Betritt den inneren Tempel, wenn dies der Ort Deiner Meditation sein soll, am besten zur *„Brahma Muhurta"*, zur Gottesstunde ein bis zwei Stunden vor dem Aufgang der Sonne.

Begebe Dich in dein Asana. Halte die Augen offen. Atme ein und visualisiere dabei einen großen, nachtblauen Kreis vor Dir. Beim Ausatmen beobachte, wie sich in der Mitte des großen Kreises ein kleiner goldener Punkt bildet. Der blaue Kreis öffnet sich allmählich wie eine Tür und gibt den Blick frei auf das fließende Gold hinter dem Kreis. Mit jedem Atemzug öffnet sich der Kreis weiter, und Du kannst etwas mehr von dem Gold hinter dem nachtblauen Kreis wahrnehmen. Du atmest erneut ein und gleitest durch den Kreis hindurch in den goldenen Raum dahinter. Während Du auf diese Weise hinübergelangst, schließt du die Augen.

Beim Ausatmen strömt die goldene Energie von allen Seiten in dich hinein, beim Einatmen pulsiert und fließt sie in dir, vitalisiert und belebt Dich. Wiederhole diesen Atemzyklus einige Male, dann öffne die Augen, ohne den goldenen Raum zu verlassen. Atme mehrmals tief durch, entspanne Dich und lächle.

Dann stehe auf und beginne Deinen Tag.

Abend-Meditation

„...du bist glücklich und träumst deinen Traum vom Glück."
(Else Müller)

Wenn Du Deinen inneren Tempel als Ausgangspunkt für Deine Meditation gewählt hast, setze Dich darin in Dein Asana. Ansonsten lege Dich bequem auf den Rücken.

Halte die Augen offen. Atme ein und visualisiere dabei einen großen, goldenen Kreis vor Dir. Beim Ausatmen beobachte, wie sich in der Mitte des großen Kreises ein kleiner nachtblauer Punkt bildet. Der goldene Kreis öffnet sich allmählich wie eine Tür und gibt den Blick frei auf das tiefe, fließende Blau hinter dem Kreis. Mit jedem Atemzug öffnet sich der Kreis weiter und Du kannst etwas mehr von dem Nachtblau hinter dem goldenen Kreis wahrnehmen. Du atmest erneut ein und gleitest durch den Kreis hindurch in den nachtblauen Raum dahinter. Während Du auf diese Weise hinübergelangst, schließt du die Augen.

Beim Ausatmen strömt die tiefblaue Energie von allen Seiten in dich hinein, beim Einatmen fließt sie in dir, beruhigt Dich und erfüllt Dich mit einer sanften Zufriedenheit. Wiederhole diesen Atemzyklus einige Male. Halte die Augen geschlossen und betritt das Reich der Träume.

Das schwarze Loch

Die folgenden Übungen wirken extrem energetisierend auf Körper und Geist und sind als Energieübungen an früherer Stelle in diesem Buch bereits angesprochen worden. Da mittlerweile jedoch einige Fortschritte gemacht wurden, hier nun die gleichen Techniken als *Übungen der leeren Hand*, d.h. sie werden ohne äußere Hilfsmittel ausschließlich im Inneren durchgeführt. Für einen Außenstehenden wird es nicht ersichtlich sein, ob es sich überhaupt um eine Meditation handelt. Theoretisch ist auch kein Asana notwendig. Wie fast alle Techniken in diesem Buch sind auch die folgenden im Gehen, Sitzen, Liegen, zuhause, auf einer langen Zugfahrt, beim Stadtbummel oder im Wald durchführbar.

Der Praktizierende sollte sich weitgehend im inneren Gleichgewicht befinden, wenn er sich diesen Übungen zuwendet, und die Wirkungen möglichst detailliert im Tagebuch dokumentieren, um sie später zielgerichtet reproduzieren und einsetzen zu können. Sie sind sehr hilfreich, und es macht viel Spaß, diese Kraft in sich zu erzeugen und sie dann auszuleben, doch wie immer kann sie den überraschten Unvorsichtigen auch aus der Spur bringen.

Setze Dich in Dein Asana. Visualisiere unter dir einen großen, tiefschwarzen Kreis, in dessen Zentrum du sitzt. Über dir visualisiere einen weißen Kreis, der den gleichen Durchmesser hat wie der schwarze Kreis unter dir.

Beginne nun wahrzunehmen, dass der schwarze Kreis unter Dir eine stärker werdende Anziehungskraft entwickelt. Deine Gedanken und inneren Bilder, das Geplapper Deines Geistes werden nach unten gezogen, verlassen Deinen Körper und verschwinden im endlosen schwarzen Nichts. Wenn da nichts mehr ist als ein leerer Körper zwischen einer schwarzen und einer weißen Scheibe, beginne nun, dem Bodenlosen schwarze, schwere Energie zu entziehen. Ziehe die Energie zu Dir hoch und nimm sie auf, lasse sie Deinen Körper durchlaufen und gib sie wieder an das namenlose Dunkel unter Dir ab. Wiederhole diesen Kreislauf einige Male. Langsam erinnere dich an die weiße Scheibe über Dir. Diese senkt sich nun langsam herab, kommt Deinem Kopf näher und näher. In genau dem Moment, in dem sie Deinen Kopf berührt, zuckt ein gleißend heller Blitz aus ihr herab und durchfährt Deinen ganzen Köper, sprengt die ganze Szenerie in gleißendem Licht. Im gleichen Moment, öffne ruckartig die Augen, dann spüre der Energie, die Dich durchströmt. Nach und überlege Dir, in welchen Situationen in Deinem Leben Dir diese *Power* hilfreich sein kann.

Der Stern der Kraft

Entkleide Dich vollständig. Lege Dich mit dem Rücken auf den Boden. Spreize Beine und Arme weit vom Körper ab. Visualisiere im linken Fuß nachtblaues Licht. Ein nachtblauer Lichtstrahl durchfährt deinen Körper langsam bis in den Kopf, von dort ausgehend bis in den rechten Fuß, dann quer durch den Körper in die linke Hand, von dort aus in die rechte Hand. Von der rechten Hand ausgehend gleitet der Lichtstrahl zurück in den linken Fuß. Ein nachtblauer Stern mit den Eckpunkten Füße, Hände und Kopf leuchtet nun auf.

Ziehe nun Energie zusammen an den fünf Eckpunkten des Sterns, an Füßen, Händen und Kopf. Lasse nachtblaue Energiebälle entstehen. Schicke nun von jedem dieser Energiebälle einen Strahl nach oben über das Zentrum Deines Körpers, möglichst gleichzeitig. Diese Strahlen treffen sich in einem Energiezentrum außerhalb deines Körpers, genau oberhalb des Muladhara-Chakras. Dort entsteht ein weiterer, nachtblauer Energieball. Halte den Fluss der Energie in dieses neue, geballte Energiezentrum aufrecht. Gleichzeitig nimm wahr, wie ein Energieüberdruck in diesem Energieball entsteht, da du fortwährend neue nachtblaue Energie hineinpumpst. Durch diesen Druck verfärbt sich die Energie, jedoch ausschließlich in dem neuen Energiezentrum. Sie wird erst langsam, dann schneller golden. Schließlich erstrahlt sie wie gleißendes, flüssiges Gold. Du pumpst weiterhin nachtblaue Energie hinein, die sich in der Energiesphäre golden verfärbt. Der Überdruck in diesem Energieball wird größer und größer.

Schließlich hält seine Begrenzung nicht mehr. Von der goldenen Energiezusammenballung schießt plötzlich ein goldener Energiestrahl herab in Dein Muladhara-Chakra. Von dort aus breiten sich unzählige zuckende goldgelbe Blitze in deinem Körper aus, der von der Welle der Energie ergriffen wird und erzittert. Immer mehr Energie fließt hinab in Deinen Körper. Du hast mittlerweile damit aufgehört, Energie in die Energiesphäre zu pumpen, und fühlst, wie immer mehr von dem nicht enden wollenden Strom goldener Energie in Dich fließt, deine Muskeln zucken lässt, unerwartete Lichtblitze in Deinem Geist erzeugt und Dich stärker und stärker, immer kraftvoller macht, bis Du glaubst, zerplatzen zu müssen vor Energieüberschuss. Kurz bevor dies passiert, versiegt die Energiequelle über Dir, und Du beendest diese Energiearbeit.

Mache etwas mit der gewonnenen Kraft. Baue ein Haus. Fälle einen Baum. Gehe joggen. Habe Sex. Tu was du willst. Erfahrungsgemäß kann die Energie jedoch so stark werden, dass sich ein deutliches körperliches Unwohlsein oder Schwindel einstellen. In diesem Fall schreie und tanze die Energie entweder aus Dir heraus oder, wenn es Mitternacht ist und Du die Nerven Deiner Nachbarn eh schon bis an die Grenzen strapaziert hast, lege Dich flach auf den Bauch, presse die Handflächen auf den Boden, ebenso die Stirn. Lasse die Energie langsam durch die Handinnenflächen und die Stirn aus Dir herausfließen und im Boden „versickern“ (funktioniert auch bei Teppichboden im dritten Stockwerk; gibt meist noch nicht mal Flecken).

Die Sternenreise

Der Sternenreise ist eine kurze Entspannungsübung vorangestellt, die sich auch für andere Übungen empfiehlt und eignet.

Lege Dich auf den Rücken, Füße in den Westen, Arme vor der Brust gekreuzt, Handflächen zum Körper gedreht. Schließe die Augen. Entspanne dich … atme tief ein … und wieder aus … ein … und wieder aus … ruhig atmest Du ein ... und wieder aus. Lenke nun Dein Bewusstsein zu Deinen Füßen, spanne die Muskeln dort kurz und fest an. Dann lockere sie wieder. Nun richte Deinen Geist auf die Wadenmuskulatur, spanne sie intensiv an und dann lasse sie nach kurzer Zeit wieder locker. Richte Deine Aufmerksamkeit nun auf die Oberschenkel, spanne sie für einen kurzen Zeitraum fest an und lasse dann wieder los.

Deine Füße und Deine Beine sind nun ganz warm und entspannt. Du atmest ganz ruhig und tief ein … und aus. Ein … und aus. Nun spanne die Muskeln im Beckenbereich und im Unterleib an und lockere sie nach kurzer Zeit wieder. Dann spanne Deine Bauchmuskeln an … und lasse wieder los. Lenke nun Dein Bewusstsein auf den Brustbereich, die Schultern und den Rücken, spanne die Muskeln dort fest und intensiv an. Und lockere sie wieder. Spanne nun die Muskeln Deiner Oberarme an … und lockere sie. Nun die Unterarme: Fest anspannen … und loslassen. Die Hände und die Finger: Anspannen … und loslassen. Dann spanne die Nackenmuskeln an … und lasse sie wieder los. Dabei atmest Du ruhig und entspannt ein … und wieder aus. Ruhig und entspannt ein … und wieder aus. Wende Dich nun den Muskeln Deines Mundes zu, spanne sie an … und lasse sie wieder los. Dann die Nase: Anspannen … und loslassen, die Wangen: Anspannen … und loslassen. Deine Augen: Anspannen … und loslassen. Deine Stirn: Anspannen … und loslassen. Spanne die Kopfhaut ganz fest und intensiv an … und lasse wieder locker. Dabei atmest Du ruhig … und entspannt. Du atmest ein … und wieder aus. Ein … und wieder aus. Du bist nun ganz und gar ruhig und entspannt. Wenn ein Körperteil noch nicht ruhig und entspannt ist, so spanne es noch einmal kurz und fest an … und lockere die Muskeln wieder. Mit jedem ruhigen und entspannten Atemzug wirst Du ruhiger und wärmer, mit jedem Atemzug ruhiger und entspannter.

Visualisiere nun über Dir einen wolkenlosen, klaren Sternenhimmel. Schaue in den Himmel. Fixiere die Sterne und lasse Dich von ihnen hinanziehen, heraus aus Deinem Körper. Lass es einfach geschehen. Du bemerkst, dass die Geräusche der Welt erst verschwimmen, in der Ferne verhallen und durch Stille ersetzt werden. Wende Dein Bewusstsein nicht ab vom Himmel. Du fühlst dich, als wenn Du in einem Meer der Dunkelheit treibst und höher und höher in die Nacht gespült wirst. Deine Wahrnehmung ändert sich, Dein Körper könnte versucht sein, nach etwas Festem, Sicherem zu greifen; halte Deine Hände davor zurück, den Boden zu berühren. Du wirst weiter und weiter in den Sternenhimmel gezogen, schließlich erreichst Du einen Punkt, an dem sich alles in Zeitlupe zu bewegen scheint, auch Geräusche und Licht verhalten sich anders als normal. An diesem Punkt versuche, Deine Sinne weitestgehend wieder unter Kontrolle zu bekommen. Du bist nun am Sternentor angelangt. Wage den Schritt durch das Tor ohne Angst, denn Angst ist der Zerstörer erschaffender Gedanken.

Der Rest der Reise ist Freiheit.

Anmerkung: Es gibt keinen Grund für Furcht. Dein Geist vergisst den Weg in Deinen Körper niemals.

Der Feuerball

Diese Übung ist fast identisch mit der bereits vorgestellten Übung der „inneren Sonne", jedoch wird die gesammelte Energie nun in Bewegung versetzt, was einen überraschenden Synergieeffekt auszulösen vermag.

Setze Dich in Dein Asana, wenn Du magst in Deinem inneren Tempel.

Du blickst geradeaus. Strecke den rechten Arm seitlich nach unten, mit flacher Hand und Finger gestreckt, führe ihn dann mit einer sehr langsamen, ausholenden, kreisenden Bewegung über Deinen Kopf. Bei dieser Bewegung atme langsam ein. Halte die Luft an, wenn Deine Hand sich über Deinem Kopf befindet. Beim Ausatmen ziehe die Hand ohne Körperberührung vor Dir herab, an Deinem Gesicht, am Hals und der Brust entlang, bis sie vor dem Solar-Plexus ankommt. Du hast vollständig ausgeatmet und hältst einige Sekunden inne. Beim erneuten Einatmen streckst Du den Arm wieder seitlich nach unten, führst ihn erneut mit weit ausholender Bewegung über Deinen Kopf und wiederholst die gesamte Prozedur so häufig, bis Du entspannt und ruhig bist. Konzentriere dich auf die Bewegung und Deinen Atem. Sonst nichts.

Visualisiere eine hohle Kugel aus Glas mit ca. einem Meter Durchmesser unter Dir.

Du sitzt auf dieser Kugel.

Aus tiefster Erde ziehst Du beim Einatmen eine feuerrote, funkensprühende, ihrer Konsistenz nach flüssiger Lava ähnliche Energie in die Kugel unter Dir. Beim Ausatmen beobachte, wie sich die feuerrote, glühende Energie in der Kugel verteilt. Wiederhole dies, bis die Kugel vollkommen mit feuriger „Lava" erfüllt ist. Beim Einatmen die Energie in die Kugel ziehen, beim Ausatmen beobachten. Die Energie in der Kugel beginnt nun, sich langsam im Uhrzeigersinn zu drehen. Zunächst sehr langsam. Die feuerrote, kochendheiße Energie wird immer schneller, bis sie wie in einem Strudel aus Lava um ihr Zentrum wirbelt. Es könnte sein, dass Du einen leisen Ton hörst, der durch die schwingende Energie entsteht. Höre ihn und vergleiche ihn mit den Klängen, die möglicherweise noch kommen mögen in anderen Energiezentren. Dann verlangsamt sich die umherwirbelnde Energie, sie wird langsamer und langsamer, doch die rote Energie bleibt in Wallung. Beim Einatmen beginne nun damit, die Energie aus der Kugel unter Dir emporzuziehen in das Genitalzentrum.

Beim Ausatmen beobachte, wie sie sich erneut kreisförmig in Dir sammelt. Beim Einatmen ziehe weitere Energie nach oben, beim Ausatmen beobachte. Wiederhole dies solange, bis sämtliche Energie aus der unteren Kugel in Deinem Genitalzentrum angekommen ist. Sie dreht sich wieder schneller und schneller und wirbelt durch dein Genitalzentrum. Lausche, ob Du einen Klang wahrnimmst. Die umherwirbelnde Energie verlangsamt sich erneut, ohne zum Stillstand zu kommen. Beim Einatmen beginnst Du, sie in den Bauchbereich zu ziehen, wo sie sich wieder in Kugelform verbindet. Beim Ausatmen beobachtest Du die Energie. Es wiederholt sich hier die gleiche Prozedur, wie oben beschrieben. Danach folgt der Solar-Plexus-Bereich, das Herzzentrum, das Kehl-Chakra, das Dritte Auge. Elementar ist, dass die rote Energie nie wirklich zur Ruhe kommt, sondern sich beständig weiterbewegt. Vom Dritten Auge ausgehend ziehe die Energie beim Einatmen durch die Fontanelle aus Deinem Kopf heraus. Beim Ausatmen beobachtest Du jetzt nicht nur, wie sie kugelförmig über Dir schwebt, sondern Du musst Deine Konzentrationskraft dafür einsetzen, dass sie nicht zurück in Deinen Körper fällt. Sobald Deine Konzentration nachlässt, würde der rote Energieball über Dir herabfallen. Beim Einamten ziehst Du alle Energie aus Dir heraus, bis da nichts mehr in Dir ist, als die Konzentration darauf, dass die Kugel nicht fällt.

Die rote Energie wirbelt nun umher in dem Energieball über Dir. Dann lässt Du die feurige Energie über dir plötzlich mental los, heißglühend fällt der Feuerball in Deinen Körper zurück. Dort breitet sich die rote Energie wie die Welle einer Sturmflut aus Feuer bis in die entlegensten Winkel aus. Du spürst das Feuer in den Füßen, den Fingerspitzen, Deinem Kopf, es schüttelt Deinen gesamten Körper. Du lässt Dich erfassen von der Woge aus Energie und wirst von ihr mitgerissen...

Verwende die aufgebaute Energie für Deine Zwecke, wie immer diese auch aussehen mögen. Sollte Dir der innere Über-Druck zuviel werden, gib die Energie über Stirn und die Innenflächen beider Hände an den Boden ab.

Das Meditationsband

Nimm einen roten, einen blauen, einen goldenen und einen schwarzen Wollfaden von jeweils ca. einem Meter Länge. Belege nun jeden Faden mit einem einzigen Wort, mit einer einzigen Bedeutung. Es empfehlen sich hierbei Aspekte, die Du bislang möglicherweise noch nicht vereinen konntest, die jedoch von einiger Bedeutung für Deinen spirituellen Weg sind und die Du verknüpfen möchtest. Ein Beispiel: Eine gute Freundin von mir belegte den roten Faden mit dem Wort *„Kraft"*, den blauen mit *„Liebe"*, den goldenen mit *„Pfad"* und den schwarzen schließlich mit *„Willen"*. Ihr Leitspruch zu dieser Zeit: *„Durch Kraft und Liebe begehe ich den Pfad meines eigenen Willens."* Verknote die Fäden an einem Ende und beginne sie zu verflechten. Immer wenn Du den roten Faden nimmst, sprich das ihm zugeordnete Wort, wenn Du den blauen Faden zwischen den Fingern hältst, sage sein Wort, desgleichen beim goldenen und schwarzen Faden. Es erübrigt sich hoffentlich zu erwähnen, dass es sich bei diesem Unterfangen mitnichten um eine Handarbeitsstunde (auch wenn diese sehr meditativ sein können) handelt, sondern um eine Meditation. Nimm Dir also ausreichend Zeit und flechte das ungefähr ein Meter lange Band in einer Meditation zu Ende.

Die Meditationskette

„Konzentration heißt: Den Geist an einem einzigen Halt festmachen.
Meditation heißt: Ihn dort in einer einzigen Wahrnehmung aufrechterhalten.
Verwirklichung stellt sich ein:
Wenn der Geist wie von sich selbst entleert
in der Wahrheit des Meditationsobjektes ruht."
(Patanjali: Yoga-Sutras III, 1-3)

Besorge Dir in einem Geschäft für Bastelzubehör kleine Schmuckperlen oder erstelle Dir selbst etwas Vergleichbares, zum Beispiel indem Du kleine Steine oder Muscheln mittig durchbohrst. Dann fädele eine Dir angemessen erscheinende Anzahl (Vorschlag: Fünfzig Stück) der Steinchen oder der Perlen auf Dein Meditationsband auf und verknote dieses so zu einer Kette, dass die Steine oder Perlen nicht über den Knoten rutschen können. Du kannst Deine Meditationskette nun nutzen, wie die Katholiken ihren Rosenkranz verwenden. Er eignet sich perfekt zu Mantra-Meditationen, um die Anzahl der Mantren mitzuzählen, indem Du Perle für Perle durch Deine Finger gleiten lässt.

Beispiel einer Instant-Mantra-Meditation zum Sofort-Ausprobieren:

Setze Dich ins Drachen-Asana. Konzentriere Dich auf den Solar-Plexus-Bereich. Visualisiere dort eine strahlende Sonne, eine goldene Kugel aus Wärme.

Lenke Dein Bewusstsein vollständig auf diesen Feuerball, verschmelze mit der inneren Sonne.

Verwende folgendes Mantra:

OM ADI OM

Mit diesem Mantra rufst Du die göttlichen Energien. Ganz nach Deiner persönlichen religiösen Ausrichtung rufst Du die göttlichen Kräfte in Dich oder aber Du rufst die Kräfte, die ohnehin in Dir sind, zusammen in Deiner inneren Sonne aus Feuer. Wiederhole das Mantra beim Ausatmen mit kräftiger, nicht unbedingt lauter Stimme. Wenn Du durch den Mund einatmest, flüstere stimmlos das Mantra, bevor Du es wieder stimmvoll erklingen lässt. Wiederhole das Mantra insgesamt mindestens fünfzig Mal.

Vergiss jedoch nicht, dass die Quelle eines Mantras niemals in einer Meditationskette liegt, diese ist lediglich eine Hilfe, zu zählen, ein mystischer Rechenschieber. Die eigentliche Heimat des Mantras ist immer das eigene Herz, immer *„der Laut des wahren Selbst – das ICH BIN ALLES als Stimme des spirituellen Herzens, das sich in der Silbe OM manifestiert"* (Dr. David Frawley).

Wenn Du denkst, dass Du mittlerweile zu fortgeschritten bist in der Praxis der Meditation, um solch einfache Übungen durchzuführen, so erinnere Dich: *„Verwirklichung stellt sich ein: Wenn der Geist wie von sich selbst entleert in der Wahrheit des Meditationsobjektes ruht."*

Meditation über die Elemente im eigenen Körper

Genauso, wie wir uns einige Seiten zuvor mit den Elemente-Meditationen beschäftigt haben, können wir diese grundlegende Technik auch in uns selbst anwenden, indem wir den Elementekräften in unserem eigenen Körper nachspüren. Dies führt zum einen in fast allen Fällen zu einem gesteigerten Körperbewusstsein, auch weit über die eigentliche Meditation hinaus, zum anderen werden wir fähiger, die Elemente wirklich anzunehmen, uns mit ihnen in Beziehung zu setzen und in Interaktion zu treten.

Setze Dich in Dein bevorzugtes Asana. Zentriere Deinen Geist, entspanne Deinen Körper, beruhige Deine Gedanken. Atme ruhig und gleichmäßig. Lenke nun Dein Bewusstsein auf alles Warme und Feurige im eigenen Körper, beginne in den Füßen. Es ist unerheblich, ob Du gerade kalte Füße hast oder nicht. Spüre der Wärme nach, die da ist, wenn sie Dir nicht bewusst ist, dann mache sie Dir bewusst. Stelle Dir das warme Gewebe vor, das wärmende Blut. Verlagere dann Dein Bewusstsein auf die Waden, dann auf die Oberschenkel und verlagere es dann nach und nach Deinen gesamten Körper hinauf, bis Du am Kopf angelangt bist.

Dann fahre mit dem Element Wasser fort, beginne wieder in den Füßen. Spüre, wie das Blut durch Deine Füße fließt, wie die Energie durch Deinen Körper strömt. Verlagere wie zuvor beim Feuerelement das Bewusstsein nach und nach höher, bis es den Kopf erreicht.

Dann lasse die Luft folgen. Beginne in der Lunge, spüre, wie die Luft durch Deine Lungenflügel in Dich dringt und durch das Blut in jeden Bereich des Körpers gelangt. Meditiere hierbei nacheinander über verschiedene Körperbereiche, jedoch nicht über das vorbeifließende Blut, sondern über die Luft, über den Sauerstoff, der durch das Blut vorbeitransportiert wird und den Körper versorgt.

Schließlich widme Dich dem Element Erde, zunächst lenke Dein Bewusstsein auf die Festigkeit in Deinen Füßen, dann auf die Stärke der Waden, die Kraft der Oberschenkel und gelange so wieder über den Oberkörper hin zum Kopf.

Bhakti

„Wer sich durch Meditation erhebt zu dem,
was den Menschen mit dem Geist verbindet,
der beginnt in sich das zu beleben, was ewig in ihm ist,
was nicht durch Geburt und Tod begrenzt ist.
Nur diejenigen können zweifeln an einem solchen Ewigen,
die es nicht selbst erlebt haben.
So ist die Meditation der Weg, der den Menschen zur Erkenntnis,
zur Anschauung seines ewigen, unzerstörbaren Wesenskerns führt.
Und nur durch sie kann der Mensch zu solcher Anschauung kommen."
(Rudolf Steiner)

Wir schreiten tapfer voran zu einer für den von der westlichen Kultur geprägten Geist recht anspruchsvollen Übung. Sie ist denkbar einfach, enthält sie doch lediglich ein Mantra, in dem der gesamte Inhalt und Sinn dieser Übung der Verehrung, Hingabe und des Verstehens enthalten zu sein scheint. Es lautet ausnahmsweise nicht *„Ich bin alles"*, sondern ganz einfach:

„Er ist ich."

... oder in Abwandlung:

„Sie ist ich."
„Es ist ich."
„Ihr seid ich."
„Sie sind ich."

Punkt. Das ist alles. Gehe also fortan durch das Leben und verwende dieses Mantra aus dem Bhakti-Yoga. Bist Du in der Kirche und stehst vor dem gekreuzigten Jesus, sprich zu Dir: *„Er ist ich."* Denke darüber nach oder meditiere darüber, es ist gleich. Gehe weiter zu den Heiligenbildern, zur Mutter Gottes, sofern es Dich in eine katholische Kirche verschlagen hat: *„Sie ist ich."* Verlasse die Kirche und kaufe Dir ein Eis. Schaue Dir den Eisverkäufer an: *„Er ist ich."* Unterwegs zur U-Bahn begegnet Dir, um auch in diesem Buch einige Vorurteile zu pflegen, eine Horde Skinheads und schlägt Dir das Eis aus der Hand: *„Sie sind ich."* Fahre heim und schalte den Fernseher an, beobachte unseren Bundeskanzler: *„Er ist ich."* Zünde eine Kerze an und setze Dich Deinem Partner/Deiner Partnerin gegenüber und schaue ihm/ihr tief in die Augen: *„Er ist ich."/ „Sie ist ich."* Stelle Dich vor einen Spiegel: *„Er ist ich."* Praktiziere dies mit möglichst vielen Menschen und Dingen über einen möglichst langen Zeitraum, mindestens aber eine Woche. Notiere in Deinem Tagebuch, was geschehen ist.

Schließlich treibe den Wahnsinn auf die Spitze, indem Du bei allen Dingen, die Du tust, jedem Gedanken, den Du denkst, jeder Vorstellung, die in Dir entsteht, leise zu Dir sprichst: *„Das bin nicht ich."* Es ist nicht erforderlich, aber erlaubt, über tiefere Bedeutungen in der jeweiligen Situation nachzusinnen.

Notiere Dir in der gesamten Zeit, in der Du dieses Yoga praktizierst, jeden Gegensatz, der Dir auffällt. Ist es gerade Tag, so schreibe Dir auf: *Tag und Nacht.* Siehst Du eine Frau, so notiere: *Mann und Frau.* Beobachtest Du eine gute Tat, so schreibe: *Gut und böse.* Siehst Du einen Bettler auf der Straße, so schreibe: *Arm und reich.* Halte für Deine Aufzeichnungen immer einen kleinen Notizblock bereit. Dann, nach einiger Zeit, ziehe Dich eine zeitlang zurück und beginne, Deine gefundenen Gegensätze in Dein Tagebuch zu übertragen. Während Du einen Gegensatz nach dem anderen in Dein Tagebuch schreibst, sprichst Du leise vor Dich hin: „*Ich bin nicht dies und nicht das*." Wenn Du alle Gegensätze in Dein Tagebuch übertragen hast, beginne, diese immer und immer wieder leise zu lesen, während Du bei jedem Gegensatz laut aussprichst: *„Ich bin nicht dies und nicht das."* Wenn Du willst, nimm Deine tolle neue Meditationskette zur Hilfe.

Der Abstieg der Ishtar

*„Eine Göttin besingt besonders ehrfurchtgebietend unter den Göttinnen,
gerühmt werde die Herrin der Menschen, die Größte der IGIGI!
Die Ishtar besingt besonders ehrfurchtgebietend unter den Göttinnen,
gerühmt werde die Herrin der Weiber, die Größte der IGIGI!
Sie, mit schwellender Kraft und Liebreiz angetan, hat Fruchtbarkeit und Fülle,
verführerischen Reiz und Üppigkeit;
Ishtar ist mit schwellender Kraft und Liebreiz angetan, hat Fruchtbarkeit und Fülle,
verführerischen Reiz und Üppigkeit.*

*Honigsüß ist sie an ihren Lippen, Leben ist ihr Mund;
An ihrer Erscheinung wird voll das Lachen.
Prächtig ist sie, schön sind ihre Farben, bunt ihre Augen und schillernd.
Bei dieser Göttin ist Rat zu finden, die Geschicke von allem hält sie in ihrer Hand.
Wo sie hinsieht, ist Heiterkeit geschaffen, Lebenskraft, Pracht,
Fruchtbarkeit von Mann und Frau.
Sie liebt Erhörung, Liebeserweisungen, Freundlichkeit,
auch das einander Gewähren hat sie in der Hand.*

*Wer ist es, der ihrer Größe gleichkäme, wer?
Überlegen stark, hoch erhaben und sichtbar sind ihre Ordnungen.
Ishtar, wer käme ihrer Größe gleich?
Überlegen stark, hoch erhaben und sichtbar sind ihre Ordnungen.
Unter den Göttern ist ihre Stellung hoch, ist ihr Wort von Gewicht,
freundlicher noch als diese ist sie.
Ishtar, unter den Göttern ist ihre Stellung hoch, ist ihr Wort von Gewicht,
freundlicher noch als diese ist sie.
Ihre Königin ist sie, von ihr lassen sie sich stets die Geheiße geben,
liegen allesamt vor ihr auf den Knien.
Den von ihr ausgehenden Glanz nehmen sie von ihr in Empfang;
Weib und Mann fürchten sie ganz besonders.“*

(Altbabylonische Tafel, um 1600 vor unserer Zeitrechnung)

Einführung

Sofern Du Dir das Harris/Crowley-Tarotkartenset für die Arbeiten mit den Arkana, den Pfaden und dem Lebensbaum zugelegt hast, so lege nun den Atu XIII, den Tod, vor Dich hin. Abgebildet ist der Tod, über dem ein Adler aufsteigt, als Symbol der Transformation und des Neubeginns. Die Schlange zu den Füßen des Sensenmannes symbolisiert die Einweihung in die Mysterien des Todes, des Lebens und der Wiederauferstehung. Der Tod als Scheitelpunkt einer Kurve des Schlangen-Lebens:

„Das Universum ist dem Wandel unterworfen;
Jede Veränderung ist die Wirkung einer Tat der Liebe;
Alle Handlungen der Liebe enthalten reine Freude.
Sterbe täglich.
Tod ist der Scheitelpunkt einer Kurve des Schlangen-Lebens:
Erkenne alle Gegensätze als notwendige Ergänzungen
Und lebe in Freude.“
(Aleister Crowley, Das Buch Thoth)

Auf dem Haupt trägt der Tod die Krone des ägyptischen Sonnengottes Osiris. Dieser wurde einer berühmten Legende zufolge von seinem dunklen Gegenüber Seth erschlagen, und seine Leichenteile wurden über ganz Ägypten verstreut. Die Gemahlin des Osiris, die Göttin Isis, war es dann, die alle Leichenteile bis auf den Phallus wieder zusammenfügte und mittels Zauberkraft Osiris wieder zum Leben erweckte. Durch die Unterweltsfahrt des Osiris wurde er ein Eingeweihter, wurde zu einer Gottheit der Ganzheit, auch zur richtenden, schwarzen Gottheit der Duat, der Unterwelt in der Vorstellung der Ägypter.

Was uns hier vordergründig als plumper Mord erscheint, war demnach Teil eines initiatorischen, einweihenden Planes.

Als der ägyptische Gott Kephra die Unterwelt betrat, starb er, um als sein eigener Sohn wiedergeboren zu werden. Im *Ägyptischen Totenbuch* sagt Kephra über sich selbst, dass er jener werden wolle, der sich selbst erschaffen hat. So wurde er von einem Teil der Schöpfung zum Selbsterschaffer. Die Idee, selbsterschaffende Individuen zu werden, war den meisten Ägyptern zu alten Zeiten zwar fremd, wurde jedoch später durch die Griechen nach Ägypten importiert und verschmolz dann mit den Überlieferungen um den Skarabäusgott Kephra.

Die Einweihung des Kulturheros durch Mord und Zerstückelung durch seinen dunklen Bruder oder seine dunkle Schwester findet sich in zahlreichen südamerikanischen Überlieferungen wieder. Der Einzuweihende wird buchstäblich in seine Einzelteile zerlegt und fügt sich als neuer, wiedergeborener Mensch wieder zusammen, oder er wird zusammengefügt in einem Akt der Liebe. Da diese Zerstückelung auf allen Ebenen des Seins ein wesentliches Merkmal fast jeden Einweihungsweges ist (wenn auch nicht in jedem Fall derart drastisch dargestellt), macht es Sinn, seinen Guru, seinen Lehrer, seinen spirituellen Meister oder seinen „dunklen Bruder“ oder seine „dunkle Schwester“ gut zu wählen. Wenn wir in unserem Kulturkreis bleiben, werfen wir einen Blick auf Odin, der in einem Selbstopfer ein Auge opferte, um von den Riesen zu lernen oder an den an das Kreuz der Welt geschlagenen Jesus von Nazareth, der hinabgefahren ist in die Hölle, um danach aufzufahren in den Himmel, zu sitzen zur rechten Seite des Vaters als Richter über die Lebenden und die Toten. Im mongolischen und tibetanischen Chöd sucht der Chödpa furchterregende Orte auf, wie zum Beispiel Bestattungsplätze oder abgelegene Bergregionen, begibt sich mit Knochentrompete und Schädeltrommel in Trance, zerstückelt sich im Geiste selbst und bietet sein Fleisch unter anderem seinen eigenen Dämonen und Feinden als Festmahl an. Dies ist keine besonders abartige Form des Selbstmordes, sondern ein Einweihungsweg, der aus der womöglich siebzehntausend Jahre alten Tradition des Bön, der ursprünglichen Religion Tibets hervorging. Der Bön ist stark schamanisch ausgerichtet und beeinflusst bis heute viele Schulen des tibetischen Buddhismus. Aus dem Tibetischen wörtlich übersetzt bedeutet Chöd soviel wie „durchtrennen“ oder „abschneiden“. All das, was der Chödpa darstellt, alles, was er hat, ist, fühlt und weiß, bringt er anderen Lebewesen als Opfergabe dar. Dies ist keine einzelne Zeremonie, sondern ein vollständiger Initiationsweg.

Um diesen Prozess geht es auch beim „Abstieg der Ishtar“. Der Kult der Ishtar war über den gesamten vorderen Orient verbreitet. Dieses Urdrama stellt mit seinen nahezu fünftausend Jahren die älteste, schriftlich festgehaltene Überlieferung der Menschheit dar, in der eine Gottheit stirbt und zum Leben erwacht. Der „Abstieg der Ishtar“ hat heute besonders bei diversen Hexenzirkeln und zum Beispiel bei Starhawk viele Freunde gefunden, und es existieren zahlreiche Versionen dieses Abstieges in die (eigene) Unterwelt.

Es mag ein Grund sein, warum sich gerade Frauen für diese uralte Göttin interessieren, dass Ishtar eben nicht die dickbäuchige, ewigschwangere Göttermutti ist, die sich um Herd und Kinder kümmert, während sie auf die Heimkehr ihres siegreichen Recken wartet, der zwischenzeitlich bei den Huren von Babylon seinen Sold durchbringt. Ishtar ist die Göttin der sexuellen Liebe und der Kriegskunst, eine dominante, wunderschöne, selbstbewusste und vor allem selbstbestimmte Göttin. Sie wird der Venus zugeordnet. Die Flagge auf dem Tempel der Göttin in der aktiven Netzach-Reise im Kapitel über die Kabbala zeigt den Morgenstern der Ishtar. Unter ihrem Stern erlangte der Buddha zu anderer Zeit, an einem anderen Ort Erleuchtung.

Ishtar wurde auch als Inanna verehrt, als sumerische Herrin des Himmels. Inanna-Ishtar wurde mit dem aufkommenden Christentum wie so viele andere Götter dämonisiert, im syrischen Raum mutierte sie in den Augen der Menschen zur Dämonin und verschmolz mit der Figur der Lilith, Adams erster Frau, die nicht bereit war, sich ihm zu unterwerfen und dafür verstoßen wurde. Einer der Beinamen der Lilith war „Belti", sie teilt ihn mit Ishtar, Lilitu bedeutet „Windmädchen", Ishtar soll die Tochter des Sturmgottes Enlil gewesen sein. Ishtar-Inanna-Lilith steht dem männlichen Geschlecht nicht „zur Verfügung", antwortet auf diese Unfreiheit jedoch nicht mit Askese, sondern sie begegnet dem Ungleichgewicht durch ein sexuell aktives, selbstbestimmtes Leben. Es mag die Angst der männerdominierten Gesellschaft gewesen sein, dass Lilith nachgesagt wird, dass sie die Männer erst ausnutzt, dann abhängig macht und schließlich vernichtet. Sie ist das Vorbild für die mittelalterlichen Succubi und Incubi, Dämonen und Dämoninnen, die den Menschen nächtens heimsuchen, um ihn sexuell abhängig zu machen. Sie waren eine der praktischsten Erfindungen des Mittelalters, wurde eine Frau schwanger, jedoch nicht von ihrem Angetrauten, oder entdeckte dieser, dass sie nicht jungfräulich in den Heimathafen der Ehe gekommen war, so konnte sie immer noch die Verantwortung für diese Untat einem Dämon zuschreiben, der sie nächtens heimgesucht hatte. Die meisten Damen wurden jedoch aus gutem Grunde zu Zeiten der Hexenverfolgung vorsichtiger, Buhlschaft mit Dämonen als Ausrede zu nennen. Lilith wird wie Ishtar-Inanna der Venus zugeordnet. Ishtar wurde auch als Astarte verehrt, die Griechen identifizierten sie später mit Aphrodite, die Römer naheliegenderweise mit der Göttin Venus. Als um das Jahr eintausendachthundert vor unserer Zeitrechnung das Volk der Hyksos in Ägypten einfiel, verehrten sie Astarte und den ägyptischen Unterweltsgott Seth als Götterpaar. Unnötig, an die Bedeutung des Seth bei der Einweihung des lichten Osiris zu erinnern. Weiterhin ist es eben dieser „böse" Seth, der als Feind des Lichtes beschrieben wird, der vor jedem Tagesanbruch von der Spitze der Sonnebarke aus die Apepschlange in den Tiefen der Unterwelt niederringt, um die Wiedergeburt der Sonne zu ermöglichen. Dies verdeutlicht, wie achtsam wir auch bei dem gegensätzlichen Geschwisterpaar Ishtar und Ereshkigal mit der Terminologie „gut" und „böse" sein sollten. Der ursprüngliche Partner der Astarte im Pantheon der Hyksos war jedoch Baal, Gott des Regens, der Vegetation und der Fruchtbarkeit. Das semitische (hier als Beschreibung der Sprachfamilie verwendet) Wort „Baal" bedeutet ursprünglich „Herr". Baal begegnet uns beständig im alten Testament der Bibel als Gegenspieler des jüdischen Jahwe, zum Beispiel bei Samuel 1, 7 ff, der Israels Sieg gegen die Philister beschreibt: *„Da entfernte Israel die Baale und Astarten und diente dem Herrn allein."*

Da Ishtar nicht nur mit dem Morgenstern, sondern auch mit dem Aspekt der Venus als Abendstern in Verbindung gebracht wurde, finden sich auch in ihrer Charakterisierung zwei scheinbar entgegengesetzte Eigenschaften wieder: Die kriegerische Ishtar ist immer verbunden mit der liebevollen Ishtar. In ihrer kriegerischen Gesinnung mag ein Grund verborgen liegen, warum Ishtar oftmals als männlicher Krieger dargestellt und beschrieben wurde.

Es gibt von der im Kern immer gleichen Geschichte verschiedene Versionen, und es werden unterschiedliche Beweggründe genannt, warum Ishtar die Reise in die Unterwelt auf sich nimmt. Es existiert die weit verbreitete Meinung, dass Ishtar versucht, in den Tiefen der Unterwelt ihren Geliebten zu befreien, in einer anderen Version betritt sie selbst widerrechtlich das Reich der Unterwelt und bietet ihrer dunklen Schwester Ereshkigal ihren Geliebten als Ersatz für sich selbst an, da dieser in ihrer Abwesenheit auf ihrem Thron Platz genommen hatte, was Ishtar schrecklich erzürnt hat.

Wenn ich im folgenden mit Hilfe der Technik der geführten Meditation den Pfad dieser uralten Einweihung vorstelle, kann sich der geneigte Wanderer in die Unterwelt entweder diesen Pfad anschauen, wie sich ein Tourist für eine kurze Urlaubszeit in eine fremde Kultur mit ungewöhnlichen, religiösen Vorstellungen begibt, oder er kann sich hernach entscheiden, diesen Weg zu gehen. Was dieser Text leisten kann und soll, ist eine Landkarte dieses fremden Gebietes vorzustellen, die betrachtet und mit dem Finger bereist werden kann. Man sollte jedoch nicht die Landkarte mit dem Territorium selbst verwechseln oder anders ausgedrückt: Die Speisekarte schmeckt nicht wie das Menü.

Nimm entweder die vollständige Meditation auf Tonband auf oder entnimm der Meditation nur einige Impulswörter, die Du auf Band sprichst. Studiere die Reise vorher gründlich und orientiere Dich dann an den einzelnen Stichworten, auf dass Du nicht verloren gehst unterwegs. Setze Dich in Dein Asana oder lege Dich hin, in diesem Fall lege jedoch die Beine nicht etwa auf einen Stuhl, sondern so bequem es geht an einer Wand hoch, um zwar eine bequeme Position sicherzustellen, ungewolltes Einschlafen jedoch zu vermeiden. Verbinde Deine Augen mit einem breiten Stück Stoff, wenn Du magst mit einem Schal, dies erleichtert die Konzentration bei einer langen Reise. Die Reise beginnt mit einer kleinen Entspannungsübung, Du wirst Dich selbst als Ishtar wahrnehmen und an die Tore der Unterwelt klopfen. Sieben unsichtbare Wächter werden sieben Tore bewachen. Jeder der Wächter repräsentiert ein Hemmnis in Deinem Leben. Doch Du kannst weiter in die Unterwelt vordringen, indem Du Deine himmlischen Insignien ablegst und damit Deine Macht aufgibst. Schließlich erreichst Du Deine dunkle Schwester Ereshkigal und stellst fest, dass sie aussieht, wie Du selbst. Ereshkigal befiehlt Deinen Tod. Du bist nicht mehr, und in diesem Nichtsein erkennst Du die Essenz der Ereshkigal und damit Deine eigene. Die dunkle Ereshkigal, lebende Verkörperung der Unterwelt und des Todes, spendet daraufhin der toten Gottheit des Himmels und des Lebens das Lebenswasser, dessen Quelle in der Unterwelt liegt. Du erwachst zu neuem Leben und gehst den Weg an den sieben Wächtern vorbei, durch die sieben Tore zurück in die Oberwelt. Doch dieses Mal erkennst Du die Wächter als das, was sie wirklich sind: Teile Deiner selbst. Du lässt sie nun nicht länger im Unbekannten zurück, sondern integrierst sie als einen bewussten Anteil Deines Lebens.

Die Reise zum Schatten

„Herrin von NINGAL, jubelnd zur Freude geboren,
wie einem Drachen ist dir Zerstörungskraft gegeben.
Auf einem Sturmwind thronst du,
hast aus dem ABZU die ME, die göttlichen Kräfte erlangt,
hast den König AMA'USCHUMGALNNA auf deinem heiligen Hochsitz
Platz nehmen lassen.

Göttin, du hast deine göttlichen Kräfte im Himmel
unerreichbar gemacht,
hast vom Leibe der Mutter an
Wehr und Waffen ergriffen.

Herrin, wer kennt in allen Himmeln, auf allen Erden,
was dein hoher Sinn plant?
Vor deinem Wort, das wie einen doppelten Faden niemand zerreißt,
zittert der ganze Himmel.“
(Götterlied, babylonische Keilschrifttafel)

0

Setze Dich ins Asana oder lege Dich hin, jedoch so, dass Du nicht einschlafen kannst, beruhige mit den Dir bekannten Techniken den Atem und die Gedanken, dann betritt den inneren Tempel, wenn dies der Ort Deiner Meditation sein soll. Wenn Du die Reise vollständig oder auch nur die Impulsbegriffe auf Band gesprochen hast, spiele sie nun ab. Die tiefe Dunkelheit einer fast sternenlosen Nacht umgibt Dich. Nur ein einziger, kleiner Stern leuchtet einsam über Dir am Firmament. Du atmest ruhig und entspannt und beobachtest eine ganze Weile den kleinen, kreisrunden Lichtpunkt, der unbewegt am Himmel leuchtet. Dann beobachtest Du, wie er sich fast unbemerkt ausdehnt, immer mehr an Größe gewinnt, wächst und sich aus dem Leuchtpunkt eine Sternform herausbildet. Sein Strahlen fängt nun an, Dich zu blenden, so hell ist sein Licht. Der Stern wird größer und größer und erfüllt nun fast Dein gesamtes Blickfeld, so riesig ist er geworden, und so nah ist er Dir gekommen. Das funkelnde Strahlen verschwimmt, und inmitten des Sterns siehst Du nun die Konturen eines Gesichtes. Es ist das Spiegelbild Deines eigenen Gesichtes, Du blickst Dir selbst ins Angesicht.

In diesem Spiegel erkennst Du Dich: Du bist Ishtar. Betrachte Dein Gesicht, Deine Haut, Deine Haare, Deinen Körper, der in ein bodenlanges, kostbares Gewand gehüllt ist, das durch einen kostbaren Gürtel gehalten wird. Auf dem Kopf trägst Du eine mit Edelsteinen besetzte Krone, die ein wenig wie ein Bienenkorb aussieht. Du trägst kostbare Ohrringe aus Lapislazuli, eine glitzernde Halskette und einen Edelstein auf der Brust. An Deiner Hand trägst Du einen prachtvollen Ring als Zeichen Deiner Herrschaft.

Du weißt von den Menschen, dass sie Dich verehren, wenn sie am Morgen und am Abend die Venus am Himmel erblicken. Es gibt jene, die sagen, dass Du die Tochter des Himmelsgottes Anu bist, andere sagen, dass Du von Nanna, dem Mond abstammst und wieder andere denken, dass Enlil, der Gott des Sturms, Dein Vater ist. Vielleicht sind sie alle Deine Väter: Der Himmel, der Mond und der Sturm. Dein ist der Stern des Kampfes, wenn Du auf Deinem Tier, dem Löwen, in die Schlacht reitest. Eine Kriegerin bist Du, stolz und erhaben, und die Kriegsherren verehren Dich. Auf Deine Weisung hören Himmel und Erde. Die jungen Männer und die Töchter der Menschen verehren Dich, weil Du ihnen die Lust schenkst und alle Freuden der Welt. Die Aufrührer und Freigeistigen verehren Dich, denn Du bist die Göttin jener, die sich selbst gehören. Du bist die Herrin des Abends, die Heldin, die allein vom Himmel kommt. Dein Vater hat Dir den Himmel gegeben, das Kampfgetümmel hat er Dir gegeben, den Orkan hat er Dir gegeben, den Himmel hat er Dir aufs Haupt gesetzt, die Erde hat er als Sandale an Deine Füße gelegt, den leuchtenden Göttermantel hat er Dir umgetan. Du bist Ishtar, die Herrin der Lebenden und vielleicht des Lebens selbst, welcher Gott will sich mit Dir messen?

Das Bild des Sternenspiegels verschwimmt, und ein anderes Licht steht nun klein und rotglühend am Horizont. Es ist die Abendsonne, die im Westen in den Horizont sinkt. Du befindest Dich direkt vor einer mächtigen Felswand, die vor Dir in den Himmel ragt. Direkt vor Dir öffnet sich die Felswand zu einer Höhle, die tief in den Fels hineinzuführen scheint. Du betrittst die Höhle und fühlst die feuchte Kälte, die Dich nun umgibt. Die Höhle scheint auszuatmen, kalt und feucht und unheimlich weht Dir ein kühler Windhauch entgegen. Ein schmaler Weg führt tiefer hinein in den Felsen, das letzte Licht des Tages reicht nun nicht mehr bis hierher. Absolute Dunkelheit umgibt Dich, doch Du tastest Dich langsam weiter voran. Dann siehst Du mit einem Mal ein fernes Licht, das auf den feuchten Felswänden tanzt, der Pfad windet sich weiter und weiter in die Höhle und beginnt, dabei leicht abzufallen.

I

Dann siehst Du vor Dir ein großes Tor, das Dich am Weitergehen hindert, direkt vor der Pforte brennt eine Fackel und beleuchtet den Gang vor Dir. Du siehst Dir das Tor an, es ist kein Schloss, kein Griff und kein Riegel zu sehen, doch es bleibt fest verschlossen. Du weißt, hinter dieser Pforte existiert ein Reich jenseits Deines Reiches, es wird beherrscht von Deiner dunklen Schwester Ereshkigal. Es ist das Reich der Schatten, in das alles, was lebt, eines Tages hinabsteigen muss.

Du schlägst mit der Faust mehrmals gegen die Pforte und rufst den Wächter des ersten Tores: *„Wächter des ersten Tores, öffne der Herrin des Himmels, des Mondes und des Sturms! Mache frei den Weg zu Ereshkigal, meiner dunklen Schwester, Herrin des Schattenreiches und der Welt der Toten! Sieh mich an, ich trage die Krone als Zeichen der Kraft meines Geistes und der Macht meines Willens. Damit bewege ich die Welt. Doch meine Herrschaft endet hier. Nimm meine Krone, ich lasse zurück diesen Teil von mir. Wächter des Tores, öffne mir!"*

Das Tor springt mit einem lauten Knarren aus dem Schloss und öffnet sich langsam. Du schreitest hindurch und spürst, wie Dir die Hände des unsichtbaren Wächters in die Unterwelt die Krone vom Kopf nehmen.

Du setzt Deinen Weg fort und gehst weiter hinab in das Reich der Dunkelheit. Das Licht der Fackel des ersten Tores entschwindet, je tiefer Du vordringst, und wird abgelöst durch einen weiteren Feuerschein, der an den feuchten Felswänden tanzt.

II

Du gelangst zu einem zweiten Tor, vor dem die Fackel in der Finsternis Wärme und Licht spendet. Auch dieses Tor ist fest verschlossen. Du schlägst mit der Faust mehrmals gegen die Pforte und rufst den Wächter des zweiten Tores: *„Wächter des zweiten Tores, öffne der Herrin des Himmels, des Mondes und des Sturms! Mache frei den Weg zu Ereshkigal, meiner dunklen Schwester, Herrin des Schattenreiches und der Welt der Toten! Sieh mich an, ich trage die Ohrringe aus Lapislazuli als Zeichen der Kraft meiner Kreativität, meiner Fähigkeit zu Visionen, meiner Herrschaft über die Elemente des Lebens. Damit erschaffe ich Wahrheit. Doch meine Herrschaft endet hier. Nimm meine Ohrringe aus Lapislazuli, ich lasse zurück diesen Teil von mir. Wächter des Tores, öffne mir!"*

Das Tor schwingt langsam auf und gibt den Weg frei. Der unsichtbare Wächter nimmt Dir die Ohrringe aus Lapislazuli.

Du gehst weiter hinab in die Unterwelt, die Felswände rücken nun etwas näher an Dich heran, Du kannst ihre feuchte Kälte deutlich spüren. Vor Dir siehst Du das Licht einer weiteren Fackel.

III

Du stehst nun vor dem dritten Tor zur Unterwelt. Es ist ebenfalls fest verschlossen. Du schlägst Deine beiden Fäuste gegen die Pforte, der Nachhall Deiner Schläge donnert durch die Höhle und verschwindet dann tanzend. Du rufst dem Wächter des dritten Tores zu: *„Wächter des dritten Tores, öffne der Herrin des Himmels, des Mondes und des Sturms! Mache frei den Weg zu Ereshkigal, meiner dunklen Schwester, Herrin des Schattenreiches und der Welt der Toten! Sieh mich an, ich trage die Halskette als Zeichen* *der Kraft meiner Stimme. Damit lasse ich die Welt erbeben. Doch meine Herrschaft endet hier. Nimm meine Halskette, ich lasse zurück diesen Teil von mir. Wächter des Tores, öffne mir!"*

Die mächtige Pforte öffnet sich zunächst nur einen schmalen Spalt. Du spürst einen kalten Lufthauch im Gesicht, der Dir von der anderen Seite des Tores entgegen weht. Du kannst die Tür nun aufdrücken. Du spürst, wie unsichtbare Hände Dir die Halskette abnehmen.

Du lenkst Deine Schritte weiter hinein in die Höhle, der Gang windet sich tiefer und tiefer ins kalte Gestein.

IV

Dann erreichst Du das vierte Tor, vor dem eine weitere Fackel in der Finsternis steht und das Tor beleuchtet. Du schlägst Deine Faust gegen die Pforte und rufst mit lauter Stimme dem Wächter des vierten Tores zu: *„Wächter des vierten Tores, öffne der Herrin des Himmels, des Mondes und des Sturms! Mache frei den Weg zu Ereshkigal, meiner dunklen Schwester, Herrin des Schattenreiches und der Welt der Toten! Sieh mich an, ich trage den Edelstein auf meiner Brust als Zeichen der Kraft meines Mitgefühls und der Macht meiner Liebe. Damit spende ich der Welt Trost. Doch meine Herrschaft endet hier. Nimm den Edelstein von meiner Brust, ich lasse zurück diesen Teil von mir. Wächter des Tores, öffne mir!"*

Das Tor öffnet sich langsam. Du schreitest hindurch und spürst, wie Dir die Hände des unsichtbaren Wächters den Edelstein von Deiner Brust nehmen.

Du setzt Deinen Weg fort und gehst weiter hinab in das Reich der Dunkelheit. Das Licht der Fackel des vierten Tores entschwindet, je tiefer Du vordringst, und wird abgelöst durch einen weiteren Feuerschein, der an den feuchten Felswänden tanzt.

V

Du gelangst zu einem fünften Tor, vor dem die Fackel in der Finsternis Licht spendet. Auch dieses Tor ist fest verschlossen. Du schlägst mit der Faust mehrmals gegen die Pforte und rufst den Wächter des fünften Tores: *„Wächter des fünften Tores, öffne der Herrin des Himmels, des Mondes und des Sturms! Mache frei den Weg zu Ereshkigal, meiner dunklen Schwester, Herrin des Schattenreiches und der Welt der Toten! Sieh mich an, ich trage den Ring der Herrschaft an meiner Hand als Zeichen der Größe meiner Autorität, meiner Macht und Stärke. Damit halte ich die Missgunst zurück und besiege meine Feinde. Doch meine Herrschaft endet hier. Nimm meinen Ring, ich lasse zurück diesen Teil von mir. Wächter des Tores, öffne mir!"*

Das Tor schwingt langsam auf und gibt den Weg frei. Der unsichtbare Wächter streift Dir den Ring vom Finger.

Du lenkst Deine Schritte weiter hinab in die Unterwelt. Vor Dir siehst Du das Licht einer weiteren Fackel.

VI

Du stehst nun vor dem sechsten Tor zur Unterwelt. Es ist ebenfalls fest verschlossen. Du schlägst Deine beiden Fäuste gegen die Pforte. Du rufst dem Wächter des Tores zu: *„Wächter des sechsten Tores, öffne der Herrin des Himmels, des Mondes und des Sturms! Mache frei den Weg zu Ereshkigal, meiner dunklen Schwester, Herrin des Schattenreiches und der Welt der Toten! Sieh mich an, ich trage meinen Gürtel als Zeichen der Kraft meines Verlangens, meiner unberechenbaren Leidenschaft und meiner Lust. Damit mache ich die Erhabenen zu einem Teil von mir. Doch meine Herrschaft endet hier. Nimm meinen Gürtel, ich lasse zurück diesen Teil von mir. Wächter des Tores, öffne mir!“*

Die mächtige Pforte öffnet sich. Die unsichtbaren Hände des Wächters lösen Deinen Gürtel.

Du gehst weiter, tiefer hinein in die Höhle, der Gang windet sich tiefer und tiefer ins kalte Gestein.

VII

Dann erreichst Du das siebte Tor, vor dem eine weitere Fackel in der Finsternis steht und das Tor erhellt. Du schlägst Deine Faust gegen die Pforte und rufst mit lauter Stimme dem Wächter des siebten Tores zu: *„Wächter des siebten Tores, öffne der Herrin des Himmels, des Mondes und des Sturms! Mache frei den Weg zu Ereshkigal, meiner dunklen Schwester, Herrin des Schattenreiches und der Welt der Toten! Sieh mich an, ich trage das Gewand als Zeichen der Kraft meiner Festigkeit, der Macht meiner Unbeirrbarkeit und der Stärke meiner Willenskraft. Damit trotze ich allen Widerständen. Doch meine Herrschaft endet hier. Nimm mein Gewand, ich lasse zurück diesen Teil von mir. Wächter des Tores, öffne mir!“*

Das Tor öffnet sich langsam. Du schreitest hindurch und spürst, wie Dir die Hände des unsichtbaren Wächters das Gewand abstreifen. Du bist nun vollkommen nackt, und kein Zeichen Deiner Macht ist Dir geblieben. Nichts kannst Du in das Reich der Ereshkigal mitnehmen, als Dich selbst.

VIII

Du setzt Deinen Weg fort und gehst weiter hinab in das Reich der Toten. Die Höhle erweitert sich nun zu einem großen, dunklen Raum, in dessen Mitte ein Feuer lodert und die Schatten auf den nackten Felswänden tanzen lässt. Hinter dem Feuer steht ein schwarzer Thron, auf dem Deine Zwillingsschwester Ereshkigal sitzt. Auf ihrem Kopf trägt sie dieselbe Krone, die Du noch vor wenigen Momenten auf dem Haupt getragen hast, sie trägt Deine Ohrringe, Deine Halskette, Dein Juwel auf der Brust, Deinen Ring, Dein Gewand und Deinen Gürtel. Sie hat Deine Gesichtszüge, doch ein dunkler Schatten liegt auf Deinem Ebenbild.

Ereshkigal spricht Dich leise und stolz an: *„Erhabene und gehasste Schwester mein, Himmelskönigin, Freundin der Menschen, was hat Dich dazu veranlasst, in mein Reich einzudringen? Willst Du den Staub fressen, den die toten Menschen Nahrung nennen? Willst Du ihr Blut trinken, an dem sich meine Schatten laben? Namtar, mein Diener! Niemals soll Ishtar mein Reich verlassen können, niemals mehr soll sie den Himmel unseres Vaters sehen."*

Namtar, der schattengleiche Diener der Ereshkigal ergreift Dich und schleppt Dich durch die Halle. Du bist wie gelähmt angesichts des Schattens, wagst kaum zu atmen. Er kettet Dich an die Höhlenwand, Du spürst, wie die Kälte in Dir hinaufkriecht. Doch es ist nicht die kalte, nasse Felswand, die Dich erschauern lässt, sondern der Lebensatem, der aus Dir herausfließt. Die Reste Deiner Willenskraft, der kümmerliche Rest Deiner Identität, das letzte bisschen Lebenskraft verlässt Deinen Körper, rinnt aus Dir heraus, wie aus einem löchrigen Sieb. Dein Körper ist eine leere Hülle, gebunden in den Ketten der Unterwelt.

Dein Leben versinkt in Finsternis.

Es ertrinkt in einem schwarzen Ozean aus Leere und Dunkelheit.

IX

Aus unendlich weiter Ferne scheint eine Stimme zu Dir zu dringen, wie ein entferntes Donnergrollen, welches der Nachtwind zu Dir trägt. Es ist die Stimme der Ereshkigal: *„Ich bin die Herrscherin der Zeit, ich bin die Königin der ewigen Nacht. Ich bin das beständige Unten, ich bin die Wurzel des Lebensbaumes. Die Zweige und Blätter des Baumes mögen im Wind tanzen, doch ich verharre in der Tiefe ewig unbewegt. In mir ruht das Leben, schläft der Tag. Mein ist die dunkle Erde, aus meinem Schoß gebäre ich der Welt Krankheit, Lust und Tod. Mein ist die mitleidlose Quelle allen Wahnsinns, des chaotischen Gefüges der Welt. Schwester mein, ich erkenne Dich, in uns lodert die gleiche Flamme unseres Vaters, in uns ist die Welt eins. Ich erkenne mich in Dir. Dein Schicksal ist es, der starke Baum zu sein, der in meiner Finsternis fest verwurzelt ist."*

Du spürst, wie eine feuchte Hand über Dein Gesicht, dann über Deinen Mund streicht. Sie benetzt Deine Lippen mit Wasser, Du schmeckst das Wasser und nimmst es in Dir auf. Ein kleiner Funke, eine Ahnung des kommenden Lebens, erwacht in Deiner Brust, beginnt zu pulsieren und Deinen Körper zu wärmen. Deine dunkle Schwester, die lebende Verkörperung des Todes spendet Dir, einer toten und vergessenen Gottheit, das Lebenswasser. Dieses Wasser erfüllt Deinen Körper mit Mut, Willen und Kraft. Du hältst Deine Augen fest geschlossen.

Ereshkigal löst Deine Fesseln und erhebt ihre Stimme: *„Meine Kraft durchströmt Dich nun, geliebte Schwester mein. Verleugne Deine Wurzeln niemals mehr. Lasse die Welt erstarken durch unser Erkennen und das Wissen um unser Schicksal.“*

VIII

Nun öffnest Du Deine Augen und siehst Deine dunkle Schwester Ereshkigal, wie sie wieder auf dem Thron hinter dem Feuer ihren Platz eingenommen hat, der dunkle Schatten Namtar ist bei ihr. Du sprichst zu ihr: *„Du bist die Herrscherin der Zeit, Du bist die Königin der ewigen Nacht. Du bist das beständige Unten, Du bist die Wurzel des Lebensbaumes. Die Zweige und Blätter des Baumes mögen im Wind tanzen, doch Du verharrst in der Tiefe ewig unbewegt. In Dir ruht das Leben, schläft der Tag. Dein ist die dunkle Erde, aus Deinem Schoß gebierst Du der Welt Krankheit, Lust und Tod. Dein ist die mitleidlose Quelle allen Wahnsinns, des chaotischen Gefüges der Welt. Schwester mein, ich erkenne Dich, in uns lodert die gleiche Flamme unseres Vaters, in uns ist die Welt eins. Ich erkenne mich in Dir. Mein Schicksal ist es, der starke Baum zu sein, der in Deiner Finsternis fest verwurzelt ist. Deine Kraft durchströmt mich nun, geliebte Schwester mein. Ich verleugne meine Wurzeln niemals mehr. Ich lasse die Welt erstarken durch unser Erkennen und das Wissen um unser Schicksal.“*

VII

Du verlässt das unterirdische Gewölbe und gehst zurück zum siebten Tor, das sich direkt vor Dir von alleine öffnet und die Sicht freigibt auf den von der Fackel erhellten Gang hinter der Pforte. Du sprichst zum unsichtbaren Wächter des Tores: *„Wächter des siebten Tores, Du Schatten der Furcht, bekleide mich mit dem Gewand als Zeichen der Kraft meiner Festigkeit, der Macht meiner Unbeirrbarkeit und der Stärke meiner Willenskraft. Damit trotze ich allen Widerständen. Ich werde meinen Weg gehen. Ich erkenne Dich nun, der Du ein Teil von mir bist und meiner Herrschaft unterstehst. Wächter des Tores, folge mir.“*

Der unsichtbare Wächter des siebten Tores der Unterwelt gibt Dir das Gewand. Du bekleidest Dich und gehst den Weg weiter hinauf. Du spürst die Präsenz des Wächters, der bei Dir bleibt.

VI

Du gelangst zum sechsten Tor der Unterwelt. Das Tor öffnet sich, und Du richtest Deine Worte an den Wächter des Tores: *„Wächter des sechsten Tores, Du Schatten des Verzagens, lege um mich den Gürtel als Zeichen der Kraft meines Verlangens, meiner unberechenbaren Leidenschaft und meiner Lust. Damit mache ich die Erhabenen zu einem Teil von mir. Ich werde mich in Liebe übertreffen. Ich erkenne Dich nun, der Du ein Teil von mir bist und meiner Herrschaft unterstehst. Wächter des Tores, folge mir.“*

Der Wächter legt Dir den Gürtel um und folgt Dir, während Du zum nächsten Tor weitergehst.

V

Das fünfte Tor schwingt auf von unsichtbarer Hand geöffnet. Du sprichst zum Wächter: *„Wächter des fünften Tores, Du Schatten der Feigheit und des Dahinvegetierens, streife über meinen Finger den Ring als Zeichen der Größe meiner Autorität, meiner Macht und Stärke. Damit halte ich die Missgunst zurück und besiege meine Feinde. Ich werde meine Gegner bezwingen. Ich erkenne Dich nun, der Du ein Teil von mir bist und meiner Herrschaft unterstehst. Wächter des Tores, folge mir."*

Der Wächter nimmt Deine Hand, streift Dir den Ring über den Finger und bleibt bei Dir. Du gehst den Weg weiter hinan zum vierten Tor der Unterwelt.

IV

Du erreichst die Pforte, die sich augenblicklich von selbst öffnet. Du rufst den Wächter der vierten Tür: *„Wächter des vierten Tores, Du Schatten der Trauer, lege mir den Edelstein auf die Brust als Zeichen der Kraft meines Mitgefühls und der Macht meiner Liebe. Damit spende ich der Welt Trost. Ich werde den Menschen Geborgenheit schenken. Ich erkenne Dich nun, der Du ein Teil von mir bist und meiner Herrschaft unterstehst. Wächter des Tores, folge mir."*

Der Wächter des vierten Tores legt den Edelstein auf Deine Brust und folgt Dir auf dem Weg zum nächsten Tor.

III

Auch das dritte Tor öffnet sich, und Du sprichst zum Wächter: *„Wächter des dritten Tores, Du Schatten der Ohnmacht, lege um meinen Hals die kostbare Kette als Zeichen der Kraft meiner Stimme. Damit lasse ich die Welt erbeben. Ich werde die Welt erfüllen mit dem Klang meines ewigen Liedes. Ich erkenne Dich nun, der Du ein Teil von mir bist und meiner Herrschaft unterstehst. Wächter des Tores, folge mir."*

Der dritte Wächter folgt Dir, nachdem er Dir die kostbare Halskette umgelegt hat. Du gehst den engen Felsengang, der leicht ansteigt, weiter, bis Du das zweite Tor der Unterwelt erreichst.

II

Das Tor schwingt auf, und Du spürst die kraftvolle Präsenz des unsichtbaren Wächters ganz nah bei Dir. Du richtest Deine Worte an ihn: *„Wächter des zweiten Tores, Du Schatten der Illusion, gib mir zurück die Ohrringe aus Lapislazuli als Zeichen der Kraft meiner Kreativität, meiner Fähigkeit zu Visionen, meiner Herrschaft über die*

Elemente des Lebens. Damit erschaffe ich Wahrheit. Ich werde meine Welt formen. Ich erkenne Dich nun, der Du ein Teil von mir bist und meiner Herrschaft unterstehst. Wächter des Tores, folge mir.“

Der Wächter legt Dir die Ohrringe aus Lapislazuli an und folgt Dir zum ersten Tor.

I

Du gelangst zur ersten Pforte der Unterwelt und rufst dem Wächter zu: *„Wächter des ersten Tores, Du Schatten der Willenlosigkeit, setze auf mein Haupt die Krone als Zeichen der Kraft meines Geistes und der Macht meines Willens. Damit bewege ich die Welt. Ich werde meinen Willen verwirklichen. Ich erkenne Dich nun, der Du ein Teil von mir bist und meiner Herrschaft unterstehst. Wächter des Tores, folge mir.“*

Der Wächter des ersten Tores der Unterwelt setzt Dir die Krone auf das Haupt und folgt Dir aus der Höhle heraus an den Fuß der mächtigen Felswand. Im Osten entsteigt die Morgensonne rotgolden dem Horizont. Du erhebst die Arme über Deinen Kopf, blickst in die aufgehende Sonne, die Deinen Körper wärmt und rufst dem Morgen zu: *„Ich bin stark durch die Erkenntnis über meine dunkle Schwester. Aus den Wurzeln in der dunklen Tiefe des Seins schöpfe ich meine Kraft. Mögen alle Dinge, die ich erlebt habe, mich fortan leiten.“*

0

Vor Dir siehst Du nun wieder den hellen, strahlenden Stern, mit dem Deine Reise begann. Du siehst Dein Spiegelbild in der Mitte des Sterns, betrachtest es eine Weile.

Dann entfernt sich der Stern, wird kleiner und kleiner, zieht sich immer weiter zurück in den blauen Himmel des neuen Tages. Je kleiner er wird und je weiter er in den blauen Himmel entschwindet, desto schwächer wird sein Licht, bis es schließlich ganz vom Licht des Tages geschluckt wird.

Die Göttin Ishtar hat Deinen Körper verlassen, Du bist wieder der Mensch, der Du zu Beginn der Reise warst. Doch etwas ist hinzugekommen zu Deinem Sein. Der Funke des neuen Lebens in Deiner Brust, entzündet durch Ereshkigal in der Unterwelt. Du spürst den Funken des Lebens, und Du bemerkst, wie die Lebenswasser, die Ereshkigal Dir gespendet hat, durch Deinen Körper pulsieren.

Erwache nun aus der Meditation.

Nach einer Weile verlasse Deinen inneren Tempel und kehre zurück in Deine Außenwelt.

„Am strahlenden Himmel die Orakel zu erfüllen,
trete ich einher, trete ich majestätisch einher!
Im Jubel, o über meine Herrlichkeit,
im Jubel, o über meine Herrlichkeit,
im Jubel geht die Göttliche erhaben einher!
Ishtar, die Göttin des Abends bin ich!
Ishtar, die Göttin des Morgens bin ich!
Ishtar, die öffnet das Schloss des reinen Himmels,
o durch meine Herrlichkeit!
Den Himmel bewältige ich, die Erde drücke ich nieder,
o durch meine Herrlichkeit!
Ich bin die, die den Himmel bewältigt, die Erde niederdrückt,
o durch meine Herrlichkeit!
Die an der Himmelshalde aufstrahlt,
deren Ruhm groß ist auf der Welt,
o durch meine Herrlichkeit!
Königin des Himmels soll man mich oben und unten nennen,
o durch meine Herrlichkeit!
Die Berge bewältige ich,
o durch meine Herrlichkeit!
Der Berge große Mauer bin ich, ihr großes Schloss bin ich,
o über meine Herrlichkeit!
(...)
Ishtar ist hoch erhaben, Ishtar ist Königin,
die Herrin ist hocherhaben, die Herrin ist Königin!
IRNINI, die kriegerische Tochter des SIN
hat nicht ihresgleichen!“

(Selbstpreis aus den Schöpfungstafeln,
2. Jahrtausend vor unserer Zeitrechnung)

Die Reise der Ishtar in Impulsbegriffen

0
Sternenspiegel.
Du bist Ishtar.

I
Höhle.
Erstes Tor.
Krone als Macht des Willens.

II
Zweites Tor.
Ohrringe als Kraft der Kreativität.

III
Drittes Tor.
Halskette als Kraft der Stimme.

IV
Viertes Tor.
Edelstein als Kraft der Liebe.

V
Fünftes Tor.
Ring als Kraft der Autorität.

VI
Sechstes Tor.
Gürtel als Macht der Leidenschaft.

VII
Siebtes Tor.
Gewand als Macht der Unbeirrbarkeit.

VIII
Höhlenraum.
Ereshkigal.
Namtar legt Dich in Ketten.
Lebensatem verlässt Dich.

IX
Ereshkigal spendet Wasser des Lebens.
Lebensfunke.

VIII
Erkennen der Schwesternschaft.

VII
Siebtes Tor.
Gewand als Macht der Unbeirrbarkeit.
Sieg über den Schatten der Furcht.

VI
Sechstes Tor.
Gürtel als Macht der Leidenschaft.
Sieg über den Schatten des Verzagens.

V
Fünftes Tor.
Ring als Kraft der Autorität.
Sieg über den Schatten der Feigheit und des Dahinvegetierens.

IV
Viertes Tor.
Edelstein als Kraft der Liebe.
Sieg über den Schatten der Trauer.

III
Drittes Tor.
Halskette als Kraft der Stimme.
Sieg über den Schatten der Ohnmacht.

II

Zweites Tor.
Ohrringe als Kraft der Kreativität.
Sieg über den Schatten der Illusion.

I

Erstes Tor.
Krone als Macht des Willens.
Sieg über den Schatten der Willenlosigkeit.

0

Sternenspiegel.
Menschwerdung.

Impulsmeditation

Ich möchte nun eine weitere Form der Impulsmeditation vorstellen. Wer sie zur Perfektion treibt, beherrscht ganz großes Tennis.

Dabei konzentriert sich der Übende zunächst nacheinander auf verschiedene Punkte des Körpers, um sein Bewusstsein dann über den Körper hinaus auszudehnen. Wenn von Deiner Stadt, Deinem Land und Deinem Kontinent die Rede ist, ist immer der Ort Deines derzeitigen Aufenthaltes gemeint.

Versuche verschiedene Zeitabstände zwischen den Impulsen, jeder Meditierende hat sein eigenes Tempo. Da, wo der eine Übende noch nicht einmal das Gröbste wahrnimmt, beginnt beim nächsten bereits die Phantasie aus lauter Langeweile das Wahrgenommene zu modulieren. Probiere am Anfang Zeitabstände zwischen den Impulsen von ca. zehn Sekunden aus. Es ist nicht notwendig eine genaue Vorstellung von dem Impulswort vor dem geistigen Auge zu erschaffen, lasse Dein Bewusstsein einfach von Impuls zu Impuls fließen. Setze Dich in den Drachensitz, setze Dich auf die Fersen und lege die Handflächen auf die Oberschenkel.

Stirn

Augen

Nase

Mund

Ohren

Wangen

Hals

Nacken

Hinterkopf

Stirn

Augen

Nase

Mund

Ohren

Wangen

Hals

Brust

Bauch

Unterleib

Rücken
Nacken
Schultern
Oberarme
Unterarme
Hände
Oberschenkel
Waden
Füße
Gesäß
Rücken
Nacken
Hinterkopf
Stirn
Augen
Nase
Mund
Ohren
Wangen
Hals
Brust
Bauch
Unterleib
Rücken
Nacken
Schultern
Oberarme
Unterarme
Hände
Oberschenkel
Waden
Füße
der Ort der Meditation

Deine Stadt
Dein Land
Dein Kontinent
die Erde
das Sonnensystem
das ganze Universum
das Sonnensystem
die Erde
Dein Kontinent
Dein Land
Deine Stadt
der Ort der Meditation
Füße
Gesäß
Rücken
Nacken
Kopf
Augen öffnen und zurückkehren aus der Meditation

Saphirmeditation

Die Saphirmeditation habe ich aus Nepal mitgebracht. Ich saß auf einem Dach im Herzen von Katmandu, rauchte eine gute Zigarre und blickte hinab auf das bunte Treiben rund um die große Stupa. Die Stupa besteht aus einem äußeren Kreis, in dessen Mitte sich eine große Kuppel in den Himmel wölbt, ganz oben steht ein gemauerter Würfel, an dessen vier Außenseiten die Augen des Buddha in die Himmelsrichtungen blicken. Auf dem gemauerten Würfel wiederum befindet sich eine goldene Spitze, die mit dem äußeren Kreis über zahlreiche, an langen Schnüren verknüpfte Gebetsfahnen verbunden ist, die im Wind flattern. Da die Assoziationsketten manchmal seltsam sind, wenn man Zigarre rauchend auf einem Dach in Katmandu sitzt, dachte ich an Maibäume. Ein aufgestellter, entzweigter glatter Baumstamm, an dessen Spitze ein geflochtener Kranz durch vier Bänder gehalten wird. Diese Bänder reichten zu Zeiten, als die traditionellen Tänze in den ersten Mai noch um den Maibaum und nicht in Discotheken veranstaltet wurden, bis zum Boden, die Tänzer nahmen diese Enden auf und tanzten mit ihnen um den Baum und drehten so lachend das Rad der Jahreszeiten an der Spitze des Baumes weiter. Ein Mittelpunkt, eine mittlere Säule, ein äußerer Kreis, vier Bänder, die den Mittelpunkt mit dem äußeren Kreis in den vier Himmelsrichtungen verbinden. Da die Nacht zum ersten Mai ursprünglich ein Fruchtbarkeitsfest war, fielen mir noch weitere Assoziationen ein zum Stamm, der durch den Kranz ragt, die ich Dir jedoch an dieser Stelle ersparen möchte. Ich stellte mir vor, dass sich der äußere Kreis entgegen dem Uhrzeigersinn um die Kuppel der Stupa drehte, sich die Gebetsfahnen um die Spitze wickelten und die Schnüre sich allmählich mit jeder Umdrehung stärker spannten. Ich schloss die Augen, damit ich in Ruhe die Begrenzungen der schnöden Physik hinter mir lassen konnte und stellte mir vor, dass nicht die Schnüre reißen würden, sondern der äußere Kreis unendlich elastisch wäre und sich zusammenzieht, wie ein Gummiband, bei dem man die Spannung nach und nach lockert. So zog sich der Kreis immer enger um die Kuppel in der Mitte, und je enger der Kreis wurde, desto schneller drehte er sich, immer weiter wickelten sich die Fahnen um die Spitze, was wiederum dazu führte, dass der Kreis noch enger wurde und so weiter. Schließlich konzentrierte sich die ganze Stupa nur noch auf die wachen Augen des Buddha, die Stupa war nur noch ein Punkt, sie hatte ihre Verbindungen und Ankerketten zur äußeren Welt vollständig eingeholt, ohne dass die Kuppel sich selbst auf irgendeine Art bewegt hätte, wie die Achse eines Rades, die ganz gleich, wie schnell das Rad sich dreht, beständig unbewegt in dessen Mitte ruht. Tief in diesen Gedanken inhalierte ich versehentlich den Rauch meiner Zigarre und begann zu husten. Das Ding schmeckte nicht mehr und ich verwarf die Tagträumerei.

Einige Tage später saß ich wieder auf einem Dach am Rande von Lalitpur (Patan), diesmal jedoch auf einem einsam stehenden Haus und nur von menschenleeren Feldern umgeben. Dort begann ich eine Meditation, die ich Saphirmeditation nannte. Und so funktioniert sie:

1.) Setze Dich zur Meditation, das Gesicht nach Norden gerichtet.
2.) Stelle Dir vor, dass ein feiner, dünner Lichtstrahl aus Deinem Solarplexus nach vorn schießt und etwa zwei Meter vor Dir auf ein unsichtbares Hindernis trifft. Du siehst den Lichtpunkt wie einen kleinen Stern vor Dir in der Luft schweben. Aus Deiner linken Seite entspringt ein weiterer Lichtstrahl und bildet in ungefähr zwei Meter Abstand links von Dir, also im Westen, einen kleinen Lichtpunkt in der Luft. Nun schießt aus Deinem Rücken ebenfalls ein dünner Lichtstrahl und Du nimmst wahr, dass auch er in zwei Metern Entfernung einen Lichtpunkt in den Süden zaubert. Das gleiche folgt nun rechts von Dir, ein Lichtstrahl kommt aus Deiner Seite und ein kleiner Lichtpunkt steht nun in zwei Metern Entfernung im Osten. Du sitzt nun inmitten eines Lichtkreuzes. Behalte die Lichtpunkte im Bewusstsein.
3.) Nun entströmt Deinem Scheitel ein weiterer Lichtstrahl nach oben, auch er bildet einen kleinen Lichtpunkt ungefähr zwei Meter über Dir. Aus Deinem Muladhara strömt ein Lichtstrahl nach unten und dringt zwei Meter tief in die Erde unter Dir ein, wo sich ebenfalls ein Lichtpunkt bildet.
4.) Stelle Dir nun vor, dass Du inmitten eines geschliffenen Saphirs sitzt. Über Dir und unter Dir sind die Spitzen des Edelsteins, doch die vier Lichtpunkte vor, neben und hinter Dir, bilden keine Spitzen, sondern der Stein ist an diesen Stellen rund geschliffen, so dass es aussieht, als wären zwei Kegel gegeneinander gesetzt worden und als würde Dich ein kreisrunder Ring umgeben. Wenn Du willst, kannst Du die Umwelt außerhalb des Steins sehen. Aber Du willst dies gerade nicht.
5.) Versetze nun den äußeren Ring in Drehung entgegen dem Uhrzeigersinn. Die Außenhülle des Steines wickelt sich nicht wie die Gebetsfahnen der Stupa um Dich, sondern es ist, als wenn sich die Außenhülle vollständig mitdreht und mitschrumpft. So werden lediglich die Winkel über und unter Dir immer spitzer, der äußere Ring immer enger.
6.) Du stellst Dir vor, wie alle Energie, die sich zuvor in dem großen Stein befunden hat, komprimiert und geballter wird. Es kommt Dir sogar so vor, als wenn noch weitere Kraft von außerhalb durch das beständige Drehen in den Stein hineingezogen wird. Durch die immer enger werdende Drehung verdichtet sich die Energie spiralförmig um Deinen Mittelpunkt.

7.) Schließlich liegt der äußere Ring schon fast an Deinem Körper an, so nah ist er gekommen, er wirbelt um Dich herum. Du spürst die pulsierende Kraft, die Dich durchströmt. Reiße ruckartig die Arme hoch und sprenge den Stein mit einem lauten Schrei: „Ha!"
8.) Halte Deine Beobachtungen in Deinem Tagebuch fest.

Experimentiere mit der gleichen Übung, indem Du, vergleichbar mit dem „blauen Ei", einer Technik, die an anderer Stelle in diesem Buch vorgestellt wurde, lediglich die Schritte 1 bis 4 durchführst. Der Saphir bildet nun eine Schutz-Sphäre, um Dich vor negativen Einflüssen zu schützen oder einfach nur in Ruhe zu meditieren.

Diese Schutzsphäre kannst Du auch, wenn dies Deine moralischen Grenzen zulassen, über anderen Menschen bilden auf die gleiche Art, die oben beschrieben wurde. Im Zweifelsfall einfach mal einen Bekannten oder den Partner fragen. Wenn Du willst, kannst Du den Saphir auch in Drehung versetzen, doch Vorsicht: Da ein Drehwurm bei Deinem Gegenüber auftreten könnte, bitte Papiertüten bereithalten.

Versuche auch folgendes: Setze Dich Deinem Meditationspartner gegenüber, schaut Euch an. Dann bildet beide jeweils einen kleinen (Radius diesmal ca. 1 Meter) Saphir um Euch, versetzt die Saphire jedoch nicht in Drehung. Nun stelle Dir vor, wie Du Dich inmitten Deines Saphirs wahlweise entweder in Rauch oder in Licht auflöst und oben als Rauch- oder Lichtwolke dem Stein entströmst. Diese Wolke schwebt nun zu Deinem Meditationspartner und sinkt durch die obere Spitze seines Saphirs in ihn. Dort angelangt bildet sich wieder Dein Körper aus der Wolke. Dein Meditationspartner hat zeitgleich dasselbe getan, auch er hat sich in Licht oder Rauch aufgelöst, jedoch fließt seine Licht- oder Rauchwolke aus der unteren, in der Erde verborgenen Spitze seines Saphirs heraus, durchwandert den Boden unter Euch und dringt durch die untere Spitze Deines Saphirs ein, in dem sich sein Körper materialisiert. Nun versetzt den Saphir, in dem Ihr Euch soeben materialisiert habt, also den Saphir, den das Gegenüber zuvor erschaffen hat, in Drehung und beobachtet, was geschieht.

Ähnliches kannst Du auch allein erzeugen, wenn Dir dann auch die andere Energiequalität fehlt. Erschaffe dafür einen Saphir um Dich, visualisiere, wie er nach vorn schwebt und Deinen Körper an seinem Ort zurücklässt. Behalte den Saphir vor Dir im Bewusstsein und erschaffe einen neuen Saphir um Dich herum. Nun löse Dich, wie zuvor beschrieben auf und materialisiere Dich im gegenüberliegenden Edelstein.

Es ist vollkommen unerheblich, ob ich soeben das Geheimnis des Unsichtbar-Machens verraten habe, ob das Materialisieren von Energien Deinem Weltbild entspricht und Du Dich demnächst in Schokoladenpudding projizierst. Mir ist zumindest kein einziger Fall bekannt, in dem die Saphir-Meditation nicht zumindest Spaß gemacht hat.

Sit-Zen

„Finde Dich selbst und Du kehrst an den Platz zurück,
den Du nie verlassen hast."

Sitzen ist wahres Zazen. Setze Dich ins Asana und beobachte Deine Gedanken. Drücke sie nicht aus Deinem Bewusstsein, lasse sie nicht ziehen, sondern betrachte sie einfach, wie die Gedanken eines Fremden. Dann ordne sie ein, klassifiziere sie, welche Gedanken sind Erinnerungen, welche sind Träger von Hoffnungen, von Ängsten? Irgendwann werden die Gedanken seltener, steigen nicht mehr so zahlreich empor und verweilen nicht mehr so lang auf der Leinwand Deines inneren Auges. Da wir die Gedanken nicht mit Missachtung strafen und vorbeiziehen lassen, wächst in uns die Erkenntnis, wie beliebig die Gedanken eigentlich sind. Was zurückbleibt, ist die große Lee(h)re. Der seltsame Gedanke, da sei jemand gewesen, der meditiert, erschlägt sich selbst.

Abrasch Schwitzhaus-Meditation

Dies ist keine Beschreibung einer indianisch-schamanischen Schwitzhütte, sondern eher ein Meditationshaus, wobei beide Zeremonien eine größere Schnittmenge aufweisen. Die indianische Schwitzhütte ist sehr viel heißer, symbolschwerer, und die Zeremonie dauert bedeutend länger, da dort in der Regel nicht wie im Abrasch-Schwitzhaus mit Atemtechniken gearbeitet wird.

Die vier Elemente finden wir jedoch auch im Schwitzhaus wieder: Das Feuer erhitzt die Steine, und wenn diese mit Wasser begossen werden, wird die Luft im heißen Dampf sichtbar. Das Schwitzhaus kann wie eine indianische Schwitzhütte errichtet werden (Informationen hierzu finden sich zuhauf im Internet und in der überall erhältlichen einschlägigen Literatur), kann aber im Gegensatz zu ihr auch eckig sein, kegelförmig, aus Holz oder Metall bestehen, Hauptsache, sie wird warm und die Praktizierenden holen sich keinen Schnupfen. Im Notfall okkupiere einfach die nächste Sauna, dort kann der Großteil dieser Übung auch allein ohne große Vorbereitungen durchgeführt werden. Schließe jedoch eine Achtsamkeitsmeditation an, wenn Du versuchst, eine Rassel, einen Kassettenrekorder und eine Kerze mit in eine öffentliche Sauna zu nehmen.

Je nach Größe der Hütte empfehlen sich zwischen vier und zwölf heißer Steine, jedoch bedenke, dass in der Hütte kräftig geatmet und intoniert wird, dies allein schlägt bei vielen Teilnehmern schon auf den Kreislauf. Es ist nicht Absicht, das äußere und nicht immer besonders spirituelle Ergebnis einiger indianischer Hütten herbeizuführen, bei dem einige Teilnehmer keuchend und japsend vor der Hütte liegen und mit ihrem Kreislauf kämpfen. Wärme, Dunkelheit, dies ist es, was erreicht werden soll. Nicht unbedingt Hitze und der verzweifelte Versuch, seine letzten Gehirnzellen, die noch nicht durch die Wahnsinnshitze geplatzt sind, auf Großvater Bär und den Kojoten des Südens zu lenken. Wohlgemerkt: Nichts gegen die traditionelle Schwitzhütte, deren Besuch ich Dir unbedingt empfehle, das Internet bietet zahlreiche Kontaktadressen, nur sollten beide Dinge nicht verwechselt werden. Die einzelnen Durchgänge sollten zehn Minuten zunächst nicht überschreiten.

Die folgende Übung ist für mehrere Personen geschrieben worden, solltest Du allein „schwitzen" wollen, passe sie den Gegebenheiten an.

0

Stellt Euch im Kreis auf und fasst Euch bei den Händen. Atmet in der H&M-Technik: Atmet durch den Mund ein mit einem stimmlosen, aber deutlich hörbaren „Hhhh", beim Ausatmen summt ein langes: „Mmmm". Wiederholt den Vorgang auch bei den folgenden Übungselementen. Nach einer Weile spürt Ihr, wie Ihr beim Einatmen von Eurem linken Nachbarn mehr und mehr Energie von links durch die Hand und den Arm erhaltet und sie in Euch aufnehmt. Beim Ausatmen gebt Ihr die Energie an Euren rechten Nachbarn ab. Beim erneuten Einatmen nehmt Ihr wieder Energie von links auf und gebt sie beim Ausatmen nach rechts ab. Nehmt wahr, wie die Energie im Kreis entgegen dem Uhrzeigersinn fließt. Nach einer Weile müsst Ihr nicht mehr willentlich die Energie von links in Euch ziehen und nach rechts abgeben, sondern sie fließt einfach durch Euch hindurch in einem beständigen Kreislauf. Dann fügt diesem horizontalen Energiestrom einen zweiten, vertikalen Energiestrom hinzu. Beim Einatmen strömt jetzt nicht nur Energie von links in Euch ein, sondern auch von oben durch den Scheitel, trifft im Solar Plexus auf die horizontale Energie, um beim Ausatmen nach unten durch die Füße in den Boden abgegeben zu werden. Beim erneuten Einatmen wieder Energie von links und oben in Euch ziehen, beim Ausatmen nach rechts und unten abgeben. Im Solar Plexus, in dem sich die Energieströme treffen, entsteht eine leuchtende Sonne.

Wenn diese Sonne Kraft gewonnen hat und beständig strahlt, lasst die Hände Eurer Nachbarn los. Beim Einatmen zieht Ihr nun die Sonne in Euch hoch bis zum Scheitel, beim Ausatmen lasst sie bis in die Füße sinken, beim Einatmen zieht sie wieder hoch, beim Ausatmen sinkt sie wieder in die Füße und so fort. Schließlich verbleibt die innere Sonne wieder im Solar Plexus. Beim Einatmen leuchtet die innere Sonne auf und verströmt Licht und Wärme. Beim Ausatmen umschließt Dich nun ein großes, blaues Ei, das Deinen Körper an keinem Punkt berührt, Dich jedoch völlig umschließt. Beim erneuten Einatmen bekommt die innere Sonne neue Kraft, leuchtet hell auf, und Du spürst die Wärme in Deinem ganzen Körper. Beim nächsten Ausatmen bekommt das blaue Ei um Dich herum mehr Kraft, es wird stärker, undurchlässiger. Beim Einatmen tankst Du die Sonne auf, beim Ausatmen das blaue Ei. Wiederhole diese Abfolge einige Male.

Dann ziehe beim Einatmen Energie wie eine Wasserfläche vor Dir am blauen Ei hoch bis zur Spitze des Eies. Beim Ausatmen lasse die Energie wie Wasser hinter Dir am blauen Ei herabfließen. Wenn Du erneut einatmest, ziehe die Energie links von Dir am blauen Schutzei hoch bis zum höchsten Punkt über Deinem Kopf. Beim Ausatmen fließt die Energie an der rechten Seite des Eies herab. Wiederhole auch diesen Vorgang einige Male.

Dann fahre fort, indem Du beim Einatmen wieder die wärmende Sonne in Dir stärkst, beim Ausatmen leuchten Sterne am blauen Ei auf, das jetzt aussieht wie ein Sternenhimmel, der Dich schützend umgibt. Bei jedem Einatmen nimm Deine kraftvolle, innere Sonne im Solar Plexus wahr, bei jedem Ausatmen sieh jetzt die funkelnden Sterne am nachtblauen Firmament.

I

Die Teilnehmer entkleiden sich. Der Leiter der kleinen Zeremonie nimmt nun eine Rassel und eine Schale mit warmem, leicht (!) gesalzenem Wasser, in der ein Naturschwamm schwimmt. Einzeln nimmt er eine symbolische Reinigung bei den Teilnehmern vor: Er visualisiert das schützende blaue Ei, das den jeweiligen Teilnehmer umgibt und rasselt am Boden angefangen einmal an der linken Seite des Teilnehmers an der Schutzschale des blauen Eies hoch und an der rechten Seite herunter. Dabei entströmen alle negativen, d.h. störenden und hemmenden Einflüsse aus der Nähe des Teilnehmers. Dann rasselt der Leiter von vorn unten angefangen über den Scheitel hinweg und dann am Rücken des Teilnehmers an der Schale entlang bis zum Boden. Schließlich taucht er den Naturschwamm in das Wasser und reinigt durch sanftes Auftupfen des Schwamms die Stirn, Schultern, Oberarme, Brust, Bauch, Rücken des Teilnehmers. Nach der symbolischen Reinigung betritt der so vorbereitete Teilnehmer mit dem ihn umgebenden blauen Ei die Hütte.

II

Als letztes betritt der Leiter die Hütte. Sollten die Steine in einem offenen Feuer erhitzt werden, so empfiehlt es sich, zuvor einen Feuermann oder eine Feuerfrau zu bestimmen, der/die auf das Feuer acht gibt und die Steine für die vier Gänge hineinreicht. Der Feuermann oder die Feuerfrau kann draußen rasseln oder trommeln, sollte kein oder ein unmusikalischer Feuer(wehr)mann gewählt worden sein, so kann auch ein Kassettenrekorder seine Dienste tun (*„Die Nacht war rot und indianisch, der Kassettenrekorder dröhnt schamanisch. Auf einmal hört man gar nichts mehr, ich glaub, die Batterie ist leer.“* – frei aus der Erinnerung nach einem lyrischen Spontanmachwerk von Joachim R.).

In der Hütte werden die blauen Eier, die sich um die einzelnen Teilnehmer befinden, wie folgt verbunden: Beim Einatmen schicken alle ihre inneren Sonnen in die Mitte der Hütte, beim Ausatmen visualisieren sie, wie sich aus den blauen Einzeleiern ein gemeinsames, großes Ei um die gesamte Hütte schließt. Beim Einatmen strahlt und wärmt die Sonne in der Mitte, beim Ausatmen leuchten die Sterne am Firmament des äußeren blauen Eies. Während des gesamten Vorgangs wird fortgefahren mit der H&M-Atmung.

III

Der Leiter oder der Feuermann bringt die Steine für den ersten Gang in die Mitte der Hütte und beginnt mit dem ersten Aufguss. Bei diesem ca. zehnminütigen Gang beschäftigen sich die Teilnehmer mit dem Norden und dem Element Erde. Ihr seid Erde. Aus ihr kommt Ihr und zu ihr geht Ihr eines Tages zurück. Stellt Euch vor, dies sei der letzte Moment Eures Lebens. Was lasst Ihr zurück? Wer wird traurig sein? Was habt Ihr nicht gesagt, was gesagt werden sollte? Was habt Ihr noch nicht beendet? Was wolltet Ihr unbedingt noch tun zu Lebzeiten? Habt Ihr das Ziel Eures Lebens erreicht? Was würdet Ihr ändern, wenn Ihr die Chance hättet? Sinkt tief in die Erde unter Euch, spürt, wie Euch die Erde umgibt, sich an Euch schmiegt, Ihr nur noch von Erde umgeben seid. Wer will, intoniert weiter H&M oder beginnt mit der Erdatmung.

Alternative: Stellt Euch vor, dass in Eurer Mitte die Sonne ersetzt wird durch einen harten, großen Felsen. Wenn Ihr wollt, beginnt nun mit der Erdatmung, das bedeutet, Ihr atmet langsam durch den Mund ein und ebenso langsam durch die Nase wieder aus. Spürt, wie sich unter Euch kleine Kraftlinien bilden, die den Felsen in der Mitte mit Euren Körpern verbindet. Durch diese grau-grünen Energiekanäle fließt nun die Festigkeit und Stabilität des Steins durch das Muladhara-Chakra in Euch hinein. Auf diese Weise werdet Ihr selbst nach und nach zum Steinwesen. Hart, fest, stark, unbeirrbar.

IV

Die Hütte wird nicht verlassen und der zweite Gang beginnt, nachdem die Steine gewechselt worden sind, bzw. neue heiße Steine in die Hütte gebracht wurden. Hierbei geht es um den Westen und das Element Wasser. Wasser steigt um Euch, wäscht die Erde ab. Das Wasser umgibt Euch, schmiegt sich an Euch. Über Eure schweißnasse Haut verbindet sich das Wasser in Euch mit dem Wasser außerhalb von Euch, vermischt sich, tauscht sich aus. Spürt die Sanftheit und die alles durchdringende Kraft des Wassers. Lasst euch treiben auf dem Ozean und beobachtet Eure Emotionen. Wer will, intoniert weiter H&M oder beginnt mit der Wasseratmung.

Alternative: Stellt Euch vor, dass der Felsen in der Mitte ersetzt wird durch einen tiefen Brunnenschacht. Beginnt mit der Wasseratmung (langsam durch die Nase einatmen und langsam durch den Mund ausatmen). Das Wasser quillt nun aus dem Brunnen heraus und fließt entgegen der Schwerkraft auf die Punkte zu, die sich über Euren Scheiteln befinden. Immer mehr Wasser entströmt dem Brunnen und bildet gewaltige Wassersäulen über Euch.

Dann fällt dieses Wasser hernieder, durch Eure Fontanellen in Eure Köpfe und durchspült Eure gesamten Körper. Das klare Wasser dieses „ätherischen Einlaufes“ spült alles Unerwünschte und Hinderliche aus Euren Körpern heraus und reinigt nicht nur die Körper, sondern klärt auch den Geist. Genießt die Wasserkraft, die Eure Körper durchströmt. Spürt die Erneuerung, die erfrischende Kraft in jedem Winkel des Körpers, des Geistes und der Seele, wenn Euer Weltbild die Existenz einer solchen erlaubt.

V

Die Hütte wird nicht verlassen und der dritte Gang beginnt, nachdem die Steine gewechselt worden sind, bzw. neue heiße Steine in die Hütte gebracht wurden.

Im dritten Gang beschäftigt Euch mit dem Element Luft und dem Osten. Spürt den Wind um Euch, der die Fluten des Wassers und der überschwappenden Emotionen durch klaren Verstand ersetzt. Der Wind fegt allen nutzlosen Ballast weg. Ihr seid leicht, und der Geist weht durch Euren Kopf und klärt die Gedanken. Wer will, intoniert weiter H&M oder beginnt mit der Luftatmung.

Alternative: Stellt Euch vor, dass der Brunnenschacht in der Mitte ersetzt wird durch einen tanzenden Wirbelsturm. Wer will, beginnt nun mit der Luft-Atmung, das bedeutet, Ihr atmet so schnell Ihr könnt durch den Mund ein und wieder aus. Vorsicht! Sobald sich Übelkeit oder Schwindel einstellen, die Hütte verlassen! Solltet Ihr mit der Luft-Atmung nicht klarkommen, so lasst diese Technik einfach weg. Visualisiert nun, wie der Radius des Wirbelsturmes immer weiter wird, wie er näher und näher an Eure Körper herankommt. Schließlich spürt Ihr die gewaltigen Kräfte der Luft an Eurer Haut, durch die Atmung zieht Ihr die Kraft des Sturmes durch die gesamte Oberfläche der Haut in Euch und stoßt sie beim Ausatmen wieder aus Euch heraus. Der Sturm fährt durch Euch hindurch, wie ein Novembersturm durch das Geäst eines allein stehenden Baumes. Der Sturm reinigt Euch, er pumpt Euch voll mit rasender, belebender Energie, mit Gedankenfetzen, die umherfliegen, mit neuen, nie gedachten Ideen und mit der Urkraft der Winde.

Dann bemerkt Ihr, wie sich der Wirbelsturm wieder verkleinert und die ekstatisch tanzenden Winde Abstand nehmen von Euren Körpern, sich wieder in die Mitte des Raumes zurückziehen.

VI

Die Hütte wird nicht verlassen, und der vierte Gang beginnt, nachdem die Steine gewechselt worden sind, bzw. neue heiße Steine in die Hütte gebracht wurden. Ihr beschäftigt Euch nun mit dem Element Feuer und dem Süden. Um Euch breitet sich Feuer aus und durchflammt Euch, reinigt Euch und verbrennt, was nicht stabil genug ist. Es ist das Feuer Eures Willens, es lässt das Blut wie feurige Lava kraftvoll fließen, verleiht Tatendrang. Formuliert für Euch laut oder leise einen Willenssatz, was Ihr in Eurem Leben tun wollt und bedenkt die Erfahrungen, die Ihr zu Beginn mit der Erde gemacht habt. Wer will, intoniert weiter H&M oder beginnt mit der Luftatmung.

Alternative: Stellt Euch vor, dass der Wirbelsturm in der Mitte der Hütte ersetzt wird durch ein loderndes Feuer. Wer will, beginnt nun mit der Feuer-Atmung, das bedeutet, Ihr atmet so schnell es geht durch die Nase ein und aus. Da dieses willentlich herbeigeführte Hyperventilieren bei einigen Praktizierenden bis zur Ohnmacht führen kann, seid sehr vorsichtig! Solltet Ihr oder ein einzelner Teilnehmer mit der Feuer-Atmung nicht klarkommen oder sollten sich Angstzustände einstellen, so lasst diese Technik einfach weg.

Aus den Flammen in der Mitte steigen nun kleine Feuerbälle auf und rasen zischend auf Euch zu. Durch das Dritte Auge zieht Ihr sie in Eure Körper. Ihr verbrennt Euch nicht, spürt jedoch, wie die feurige Energie sich zunächst im Kopf verteilt, und dann wie flüssige Lava an der Wirbelsäule entlang fließt, im Beckenbereich teilt sie sich und kriecht kochend an beiden Körperseiten wieder nach oben, bevor sie über die Schultern und den Hals sich mit der neu einströmenden Lava verbindet und erneut an der Wirbelsäule hinab fließt. Diesem Kreislauf des Feuers wird immer weiter feurige Energie aus den durch das dritte Auge eintretenden Feuerbällen zugeführt. Ihr spürt, wie sich der gesamte Körper durch die heftigen Energieströme erneuert. Wenn Ihr wollt, verbrennt in diesem inneren Feuer unnützen Ballast, störende Gedanken, Hindernisse, Krankheiten, traurige Erinnerungen, quälende Gedanken, körperliche Gebrechen, Dinge, die besser nie passiert wären.

Das Feuer des Südens vermag Gedanken, Absichten und den Körper zu reinigen, verstaubten, sich selbst überlebten Ballast zu zerstören, dem individuellen Willen die Energie zuzuführen, die ihn zur Verwirklichung treibt, zu vitalisieren, Mut und Kreativität gegen Furcht und Zweifel zu setzen.

VII

Zum Schluss ersetzen alle Anwesenden das Feuer in der Mitte wieder durch die gestärkte innere Sonne, die jeder in sich zieht. Keine Sorge, das gibt kein Tauziehen, sondern die Sonne wird sich freiwillig teilen, es ist genug für alle da. In der Dunkelheit der Hütte entzündet der Leiter in der Mitte des Raumes eine kleine Kerze mit den Worten: „Am Anfang war das Feuer in der Dunkelheit. Und das Feuer war die verborgene Kraft, die dynamische Kraft, die evolutionäre Kraft, die Altes zerstört und Neues bewirkt. Das Feuer ist die Kraft, deren Flammen von den Ursprüngen des Lebens bis zu uns lodern. Nehmt Euer Leben in Freiheit an und lasst die Sonne in Eurem Inneren siegreich werden."

Verlasst die Hütte und gebt denjenigen, die in Ruhe über das Erlebte nachsinnen wollen, die Gelegenheit dazu.

"Für mich ist die Welt ein Wunder,
weil sie gewaltig, schrecklich, geheimnisvoll, unergründlich ist.
Mir war es wichtig, dich zu überzeugen,
dass du die Verantwortung dafür übernehmen musst,
dass du hier in dieser erstaunlichen Welt bist,
in dieser erstaunlichen Wüste,
in dieser erstaunlichen Zeit."
(Don Juan)

III.
Anhang

Schlusswort

von Steffi Schneider

Diese Sammlung von Meditationstexten ist ein bisschen wie Fadenziehen auf dem Jahrmarkt. Romero ist weniger Meditationslehrer und noch weniger Guru, als vielmehr der nette Mann, der den Neugierigen auf dem Jahrmarkt der Möglichkeiten die Fäden entgegenhält und sie auffordert, daran zu ziehen. Was wird bei diesem zum Vorschein kommen, was beim nächsten? Gerade dieser lockere Ansatz macht dieses Buch auch zu einem sinnvollen Einstieg für junge Leser.

Romero weist nicht bei jeder Technik darauf hin, um welche Art von Meditation es sich gerade handelt. Genauso wenig zieht er klare Trennlinien zwischen Meditation, Phantasiereise und Energiearbeit. Diese scheinbare Ungenauigkeit ist es jedoch, die uns jenseits aller Kategorie zuerst ERFAHREN lässt, um dann die Beurteilung selbst vorzunehmen. Es gibt sicher Disziplinen, bei denen ein breites theoretisches Wissen aller Praxis vorausgehen muss. Bei den hier vorgestellten ist dies nicht so, kann dies nicht so sein. Entweder ich spüre bei einer Übung die Kraftzentren im Körper oder eben nicht. Wenn ich sie nur spüre, wenn ich vorher drei Abhandlungen über sie gelesen habe, ist entweder die Technik nicht effektiv oder ich habe etwas falsch gemacht. Oder es gibt so etwas wie Kraftzentren oder Chakras nur, wenn ich mir von irgendwelchen Fachleuten einreden lasse, dass es sie gibt.

Einen gelungenen, klanglichen Rahmen erhält dieses Buch durch die speziell für die vorgestellten Meditationen entwickelte CD, die Romero gemeinsam mit dem Avantgarde-Projekt NEW rAGE PROJECT produzierte.

Die Entscheidung, ob es sich bei den zahlreichen spirituellen Experimenten dieses Arbeitsbuches um einen angenehmen Zeitvertreib, eine passende Meditationspraxis oder einen Einweihungsweg handelt, überlässt er vollständig dem Leser. Dennoch ist das Buch voller Herz geschrieben und ein sehr persönlicher Einblick in den Kosmos des Autors.

Es gibt nun wahrlich keinen Mangel an Büchern über Meditation.

Doch die meisten Werke, die einen Überblick über die verschiedenen Wege und Herkünfte der Meditation geben, bleiben in der Theorie haften.

Die praxisorientierten Bücher stehen oft in einer festen Traditionslinie und geben dem unvorbelasteten Leser nicht immer den Freiraum, den er braucht.

Dieses Buch ist anders: Bietet es zum einen dem Neugierigen die Möglichkeit, verschiedene Experimente auszuprobieren, ohne sich gleich zu weiteren Schritten verpflichtet fühlen zu müssen.

Den Anfängern gibt es die Möglichkeit, sich weitgehend frei die Meditation auszuwählen, die am besten zu ihnen passt.

Den Geübten schließlich wird es eine Quelle der Inspiration sein. Mit den vorgestellten Übungen lässt sich die eigene Praxis bereichern, ohne dass wir unseren eigenen Weg verlassen müssen.

„Der Hauptgrund, warum ich so viele verschiedene Ansätze und Techniken in diesem kleinen Buch vorstelle, ist nicht, dass jeder immer alle Meditationen machen und beherrschen muss. Wähle Dir die Technik, die Dich am leichtesten und angenehmsten in die Meditationserfahrung führt. Um diese Auswahl treffen zu können, ist es nötig, zu experimentieren. Und viele spannende Experimente warten auf Dich." (R. E. Sotes)

Literaturhinweise

- Akron und Hajo Banzhaf: *Der Crowley-Tarot* (Hugendubel 1995)
- Alan Richardson: *Einführung in die mystische Kabbala* (Sphinx)
- Aleister Crowley: *Das Buch Thoth* (Urania)
- Andro: *Tantra* (Bohmeier Verlag)
- C. Castaneda: *Die Kraft der Stille*
- D. Goleman: *Meditation, Wege nach innen*
- David Fontana: *Kursbuch Meditation* (Fischer)
- Dr. David Frawley: *Die spirituelle Praxis des Vedanta* (Windpferd)
- Else Müller: *Du spürst unter deinen Füßen das Gras* (Fischer)
- Emily Peach: *Das Tarot Werkbuch* (Heyne)
- Frater Eremor: *Im Kraftstrom des Satan – Seth* (Second Sight Books)
- Gerald Boak: *Weissagebuch der Taromantie* (Econ)
- Gerald Pohler: Grundwissen Meditation (GTV)
- Hajo Banzhaf und Brigitte Theler: *Schlüsselworte zum Crowley-Tarot* (Hugendubel 1998)
- I. Regardie: *The Tree of Life*
- Ignatius von Loyola: *Geistliche Übungen*
- J. Blofeld: *Mantra*
- J. van de Wetering: *Ein Blick ins Nichts*
- K. McDonald: *Wege zur Meditation*
- Lama Anagarika Govinda: *Grundlagen der tibetischen Mystik*
- Moritz Boerner: *Weisheit aus dem Unbewussten* (Goldmann)
- Nevill Drury: *Der Schamane und der Magier* (Sphinx)
- Nevill Drury: *Lexikon esoterischen Wissens* (Knaur)
- Omar Garrison: *Tantra*
- Osho: *Meditation*
- Roland Scholz: *Tore zur Anderswelt* (Schirner Verlag)
- Sinistrus Scarabae: *Inanna Ishtar* (Manuskript)
- Swami Vishnudevananda: *Meditation und Mantras*
- Tenzin Wangyal Ringpoche: *Übung der Nacht* (Diederichs)
- Yü Lu Kuan: *Geheimnisse der chinesischen Meditation*

NEW rAGE PROJECT
feat.
Romero E. Sotes
präsentieren:

abrasch

Die Musik-CD zum Buch!

Track	**Seite**	**Zeit**
1. Malkuth I	87	14:11
2. Shiva-Shakti	65	3:47
3. Schlangenatem	62	14:30
4. Malkuth II	89	14:29
5. Ereshkigal	151	10:52
6. Sternenreise	138	6:00

All Music is composed by Romero E. Sotes & NEW rAGE PROJECT.

Scott Cunningham

Handbuch der Natur- und Elementarmagie

Teil I

Scott Cunningham zeigt uns, wie einfach Magie sein kann.

Mit Hilfe der Elemente Feuer, Wasser, Erde und Luft sowie natürlichen Hilfsmitteln wie Steinen, Bäumen, Knoten, Wachs oder Nebel kann man wunderbar zaubern.

Mit ganz einfachen Mitteln, die uns die Erde selbst zur Verfügung stellt, läßt sich effektive Magie bewirken.

Ein wunderbar leicht zu lesendes Praxisbuch mit einfachen Zaubern für jedermann!

Genial illustriert von Robin Wood!

176 Seiten, 23 s/w-Abb.,
Broschur, A5
ISBN 3-935581-46-7
€ 12,95 / 23,60 SFR

Scott Cunningham

Handbuch der Natur- und Elementarmagie

Teil II

Nach dem Erfolg des ersten Bandes bereichert Scott Cunningham mit Band 2 wieder mit seiner “hausgemachten” Magie.

Neben der Elementarmagie (Erd-, Luft, Wasser- und Feuermagie) erfahren wir auch mehr über Steinmagie, Sternenmagie, Magnet-Magie, Schnee- und Eismagie, Kerzenmagie, Spiegelmagie, Wunschmagie und Meeresmagie. Außerdem gibt uns der Autor hilfreiche Anregungen zur Gestaltung eigener Rituale.

Im Anhang finden sich ein Verzeichnis magischer Symbole sowie eine nützliche Liste von Lieferanten für magisches Zubehör. Im Glossar werden außerdem alle magischen Begriffe kurz und bündig noch einmal erklärt.

224 S., 15 s/w-Abb.,
A5, Broschur
ISBN 3-935581-55-6
€ 14,95 / 26,90 SFR

Edred Thorsson

Die Neun Tore von Midgard

Ein Kurrikulum der Runenarbeit

Mit diesem Buch veröffentlicht Edred Thorsson einen neuen Meilenstein der Runenkunde! Obwohl seine Bücher *Runenkunde* und *Handbuch der Runenkunde* hierzulande ein riesiger Erfolg wurden, ist es in den letzten Jahren ruhig um den amerikanischen Kultautoren geworden.

Die Neun Tore von Midgard entstanden ursprünglich als Arbeitsbuch für seinen *Rune-Gilde* und gliedert sich in neuen Arbeitsschritte. In jedem Schritt gibt er Hintergrundinformationen und Übungen zum germanischen Pantheon, Seidr, Galdr und weiteren Schritten der Runenmagie.

In erster Linie haben wir hier ein Praxisbuch, aus der Praxis für die Praxis, aber auch viel neues wissenschaftliches und esoterisches Material wird zweifelsfrei vermittelt. Hier wird jeder fündig, ganz gleich ob Laie oder Experte.

Edred Thorsson studierte Altgermanistik und wissenschaftliche Runologie in Göttingen und erhielt 1984 den Doktortitel. Er ist der Begründer des Woodharrow-Instituts und des Verlagshauses Runa-Raven Press, in welchem Synthesen aus wissenschaftlichen Studien und esoterischen Erfahrungen zu den Schwerpunkten Runologie und Germanentum veröffentlicht werden. Er ist Autor von über 40 Büchern und gilt als Koryphäe seines Fachgebiets.

208 S., 40 s/w-Abb.,
17 x 24 cm Broschur
ISBN 3-935581-59-9
€ 18,00 / 31,90 SFR

Ulla Janascheck

Göttin der Gezeiten

Die weibliche Kraft in Mond, Mythen und Märchen

Neu für uns, doch lang schon bewährt: den alten Klassiker der Erfolgsautorin vom Göttinnenzyklus gibt es nun in neuer Aufmachung beim Arun-Verlag! Die *Göttin der Gezeiten* in Gestalt der großen Mondin soll Sie nun wieder erreichen…

Mondenergie fasziniert die Menschen schon seit Urzeiten. Als magisches Bindeglied zwischen den Welten des Bekannten und des Unbekannten ist der Mond ein Hüter der Schwelle und gewährt Einblick in das, was hinter der sichtbaren Welt verborgen liegt, in die Sehnsüchte und Hoffnungen, Visionen und Wünsche des Menschen. Das silberne Mondlicht ruft uns zur Reise ins Ungewisse, Unsichtbare, in die Welt der Seele.

Mit Mythen und Märchen aus aller Welt führt Ulla Janascheck in die geheimnisvolle Welt der Mondgöttin ein. Sie erläutert ihre uralte Sprache und Symbolik, ihre Tänze, Lieder und die astrologische Aspekte. Zahlreiche Meditationen, Übungen und Anregungen für die konkrete Arbeit mit der Mondenergie ermöglichen einen persönlichen Zugang zur Kraft der Mondin.

160 S., 12 Abb., Broschur
Format: 17 x 24 cm,
ISBN 3-935581-44-0
€ 14,95 / 26,90 SFR

Ulla Janaschek/ Cambra Maria Skade

Göttinnenzyklus

von weisen Frauen, ihren Künsten und Wirkstätten

Gemeinsam mit Cambra hat Ulla Janaschek ein außergewöhnliches Orakelspiel entwickelt. Basierend auf dem astrologischen Tierkreissystem, ist ein Spiel entstanden, das Ausdrucksformen der Göttinnen aus verschiedenen Kulturräumen beinhaltet (die Planeten), Künste der weisen Frauen vorstellt (die Zeichen) und ihre Wirkstätten beschreibt (die Häuser). So entsteht ein dreifach gegliederter Zyklus, der zwar die astrologischen Themen beinhaltet, aber auch unabhängig davon betrachtet werden kann.

Die Planeten werden durch zwölf Göttinnenaspekte ausgedrückt, die aus verschiedensten Kulturräumen ausgewählt und zusammengetragen wurden. Auf das Spiel bezogen gibt es jeweils drei Entwicklungsstadien, die je nachdem, wie die Karte fällt, Anregungen und Aufschluß über die jeweilige Situation der Fragenden geben können. Die Tierkreiszeichen werden durch zwölf Göttinnenaktivitäten ausgedrückt, - alte überlieferte Tätigkeiten, die auch heute noch ausgeübt werden. Die Häuser werden durch zwölf Wirkstätten beschrieben. Genauso sind hier wieder kulturelle Orte und innere Räume beschrieben, ebenfalls auf drei Ebene.

272 Seiten, ca. 40 Abb., 17,0 x 24,0 cm,
Broschur & 36 Karten im Schuber,
ISBN 3-935581-35-1
€ 34,95 / 60,40 SFR

Tolly Burkan

Spiritualität Extrem

Das Unmögliche machen

Extreme Spiritualität ist jede Erfahrung, die Dir zeigt, wie Dein Ego das Erlebnis einer erweiterten Realität behindert, beschränkt und zerstört – und Dich davon abhält, Deine eigene persönliche Kraft zu finden. Es ist nicht wichtig, was Dir im Leben passiert, sondern was Du daraus machst. Sei kein Opfer! Übernehme die Verantwortung für das Leben, das Du wirklich willst! Einzig in Dir selbst liegt das große Potential für Veränderung – nutze es!

Tolly Burkan stellt uns hier ein ganz anderes Konzept von Spiritualität vor: ein extremes! Er beschreibt, wie man mittels extremer Techniken sein Bewußtsein erweitern und zu spirituellem Wachstum gelangen kann.

Wo kommt meine Angst her? Diese Frage gilt es zu beantworten. Wie kann ich diese Angst überwinden? Dazu dienen die in diesem Buch beschriebenen Praktiken! Der Feuerlauf ist eine Metapher dafür, sich unseren Ängsten zu stellen. Das Laufen auf Glasscherben lehr uns Geduld und Aufmerksamkeit. Fallschirmspringen, sich lange Nadeln durch die Hand stechen, eine Glatze rasieren, Fasten oder Pfeile mit dem Hals zerbrechen machen eines deutlich: das Unmögliche *ist* möglich! Tolly Burkan hat eine über 30jährige Erfahrung in der Entwicklung innovativer und extremer Praktiken. Er gilt als der Begründer der amerikanischen Feuerlaufbewegung. Über zwei Millionen Menschen sind seitdem mit seiner *extremen Spiritualität* konfrontiert worden, in Firmenseminaren u.a. Microsoft, American Express und Coca Cola.

160 S., 22 Abb., 14,8 x 21,0 cm, Broschur,

ISBN 3-935581-36-X

€ 14,95 / 26,90 SFR

Annie Pazzogna

Inipi

Das Lied der Erde

Die indianische Schwitzhütte

Die sieben Riten der Heiligen Pfeife sind das religiöse Fundament der Lakota-Tradition. Die heiligen 7 Zeremonien werden ausführlich erklärt. Und besonderen Wert legt Pazzogna dabei auf die Schwitzhütte:

Wie ist das Ritual entstanden? Wie baut man eine Schwitzhütte? Welche Lieder werden gesungen, welche Kräuter zu welchem Zweck verbrannt, wie ist der zeremonielle Ablauf?

Die Schilderungen sind detailliert und fachkundig, aber eignen sich dennoch nicht zum Ausverkauf der indianischen Spiritualität.

Denn nur wer informiert ist, kann Achtung und Respekt erweisen – den Menschen und Mutter Erde. Das ist das Ziel dieses Buches!

288 S., 66 s/w-Abb., Broschur, A5
ISBN 3-935581-67-X
€ 15,50 / 27,70 SFR

John Matthews

Schamanisches Trommeln

Mit dem monotonen Rhythmus, auf einer Rahmentrommel gespielt, öffnen sich die Tore in die Anderswelt, das eigene Unbewußte. Wer sich darauf einläßt, hat die Möglichkeit sich beim Klang der Trommeln in eine leichte Trance singen zu lassen. Wohin die Reise führt und welche Begegnungen stattfinden, bleibt dem Reisenden selbst überlassen.

Wer es wagt, der mag seinem Krafttier begegnen oder mit anderen Wesenheiten kommunizieren.

Die Tracks dieser CD wurden von John und Caitlin Matthews auf einer Double-headed Sea Drum sowie einer irischen Bodhran eingespielt.

Track 1: Single Drumming, 20 min.
Track 2: Double Drumming, 20 min.
Track 3: Single Drumming, 30 min.

6-seitiges Digipack, 70 min.
ISBN 3-935581-31-9
€ 16,00 / 28,60 SFR